Spielen bedeutete für Dostojewskij, an die Tür des Schicksals klopfen. Es ging ihm um den Moment, in dem die Roulettekugel zwischen zwei Möglichkeiten zögert – Gewinn oder Verderben. Im Herbst 1866 klopfte Dostojewskij als Autor an dieselbe Tür: Soeben hatte er »Verbrechen und Strafe« beendet, und ihm blieben gerade vier Wochen, um einen Vertrag mit dem erpresserischen Verleger Stellojewsij zu erfüllen. Bis zum 1. November 1866 brauchte er einen Roman von 10 Druckbögen Länge – sonst könnte Stellojewsij über alle Werke Dostojewskijs, auch über jene, die erst in den nächsten neun Jahren entstehen würden, verfügen.

»Der Spieler« sollte Dostojewskijs einziger internationaler Roman werden – angesiedelt an Orten wie Wiesbaden, Paris, Baden-Baden und Bad Homburg. Zwischen die Pole Eros und Spiel spannte er einen Reigen von unvergesslichen Charakteren, die das Badeleben der mondänen Kurorte bestimmten: verarmte Russen, ehrgeizige Kokotten, französische Adlige, polnische Glücksritter und distinguierte Engländer. Und mit seiner Hauptfigur, dem jungen Hauslehrer Alexej Iwanowitsch, schuf er eine weitere der großen Jünglingsgestalten, die sein Spätwerk prägen.

Für *Swetlana Geier* bedeutete Leben Übersetzen. Nach dreißig Jahren krönte sie ihr Werk mit der Übertragung der fünf großen Romane Dostojewskijs, die aus der Weltliteratur nicht wegzudenken sind. Sie entdeckte in ihnen einen Chor aus Stimmen, den ihre Übersetzungen dem deutschen Leser zum ersten Mal hörbar machte. Unzählige Male wurden sie auch auf deutschen Bühnen aufgeführt. Über ihr Leben drehte Vadim Jendreyko den preisgekrönten Film »Die Frau mit den fünf Elefanten«. – 1923 in Kiew geboren, starb sie 2010 in Freiburg.

»Von jetzt an heißt es: Fort mit euch, ihr alten Übersetzungen! Wir wollen nur den klaren, rhetorisch versierten Dostojewskij von Swetlana Geier.«

Paul Ingendaay,
Frankfurter Allgemeine Zeitung

Weitere Informationen finden Sie auf www.fischerverlage.de

Fjodor Dostojewskij

DER SPIELER

Roman

Aus dem Russischen von
Swetlana Geier

FISCHER Klassik

5. Auflage Juni 2026

Erschienen bei FISCHER Taschenbuch
Frankfurt am Main, April 2021

Swetlana Geiers Neuübersetzung von »Der Spieler« erschien erstmals 2009
im Ammann Verlag & Co., Zürich.

Digitale Satzrekonstruktion: pagina GmbH, Tübingen

Umschlaggestaltung: kreuzerdesign | München Rosemarie Kreuzer
Umschlagabbildung: Félix Vallotton / mauritius images /
Art Collection 4 / Alamy
Satz: pagina GmbH, Tübingen
Druck und Bindung: Nørhaven A/S, Viborg
Printed in Denmark
ISBN 978-3-596-90734-2

Kontaktadresse nach EU-Produktsicherheitsverordnung:
produktsicherheit@fischerverlage.de

Der Spieler

Roman
(Aus den Aufzeichnungen
eines jungen Mannes)

KAPITEL I

Endlich bin ich nach vierzehntägiger Abwesenheit zurück. Die Unsrigen waren schon seit drei Tagen in Roulettenburg. Ich hatte gedacht, sie warteten Gott weiß wie ungeduldig auf mich, aber das war ein Irrtum. Der General gab sich außerordentlich souverän, behandelte mich höchst herablassend und schickte mich zu seiner Schwester. Es war klar, daß sie irgendwo Geld aufgetrieben hatten. Es schien mir sogar, daß der General bei meinem Anblick ein wenig verlegen wurde. Marja Filippowna war außerordentlich beschäftigt und begrüßte mich nur flüchtig; das Geld allerdings nahm sie in Empfang, zählte nach und hörte meinen ausführlichen Rechenschaftsbericht an. Zu Tisch wurde Mesenzow erwartet, der Franzose und ein Engländer; wie üblich, kaum ist Geld da, sofort ein Gastmahl nach Moskauer Art. Polina Alexandrowna sah mich, fragte, wo ich so lange geblieben sei, und ging weiter, ohne die Antwort abzuwarten. Es war wohlbedacht, das versteht sich. Wir sollten uns wirklich aussprechen. Es ist manches zusammengekommen.

Man wies mir ein kleines Zimmer im vierten Stock des Hotels an. Hier weiß man, daß ich zum Gefolge des Generals gehöre. Man merkt an allem, daß sie es erst vor kurzem fertiggebracht haben, sich ins rechte Licht zu setzen. Der General wird hier von allen für einen steinreichen russischen Magnaten gehalten. Noch vor Tisch hat er mir aufgetragen, zwei Tausend-Francs-Noten wechseln zu lassen. Ich tat das an der Rezeption. Jetzt werden wir als Millionäre angesehen, wenigstens eine ganze Woche lang. Ich wollte Mischa und Nadja holen und mit ihnen spazierengehen, aber schon auf der Treppe wurde ich zum General beordert; er hatte es für nötig befunden, zu erfahren, wohin ich mich mit ihnen bewegen möchte. Dieser Mann kann mir einfach nicht offen in die Augen sehen; er hätte es wohl sehr gerne getan, aber ich entgegne ihm jedes Mal mit einem derart aufmerksamen, das heißt respektlosen Blick, daß er verlegen zu werden scheint. In hochtrabender Rede, eine Phrase auf die andere türmend, bis er den Faden völlig verloren hatte, gab er mir zu verstehen, daß ich mich mit den Kindern irgendwo, möglichst weit vom Kurhaus, im Park, aufhalten möge. Schließlich wurde er richtig heftig und bemerkte schroff: »Sonst wären Sie imstande, die Kinder ins Kurhaus, an das Roulette zu führen. Sie müssen mich schon entschuldigen«, fügte er hinzu, »aber ich weiß, daß Sie noch ziemlich leichtsinnig und möglicherweise fähig sind zu spielen. Ich bin zwar nicht Ihr Mentor und wünsche diese Rolle keineswegs auf mich zu nehmen, habe aber immerhin das Recht zu wünschen, daß Sie mich nicht kompromittieren ...«

»Aber ich habe ja kein Geld«, antwortete ich gelassen; »um etwas zu verspielen, muß man es vorher haben ...«

»Sie werden es unverzüglich bekommen«, antwortete der General leicht errötend, öffnete den Sekretär, schlug ein Notizbuch auf und stellte fest, daß ich rund einhundertzwanzig Rubel von ihm zu erhalten hatte.

»Aber wie wollen wir das verrechnen?« begann er. »Es muß in Taler umgerechnet werden. Hier, nehmen Sie erst einmal einhundert Taler, eine runde Summe – der Rest geht Ihnen natürlich nicht verloren.«

Ich nahm das Geld schweigend entgegen.

»Nehmen Sie mir meine Worte bitte nicht übel, Sie sind so

empfindlich … mit meiner Bemerkung wollte ich Sie, sozusagen, nur warnen, und dazu, glaube ich, habe ich ein gewisses Recht …«

Als ich gegen Mittag mit den Kindern zurückkam, begegnete uns eine ganze Kavalkade. Die Unsrigen waren ausgeritten, um irgendwelche Ruinen zu besichtigen. Zwei hervorragende Kutschen, herrliche Pferde! Mademoiselle Blanche in einer Kutsche mit Marja Filippowna und Polina; der Franzose, der Engländer und unser General hoch zu Roß. Die Fußgänger blieben stehen und staunten; der Effekt war erreicht; aber mit dem General würde es ein böses Ende nehmen. Ich hatte überschlagen, daß sie mit den viertausend Francs, die ich gebracht hatte, plus der Summe, die sie offenbar inzwischen aufgetrieben hatten, sieben- oder achttausend Francs besitzen konnten; zu wenig für Mademoiselle Blanche.

Mademoiselle Blanche logiert ebenfalls in unserem Hotel, mit ihrer Mutter; ebenso unser Franzose. Die Lakaien sprechen ihn »Monsieur le comte« an, die Mutter von Mademoiselle Blanche läßt sich »Madame la comtesse« nennen, was soll's, vielleicht sind sie wirklich Comte und Comtesse.

Ich habe es ja im voraus gewußt, daß Monsieur le comte mich bei Tisch nicht wiedererkennen würde. Der General dachte nicht einmal daran, uns bekannt zu machen oder mich wenigstens vorzustellen, und Monsieur le comte war selbst durch Rußland gereist und wußte, daß jemand, den sie einen *outchitel* nennen, kein rarer Vogel ist. Übrigens kennt er mich sehr wohl. Aber ich muß gestehen, daß ich ungebeten bei Tisch erschienen war; offenbar hatte der General vergessen, seine Anordnungen zu treffen, denn andernfalls hätte er mich an die Table d'hôte geschickt. Ich erschien aus eigenem Antrieb, so daß der General mir einen mißbilligenden Blick zuwarf. Die gute Marja Filippowna wies mir sofort einen Platz an; aber die Begegnung mit Mister Astley rettete mich, meine Zugehörigkeit zu ihrer Gesellschaft war nolens volens legitimiert.

Diesen wunderlichen Engländer hatte ich schon in Preußen kennengelernt, in einem Eisenbahnabteil, wo wir einander gegenübersaßen, als ich den Unsrigen nachreiste; dann traf ich auf ihn bei meiner Einreise nach Frankreich und schließlich in der Schweiz; im Laufe dieser beiden Wochen zweimal – und nun trafen wir einander in Roulettenburg. In meinem ganzen Leben bin ich noch nie einem schüchterneren Menschen begegnet; er ist bis zur Torheit schüchtern und weiß es selbst, denn er ist keinesfalls töricht. Übrigens, ein sehr liebenswerter, stiller Mensch. Ich hatte ihn schon bei unserer ersten Begegnung in Preußen zum Reden gebracht. Er ließ mich wissen, daß er im vergangenen Sommer am Nordkap gewesen sei und die größte Lust habe, den Jahrmarkt in Nischnij Nowgorod zu besuchen. Ich weiß nicht, unter welchen Umständen er den General kennengelernt hat, aber mir scheint, daß er unsterblich in Polina verliebt ist. Als sie den Raum betrat, wurde er feuerrot. Er freute sich sehr, daß ich mich zu ihm gesetzt hatte, und hält mich, scheint es, schon für einen engen Freund.

Bei Tisch führte der Franzose das große Wort; er gab sich arrogant und lässig. In Moskau aber, ich erinnere mich, ließ er eine Seifenblase nach der anderen steigen. Da hatte er sich sehr ausgiebig über Finanzen und russische Politik verbreitet. Der General erkühnte sich hin und wieder zu einem Widerspruch, aber sehr bescheiden, höchstens so weit, um nicht seine Würde endgültig einzubüßen.

Ich war in einer wunderlichen Stimmung; selbstverständlich hatte ich während der ersten Hälfte des Essens gerätselt, mir meine übliche und immerwährende Frage gestellt: "Warum gebe ich mich mit diesem General ab und bin ihnen allen nicht bereits längst davongelaufen?" Hin und wieder warf ich einen Blick auf Polina Alexandrowna; sie nahm von mir nicht die geringste Notiz. Es endete damit, daß ich, erbost, mich entschloß, dreist zu werden.

Mir nichts, dir nichts, mischte ich mich laut und unaufgefordert in die allgemeine Unterhaltung ein. Ich hatte es vor allem auf den kleinen Franzosen abgesehen. Ich wandte mich an den General – und bemerkte plötzlich laut und deutlich, wobei ich ihm anscheinend ins Wort fiel, daß es für einen Russen in diesem Sommer nahezu unmöglich geworden sei, an einer Table d'hôte zu speisen. Der General richtete einen erstaunten Blick auf mich.

»Ein Ehrenmann«, fuhr ich unaufhaltsam fort, »setzt sich in jedem Fall Schmähungen aus und wird etliche Nasenstüber in Kauf nehmen müssen. In Paris und am Rhein, sogar in der Schweiz, wimmelt es von kleinen Polen und mit ihnen sympathisierendem Franzosenvolk, es ist unmöglich, sich auch nur einmal zu äußern, wenn man Russe ist.«

Ich hatte Französisch gesprochen. Der General sah mich verdutzt an, sichtlich im Zweifel, ob er in Zorn geraten oder sich nur wundern sollte, daß ich mich derart vergessen konnte.

»Das bedeutet, daß irgend jemand Ihnen irgendwo eine gehörige Lektion erteilt hat«, ließ der Franzose nachlässig verlauten.

»Ich bin in Paris zuerst an einen Polen geraten«, antwortete ich, »und darauf an einen französischen Offizier, der zu dem Polen hielt, und dann erst wechselten die übrigen Franzosen auf meine Seite, und zwar als ich erzählte, daß ich einem Monsignore in den Kaffee spucken wollte.«

»Spucken?« fragte der General gravitätisch und blickte sogar erstaunt um sich. Der Franzose musterte mich argwöhnisch.

»Jawohl, so war es«, antwortete ich. »Da ich ganze zwei Tage überzeugt war, daß ich möglicherweise in unserer Angelegenheit ganz kurz nach Rom würde fahren müssen, begab ich mich in die Kanzlei des Heiligen Vaters in Paris, um mir das Visum in den Paß stempeln zu lassen. Dort empfing mich ein Abbé von ungefähr fünfzig Jahren, dürr und mit eisiger Miene, der mir höflich zuhörte, aber außerordentlich trocken bat, mich zu gedulden. Ich war zwar in Eile, nahm aber Platz, um zu warten, zog die ›Opinion Nationale‹ hervor und stieß sogleich auf einen gräßlichen Artikel gegen Rußland. Dabei hörte ich, wie durch das Nachbarzimmer jemand zum Monsignore vorgelassen wurde; ich sah meinen Abbé sich eifrig verbeugen. Ich wandte mich abermals mit meiner Bitte an ihn; er bat, noch trockener, mich zu gedulden. Kurz darauf erschien ein weiterer Unbekannter, aber geschäftlich – ein Österreicher; dieser wurde angehört und sofort hinaufgeleitet. Das verstimmte mich sehr; ich stand auf, trat vor den Abbé, wies ihn mit Nachdruck darauf hin, daß, wenn Monsignore bereits empfange, er sich auch meiner Sache annehmen könne. Plötzlich wich der Abbé vor lauter Erstaunen vor mir zurück. Er konnte einfach nicht begreifen, wie ein nichtswürdiger Russe so dreist sein könne, sich auf eine Stufe mit den Gästen des Monsignore zu stellen? In allerunverschämtestem Ton, sichtlich zufrieden, mich beleidigen zu können, musterte er mich von Kopf bis Fuß und fuhr mich an: ›Glauben Sie etwa, Monsignore würde Ihretwegen seinen Kaffee stehenlassen?‹ Da brüllte auch ich, aber lauter als er: ›Sie sollen wissen, daß ich auf den Kaffee Ihres Monsignore spucke! Und wenn Sie meinen Paß nicht augenblicklich bearbeiten, werde ich ihn persönlich aufsuchen!‹

›Wie! Ausgerechnet jetzt, da Seine Eminenz, der Kardinal bei Ihm ist!‹ rief der Abbé, fuhr entsetzt zurück, stürzte zur Tür und pflanzte sich mit ausgebreiteten Armen davor auf, um zu demonstrieren, daß er eher sterben als mich durchlassen würde.

Darauf erwiderte ich, ich sei ein Häretiker und Barbar, ›que je suis hérétique et barbare‹, und daß mir alle diese Erzbischöfe, Kardinäle, Monsignori und so weiter und so weiter völlig Schnuppe seien. Kurz, ich gab deutlich zu verstehen, daß ich nicht weichen würde. Der Abbé warf mir einen unendlich bösen Blick zu, riß mir den Paß aus der Hand und ging mit ihm nach oben. Eine Minute später kam er mit dem Visum zurück. Hier, wünschen Sie es zu sehen?« Ich zog den Paß aus der Tasche und zeigte das römische Visum.

»Sie haben das allerdings«, begann der General …

»Es war Ihre Rettung, daß Sie sich als Barbar und Häretiker vorgestellt haben«, bemerkte der kleine Franzose mit maliziösem Lächeln. »Cela n'était pas si bête.«

»Soll man sich etwa an unseren Russen ein Beispiel nehmen? Sie hocken hier – wagen nicht zu mucksen und sind womöglich bereit zu verleugnen, daß sie Russen sind. Jedenfalls wurde ich in meinem Hotel in Paris wesentlich zuvorkommender behandelt, nachdem ich allen von meinem Zusammenstoß mit dem Abbé erzählt hatte. Der wohlbeleibte polnische Pan, mein erklärter Feind an der Table d'hôte, zog sich in den Hintergrund zurück. Die Franzosen ertrugen es sogar, daß ich erzählte, wie ich vor zwei Jahren einen Mann kennenlernte, auf den im Jahre zwölf ein französischer Chasseur geschossen hatte – einzig und allein, um das Gewehr zu entladen. Dieser Mann war damals ein zehnjähriges Kind, dessen Familie Moskau nicht rechtzeitig verlassen hatte.«

»Ausgeschlossen!« brüllte der Franzose auf. »Ein französischer Soldat schießt nie auf ein Kind!«

»Indessen war es so«, antwortete ich. »Ein ehrenwerter Kapitän außer Dienst hat es mir erzählt, und ich habe mit eigenen Augen die Narbe auf seiner Wange gesehen, die von der Kugel stammte.«

Der Franzose begann wortreich und lebhaft zu widersprechen. Der General wollte ihm schon Beistand leisten, aber ich empfahl ihm, wenigstens auszugsweise die »Aufzeichnungen« des Generals Perowskij zu lesen, der sich im Jahre zwölf in französischer Gefangenschaft befunden hatte. Endlich mischte sich Marja Filippowna ein, um unserer Unterhaltung ein Ende zu machen. Der General war äußerst unzufrieden mit mir, denn der Franzose und ich hatten einander beinahe angeschrien. Mister Astley dagegen schien an meinem Streit mit dem Franzosen großen Gefallen zu finden; als man sich vom Tisch erhob, schlug er vor, gemeinsam ein Glas Wein zu trinken. Abends gelang es mir, eine Viertelstunde mit Polina Alexandrowna zu sprechen. Unsere Unterhaltung fand auf einem Spaziergang statt. Alle promenierten durch den Park zum Kurhaus. Polina ließ sich auf der Bank gegenüber dem Springbrunnen nieder und erlaubte Nadenjka, mit anderen Kindern in ihrer Nähe zu spielen. Ich meinerseits schickte auch Mischa an die Fontäne, und endlich waren wir alleine.

Zuerst ging es natürlicherweise um die Geschäfte. Polina Alexandrowna geriet außer sich vor Zorn, als ich ihr nur siebenhundert Gulden aushändigte. Sie war überzeugt gewesen, daß ich ihr aus Paris, wo ich ihren Brillantschmuck versetzt hatte, mindestens zweitausend Gulden bringen würde, vielleicht sogar mehr.

»Ich brauche Geld, um jeden Preis«, sagte sie, »dieses Geld muß beschafft werden; sonst bin ich einfach verloren.«

Ich begann sie auszufragen, was sich während meiner Abwesenheit ereignet hätte.

»Nichts Besonderes, außer den beiden Nachrichten aus

Petersburg: zuerst, daß es der Großmutter sehr schlechtgehe, und zwei Tage später, daß sie wohl schon gestorben sei. Diese Nachricht kam von Timofej Petrowitsch«, setzte Polina hinzu, »einem zuverlässigen Mann. Wir warten auf die endgültige Nachricht.«

»Also fiebern hier alle vor Erwartung?« fragte ich.

»Natürlich; alle und alles; ein ganzes halbes Jahr; seit einem halben Jahr ist es die letzte Hoffnung.«

»Auch Ihre Hoffnung?« fragte ich.

»Ich bin mit ihr gar nicht verwandt, ich bin nur die Stieftochter des Generals. Aber ich weiß mit Sicherheit, daß sie mich in ihrem Testament nicht vergessen wird.«

»Sie werden, scheint es mir, sehr reichlich bedacht«, sagte ich zuversichtlich.

»Ja, sie mochte mich; aber wieso scheint es *Ihnen*?«

»Sagen Sie«, fragte ich, statt zu antworten, »unser Marquis scheint gleichfalls in alle Familiengeheimnisse eingeweiht zu sein?«

»Und wieso interessieren Sie selbst sich dafür?« bemerkte Polina mit einem strengen und kalten Blick.

»Das liegt auf der Hand; wenn ich mich nicht irre, hat der General ihn bereits angepumpt.«

»Ihre Vermutung trifft zu.«

»Also, hätte er denn Geld geliehen, wenn er nicht über Babulenka Bescheid wüßte? Ist es Ihnen bei Tisch nicht aufgefallen, daß er zwei oder drei Mal, als die Rede auf die Großmutter kam, von la baboulenka gesprochen hat? Was für enge und freundschaftliche Beziehungen!«

»Ja, Sie haben recht. Sobald er erfährt, daß auch ich etwas testamentarisch geerbt habe, wird er mir umgehend einen Heiratsantrag machen. Das war es doch wohl, was Sie hören wollten, nicht wahr?«

»Wird er ihn erst dann machen? Ich dachte, er geht schon lange auf Freiersfüßen.«

»Sie wissen genau, daß dem nicht so ist!« sagte Polina heftig. »Wo haben Sie diesen Engländer kennengelernt?« fuhr sie nach minutenlangem Schweigen fort.

»Ich habe es ja gewußt, daß Sie sich nach ihm jetzt erkundigen werden.«

Und ich erzählte ihr von meinen früheren Begegnungen unterwegs mit Mister Astley. »Er ist schüchtern, begeisterungsfähig und natürlich schon in Sie verliebt?«

»Ja, er ist in mich verliebt«, antwortete Polina.

»Übrigens ist er natürlich zehnmal reicher als der Franzose. Wie ist es, hat der Franzose wirklich irgendwas? Kein Zweifel?«

»Kein Zweifel. Er ist Besitzer eines Châteaus. Erst gestern hat mir der General davon erzählt. Mit großer Gewißheit. Genügt Ihnen das?«

»Ich würde an Ihrer Stelle unbedingt den Engländer nehmen.«

»Warum?« fragte Polina.

»Der Franzose sieht besser aus, ist aber niederträchtiger. Und der Engländer ist nicht nur ein anständiger Mensch, sondern auch zehnmal reicher«, antwortete ich kurz und klar.

»Stimmt. Aber dafür ist der Franzose ein Marquis und gescheiter«, antwortete sie in aller Gelassenheit.

»Aber stimmt es auch?« Ich ließ nicht locker.

»Haargenau.«

Polina mißfielen meine Fragen, und ich sah, daß sie mich durch den Ton und die Ungereimtheit ihrer Antworten herausforderte; ich sagte es ihr sofort.

»Nun, was soll's, mir macht es tatsächlich Spaß, Sie wütend zu sehen. Allein die Tatsache, daß ich Ihnen gestatte, solche

Fragen und Vermutungen auszusprechen, werden Sie zu bezahlen haben.«

»Ich halte mich wirklich für berechtigt, Ihnen verschiedene Fragen zu stellen«, antwortete ich gelassen, »gerade deshalb, weil ich bereit bin, dafür zu büßen, und mein Leben jetzt nicht besonders hoch schätze.«

Polina lachte laut:

»Sie haben mir das letzte Mal auf dem Schlangenberg gesagt, Sie seien auf ein einziges Wort von mir bereit, sich in den Abgrund zu stürzen, und dort ist es, glaube ich, tausend Fuß tief. Ich werde dieses Wort eines Tages aussprechen, einzig und allein um zu sehen, wie Sie Ihre Rechnung begleichen, und Sie können sicher sein, daß ich mir treu bleiben werde. Sie sind mir verhaßt, gerade deshalb, weil ich Ihnen so viel durchgehen ließ, und erst recht sind Sie mir verhaßt, weil ich auf Sie so angewiesen bin. Aber solange ich auf Sie angewiesen bin – muß ich Sie schonend behandeln.«

Sie machte Anstalten, sich zu erheben. Sie sprach gereizt. In der letzten Zeit beendete sie jedes Gespräch mit mir boshaft und gereizt, wirklich boshaft.

»Erlauben Sie noch eine Frage: Was ist Mademoiselle Blanche?« fragte ich, weil ich nicht wünschte, sie unversöhnt gehen zu lassen.

»Sie wissen doch selbst, was diese Mademoiselle Blanche ist. Seit damals ist nichts Neues dazugekommen. Mademoiselle Blanche wird bestimmt Frau Generalin, falls das Gerücht von Babuschkas Tod sich bestätigt, weil sowohl Mademoiselle Blanche als ihre Frau Mutter, als auch ihr Vetter dritten Grades, der Marquis, alle sehr gut wissen, daß wir ruiniert sind.«

»Und der General ist hoffnungslos verliebt?«

»Jetzt geht es um etwas anderes. Hören Sie zu und merken Sie sich: Nehmen Sie diese siebenhundert Florin und gehen

Sie spielen, gewinnen Sie für mich beim Roulette so viel wie möglich; im Augenblick brauche ich Geld um jeden Preis.«

Nach diesen Worten rief sie Nadenjka und ging mit ihr in Richtung des Kurhauses, wo sie sich unserer Gesellschaft anschloß. Ich dagegen bog in den erstbesten Weg nach links ein, nachdenklich und verblüfft. Ich war nach dem Befehl, Roulette zu spielen, völlig benommen. Sonderbar: Ich hatte manches bedenken müssen, indessen gab ich mich der Analyse meiner Gefühle zu Polina hin. In der Tat, in den zwei Wochen meiner Abwesenheit war mir leichter zumute gewesen als heute, am Tag meiner Rückkehr, wiewohl ich unterwegs wie ein Wahnsinniger gelitten, wie ein Erstickender nach Luft gerungen und selbst im Schlaf sie dauernd vor mir gesehen hatte. Einmal (es war in der Schweiz) war ich im Waggon eingenickt und hatte, wie es scheint, mich laut mit Polina unterhalten, womit ich alle Mitreisenden zum Lachen brachte. Und jetzt fragte ich mich wieder: Liebe ich sie etwa, liebe ich sie wirklich? Und wieder, das heißt, zum hundertsten Mal hatte ich keine Antwort, das heißt, zum hundertsten Mal antwortete ich mir, daß sie mir verhaßt war. Ja, sie war mir verhaßt. Es gab Minuten (und zwar jedesmal nach unseren Unterhaltungen), daß ich mein halbes Leben gegeben hätte, um sie zu erwürgen! Ich schwöre, daß ich, wenn ich die Möglichkeit gehabt hätte, ein spitzes Messer in ihrer Brust zu versenken, es mit Lust, wie mir schien, geführt hätte. Und trotzdem, ich schwöre bei allem, was mir heilig ist, daß ich, wenn sie auf dem Schlangenberg auf dem beliebten Aussichtspunkt gesagt hätte, »Springen Sie«, auf der Stelle gesprungen wäre, sogar mit Lust. Das wußte ich. So oder so, eine Entscheidung war unvermeidlich. Das alles ist ihr bewundernswert klar, und der Gedanke, daß ich mir, über alle Zweifel erhaben, ihrer Unerreichbarkeit für mich und der Unerfüllbarkeit aller meiner Träume völlig bewußt bin – dieser Gedanke, davon bin ich überzeugt, bereitet ihr eine außerordentliche Lust; könnte sie sonst, umsichtig und klug, wie sie ist, mir so vertraulich und offenherzig gegenübertreten? Mir scheint, ich war für sie nichts anderes als der Sklave jener antiken Kaiserin, die sich vor ihm entkleidete, alldieweil sie ihn nicht zu den Menschen zählte. Ja, sie hat mich öfters nicht zu den Menschen gezählt …

Allerdings hatte ich jetzt ihren Auftrag – koste es, was es wolle, im Roulette zu gewinnen. Ich hatte keine Zeit, darüber zu spekulieren: wozu und wie schnell ich zu gewinnen hatte und welche neuen Absichten in diesem ewig abwiegenden Kopf entstanden waren. Außerdem müssen in diesen zwei Wochen eine Menge neuer Tatsachen dazugekommen sein, von denen ich nicht die geringste Ahnung hatte. All das galt es zu ergründen, und zwar so schnell wie möglich. Einstweilig hatte ich keine Zeit dazu: Ich mußte an den Spieltisch.

KAPITEL II

Ich gestehe, es war mir unangenehm; ich hatte zwar beschlossen zu spielen, aber ich hatte keinesfalls vor, es für jemand anderen zu tun. Das brachte mich sogar einigermaßen aus dem Konzept, und ich betrat die Spielsäle ziemlich verdrossen. Auf den ersten Blick ging mir dort alles gegen den Strich. Ich kann diese Lobhudelei der Feuilletons der ganzen Welt und vornehmlich unserer russischen Zeitungen nicht leiden, in denen die Journalisten fast jedes Frühjahr von zwei Dingen berichten: erstens von der unerhörten Pracht und dem Luxus der Spielsäle aller Roulette-Städte am Rhein, und zweitens – von den Bergen an Gold, die angeblich auf den Spieltischen herumliegen. Sie werden dafür nicht bezahlt; es wird einfach geschwafelt aus uneigennütziger Beflissenheit. Von Pracht kann in diesen schäbigen Sälen nicht die Rede sein, und was das Gold betrifft – es ist kaum zu sehen, geschweige denn als Berge auf den Tischen. Freilich, hin und wieder taucht im Laufe der Saison plötzlich ein Sonderling auf, ein Engländer oder ein Asiate, in diesem Sommer, zum Beispiel, ein Türke, und verspielt oder gewinnt auf einmal sehr viel; alle anderen setzen wenige Gulden, üblicherweise liegt auf dem Tisch sehr wenig Geld. Als ich den Spielsaal (zum ersten Mal in meinem Leben) betrat, konnte ich mich geraume Zeit nicht zum Spiel entschließen. Außerdem störte mich das Gedränge. Aber auch wenn ich alleine gewesen wäre, auch dann, glaube ich, wäre ich lieber gegangen, als mit dem Spiel anzufangen. Ich gestehe, daß ich heftiges Herzklopfen hatte und keineswegs kaltblütig war. Ich wußte definitiv seit langem schon, daß ich Roulettenburg nicht so verlassen würde, wie ich gekommen war; daß in meinem Schicksal unbedingt etwas Radikales und Endgültiges eintreten würde. So mußte es sein, und so würde es kommen. Mag es auch komisch sein, daß ich so viel von dem Roulette erwarte, aber die landläufige Meinung, es handle sich beim Spiel um etwas ausgesprochen Törichtes und Absurdes, scheint mir noch komischer. Warum soll das Spiel schlechter sein als jede beliebige andere Art des Gelderwerbs, etwa der Handel? Stimmt, es gewinnt von Hunderten ein einziger. Aber – was geht das mich an?

Jedenfalls habe ich mir vorgenommen, mich zuerst umzusehen und an diesem Abend nichts Ernsthaftes zu versuchen. An diesem Abend, auch wenn sich etwas ereignet hätte, wäre es zufällig und flüchtig geschehen ganz nach meinem Wunsch. Zuerst galt es ja den Ablauf des Spiels zu erforschen; weil ich, ungeachtet der Unzahl von Beschreibungen des Roulettes, die ich stets mit solcher Gier verschlungen hatte, nichts von seinem eigentlichen Funktionieren begreifen konnte, solange ich es nicht mit eigenen Augen sah.

Zuerst schien mir alles so schmutzig – irgendwie moralisch übel und schmutzig. Ich meine damit keineswegs die gierigen und erregten Gesichter, die zu Dutzenden, sogar zu Hunderten die Spieltische umringen. Ich kann an dem Wunsch, möglichst schnell und viel zu gewinnen, nichts Schmutziges sehen; der törichte Gedanke eines wohlgenährten und wohlbestallten Moralisten kam mir schon immer sehr dümmlich vor, der auf einen Rechtfertigungsversuch, »man würde ja mit den kleinsten Einsätzen spielen«, erwidert: »um so schlimmer, weil es sich um eine kleinliche Gier handelt«. Als ob kleinliche Gier und großspurige Gewinnsucht nicht dasselbe wären. Es ist nur die Frage der Proportion: Was für einen

Rothschild kleinlich ist, ist für mich üppig, und was Gewinn und Habgier angeht, so pflegen die Menschen nicht nur beim Roulette, sondern überall nichts anderes zu tun, als einander etwas abzugewinnen, sich gegenseitig zu übervorteilen und aneinander zu profitieren. Ob Habgier oder Profit an und für sich verwerflich sind – das ist eine andere Frage. Aber an dieser Stelle will ich mich damit nicht befassen. Da ich selbst von dem Wunsch zu gewinnen völlig besessen war, kamen mir diese ganze Gewinnsucht und dieser ganze habgierige Schmutz beim Betreten des Spielsaals irgendwie willkommen und vertraut vor. Gibt es denn etwas Schöneres, wenn man voreinander keine Umstände macht, sondern offen und unverblümt handelt? Und wozu sollte man auch sich selbst etwas vormachen? Ein völlig unsinniges und unrentables Verhalten. Besonders abstoßend in dem ganzen Roulettegesindel, zumal auf den ersten Blick, war jene nahezu ehrerbietige Haltung, mit der alle sich um die Tische drängten. Deshalb wird hier genau unterschieden, welches Spiel als mauvais genre gilt und welches für einen anständigen Menschen erlaubt ist. Es gibt zwei Arten von Spiel, die eine gilt als gentlemanlike, die andere als plebejisch, gewinnsüchtig, das Spiel des Gesindels. Auf diesen Unterschied wird genau geachtet – und wie gemein ist genaugenommen diese Unterscheidung! Ein Gentleman kann hier zum Beispiel fünf oder zehn Louisdor setzen, selten mehr, sollte er allerdings sehr reich sein, auch tausend Francs, aber einzig und allein spaßeshalber, eigentlich nur, um den Prozeß von Gewinn und Verlust zu beobachten; aber er hat sich nicht im mindesten für den eigentlichen Gewinn zu interessieren. Hat er gewonnen, kann er zum Beispiel kurz auflachen, eine Bemerkung an seinen Nachbarn richten, er kann sogar wieder setzen und noch ein Mal mit doppeltem Einsatz, aber einzig und allein aus Neugier, aus Interesse für die Chancen, um irgendwelche Berechnungen anzustellen, keineswegs aus dem plebejischen Wunsch nach Gewinn. Mit einem Wort, er hat diese ganzen Spieltische, dieses Roulette und trente et quarante nicht anders zu betrachten als eine Unterhaltung, einzig und allein zu seinem Vergnügen. Die Habsucht und die Fallen, die zur Einrichtung einer Spielbank gehören, hat er nicht einmal zu vermuten. Es wäre sogar keineswegs verkehrt, wenn es ihm schiene, daß auch alle anderen Spieler, dieses ganze Gesindel, das um jeden Gulden zittert, ebenso reich und ebenso gentlemanlike wären wie er selbst und einzig und allein zu ihrer Zerstreuung und Unterhaltung spielten. Diese absolute Wirklichkeitsferne und diese naive Meinung von den Menschen würden natürlich als äußerst aristokratisch gelten. Ich habe gesehen, wie manche Frau Mama ihre unschuldigen, stilvollen fünfzehn- und sechzehnjährigen Misses, ihre Töchter, vor sich an den Tisch lancierte, ihnen einige Goldmünzen in die Hand drückte und ihnen erklärte, wie man setzt. Eine von den jungen Damen gewann oder verlor das Spiel, lächelte in jedem Fall und ging sehr zufrieden davon. Unser General trat würdevoll und selbstbewußt an den Tisch; der Diener stürzte mit einem Stuhl herzu, aber er übersah den Diener; er brauchte sehr lange, um das Portemonnaie aus der Tasche zu ziehen, brauchte sehr lange, um dem Portemonnaie dreihundert Francs in Gold zu entnehmen, setzte auf Schwarz und gewann. Er rührte den Gewinn nicht an und ließ ihn auf dem Tisch. Er setzte wieder. Es kam wieder Schwarz; auch diesmal ließ er den Gewinn stehen, aber als beim dritten Mal das Rot kam, hatte er auf einen Schlag eintausendzweihundert Francs verloren. Er entfernte sich lächelnd, er bewahrte Haltung. Ich bin überzeugt, daß er sich grämte und daß er, wäre der Einsatz doppelt oder dreimal so hoch gewesen, die Contenance nicht hätte bewahren und die Erregung unterdrücken können. Freilich war ein Franzose, der in meiner Gegenwart an die dreißigtausend Francs zuerst gewonnen und dann verloren hatte, gleichmütig gutgelaunt und ohne die leiseste Aufregung geblieben. Ein Gentleman darf, auch wenn er sein ganzes Vermögen verspielt, keine Aufregung zeigen. Das Geld muß so tief unter seiner Würde als Gentleman sein, daß es kaum seiner Sorge wert ist. Gewiß, es wäre ausgesprochen aristokratisch, das Schmutzige dieses ganzen Gesindels und der Umgebung einfach zu übersehen. Gelegentlich jedoch ist die umgekehrte Haltung nicht weniger aristokratisch, nämlich dieses ganze Gesindel sehr wohl zu bemerken, das heißt, in Augenschein zu nehmen, sogar zu fixieren, zum Beispiel durch ein Lorgnon: aber nicht anders, als daß man jene Menschen und jenen Schmutz als eine abstoßende Zerstreuung besonderer Art nimmt, als ein Schauspiel, das zur Unterhaltung der Gentlemen aufgeführt wird. Es ist denkbar, sich unter die Menge zu mischen, aber in der unübersehbaren Attitüde eines Beobachters, der keineswegs zu ihr gehört. Übrigens wäre eine eingehende Beobachtung unangemessen: Sie wäre nicht gentlemanlike, weil das Schauspiel einer allzu eingehenden Beobachtung eines Gentlemans keineswegs würdig ist. Im allgemeinen sind Schauspiele, die eine eingehende Beobachtung eines Gentlemans verdienen, sehr selten. Indessen schien es mir persönlich einer eingehenden Beobachtung durchaus wert zu sein, eben für jemand, der nicht allein deswegen gekommen ist, sondern sich selbst ehrlich und offen zu diesem ganzen Gesindel rechnet. Was jedoch meine innersten moralischen Überzeugungen angeht, so haben sie in meinen gegenwärtigen Überlegungen keinen Platz. Mag es auch so bleiben, ich sage es nur, um mein Gewissen zu erleichtern. Aber ich möchte noch folgendes hinzufügen: In letzter Zeit war es mir ungemein zuwider, meinem Handeln oder Denken einen moralischen Maßstab anzulegen. Es war etwas anderes, was mich bestimmte …

Das Gesindel spielt in der Tat sehr schmutzig. Ich kann mich sogar des Gedankens nicht erwehren, daß hier am Spieltisch sehr oft auf die gewöhnlichste Weise gestohlen wird. Die Croupiers, die an den Schmalseiten der Spieltische sitzen, die Einsätze verfolgen und abrechnen, haben furchtbar viel zu tun. Auch so ein Gesindel! Es sind größtenteils Franzosen. Übrigens, wenn ich hier meine Beobachtungen mache und Erfahrungen sammle, so tue ich es keineswegs, um das Roulette zu beschreiben; ich brauche das alles für mich selbst, um zu wissen, wie ich mich künftig verhalten soll. Ich habe mir zum Beispiel gemerkt, daß es nichts Außergewöhnliches ist, wenn plötzlich sich von hinten ein Arm über den Tisch streckt und das nimmt, was Sie gewonnen haben. Ein Streit bricht aus, oft wird gebrüllt, aber wie sollen Sie, bitte sehr, beweisen und Zeugen dafür finden, daß es Ihr Einsatz gewesen ist!

Anfangs war für mich dieses ganze Treiben völlig undurchsichtig; ich habe nur geraten und mehr schlecht als recht entschieden, daß man auf Zahlen setzt, auf Gerade, Ungerade und auf Farben. Aus dem Geld von Polina Alexandrowna wollte ich an diesem Abend probeweise einhundert Gulden wagen. Den Gedanken, daß ich mit dem Spielen nicht für mich selbst anfing, empfand ich als störend. Es war eine äußerst unangenehme Empfindung, und ich wäre sie am liebsten so schnell wie möglich losgeworden. Immer wieder schien es mir, daß ich, indem ich für Polina spielte, mein eigenes Glück untergrübe. Sollte es denn wahr sein, daß man nur an den Spieltisch treten braucht, um sofort vom Aberglauben angesteckt zu werden? Ich begann damit, daß ich fünf Friedrichsdor aus der Tasche holte, also fünfzig Gulden, und sie auf Gerade setzte. Das Rad drehte sich und blieb auf der Dreizehn stehen – ich hatte verloren. Mit einem schmerzlichen Unbehagen, einzig, um ein Ende zu machen und zu gehen, setzte ich weitere fünf Friedrichsdor auf Rot. Rot kam. Ich setzte alle zehn Friedrichsdor auf Rot – wiederum Rot. Nachdem ich vierzig Friedrichsdor erhalten hatte, setzte ich zwanzig auf die zwölf mittleren Zahlen, ohne zu ahnen, was daraus werden sollte. Man zahlte mir das Dreifache aus. Auf diese Weise besaß ich statt der zehn Friedrichsdor plötzlich achtzig. Eine ungeahnte und sonderbare Empfindung bemächtigte sich meiner, und ich beschloß zu gehen. Mir schien, daß ich ganz anders gespielt hätte, wenn es für mich gewesen wäre. Ich setzte alles auf Gerade. Diesmal kam die Vier; man schob mir weitere achtzig Friedrichsdor zu, ich strich den ganzen Haufen von hundertsechzig Friedrichsdor ein und machte mich auf den Weg, um Polina Alexandrowna zu suchen.

Sie promenierten alle irgendwo im Park, und ich konnte sie erst beim Souper treffen. Diesmal war der Franzose nicht dabei, und der General hatte das Feld für sich allein: Unter anderem hielt er es abermals für nötig, mich wissen zu lassen, daß er mich keineswegs am Spieltisch zu sehen wünsche. Sollte ich einmal zuviel verlieren, würde es ihn, seiner Meinung nach, sehr kompromittieren; »selbst wenn Sie sehr viel gewinnen sollten, würde ich mich kompromittiert fühlen«, fügte er mit Nachdruck hinzu. »Natürlich habe ich kein Recht, über Ihr Verhalten zu bestimmen, aber Sie werden selbst zugeben ...«, und er brach gewohnheitsgemäß ab. Ich antwortete darauf trocken, daß ich sehr wenig Geld zur Verfügung hätte und folglich nicht in der Lage sei, auffallend viel zu verlieren, selbst wenn ich spielen wollte. Als ich oben war, gelang es mir, Polina ihren Gewinn zu übergeben und zu erklären, daß ich kein zweites Mal für sie spielen wollte.

»Warum nicht?« fragte sie beunruhigt.

»Weil ich für mich spielen will«, antwortete ich, indem ich sie erstaunt betrachtete, »und das stört mich.«

»Sie sind also nach wie vor unerschütterlich davon überzeugt, daß das Roulette Ihr einziger Ausweg und Ihre Rettung ist?« fragte sie spöttisch. Ich antwortete immer noch sehr ernst, daß dem so sei; was meine feste Zuversicht zu gewinnen anbelange, so mag sie noch so komisch sein, aber »man möge mich damit in Ruhe lassen«.

Polina Alexandrowna beharrte darauf, daß ich von dem heutigen Gewinn die Hälfte behalten müsse, und wollte mir die achtzig Friedrichsdor unbedingt aufdrängen mit dem Vorschlag, auch das Spiel unter derselben Bedingung künftig fortzusetzen. Ich wies diese Hälfte entschieden und ein für allemal zurück und erklärte, daß ich für andere nicht spielen könne, nicht, weil ich nicht wolle, sondern weil ich gewiß verlieren würde.

»Eigentlich hoffe auch ich, wie töricht es sein mag, einzig auf das Roulette«, sagte sie nachdenklich, »und deshalb müssen Sie unbedingt mit mir auf Halbpart weiterspielen und werden das, selbstverständlich, auch tun.« Mit diesen Worten ließ sie mich stehen, ohne meine weiteren Einwände abzuwarten.

KAPITEL III

Sie hatte, allerdings auch während des ganzen gestrigen Tages, kein einziges Wort mit mir über das Spiel gewechselt, sie hatte gestern überhaupt vermieden, mit mir zu sprechen. Ihr früherer Umgang mit mir hatte sich eigentlich nicht geändert: dieselbe vollkommene Geringschätzung bei Begegnungen, sogar etwas Verächtliches und Haßerfülltes. Sie wünscht keineswegs, ihren Widerwillen mir gegenüber zu kaschieren; das sehe ich wohl. Trotzdem verbirgt sie ebensowenig, daß sie mich für irgend etwas braucht und mich dafür in Reserve hält. Zwischen uns haben sich irgendwelche merkwürdigen Beziehungen eingespielt, die mir ziemlich unbegreiflich sind – selbst wenn ich ihren Stolz und Hochmut allen anderen gegenüber berücksichtige. Sie weiß, zum Beispiel, daß ich sie bis zum Wahnsinn liebe, sie erlaubt mir sogar, von meiner Leidenschaft zu sprechen, womit sie natürlich am besten ihre Verachtung ausdrücken kann, eben weil ich ungehindert und unzensiert meine Liebe für sie bekunde. »Das bedeutet, daß ich mir aus deinen Gefühlen so wenig mache und es mir ganz gleichgültig ist, wovon du mit mir reden oder was du für mich empfinden willst.« Über ihre eigenen Angelegenheiten hatte sie mit mir früher schon oft gesprochen, ohne aber jemals wirklich aufrichtig zu sein. Nicht genug, in der Geringschätzung meiner Person gab es noch weitere Raffinessen: Sie weiß, zum Beispiel, daß ich über einen bestimmten Umstand in ihrem Leben oder über ein sie stark beunruhigendes Faktum unterrichtet bin; ja sie kann mir selbst etwas über ihren

Lebensumstand erzählen, wenn sie mich für ihre Zwecke zu gebrauchen beabsichtigt, als Sklaven oder Laufburschen, aber dann erzählt sie stets just nur so viel, wie ein Mensch, der als Laufbursche gebraucht wird, unbedingt wissen muß – und selbst, wenn mir das ganze Netz der Ereignisse noch so dunkel bleibt und sie sieht, wie ich mich um ihre Sorgen und Qualen selbst quäle und sorge, würdigt sie mich niemals einer freundschaftlichen Aufrichtigkeit, wiewohl sie mich häufig nicht nur für mühevolle, sondern sogar gefährliche Aufträge für geeignet hält und, meiner Meinung nach, schon deshalb zu Offenheit mir gegenüber verpflichtet wäre. Lohnt es denn überhaupt, sich um meine Gefühle zu kümmern, darum, daß ich mich ebenfalls vor Unruhe verzehre und von ihren Sorgen und Mißerfolgen oft dreimal so stark betroffen und gepeinigt werde als sie selbst?

Ich wußte schon seit etwa drei Wochen von ihrer Absicht, Roulette zu spielen. Sie hatte mich sogar damals schon wissen lassen, daß ich statt ihrer spielen sollte, weil es für sie unschicklich wäre, selber zu spielen. Schon an ihrem Ton merkte ich sofort, daß es sich um eine ernsthafte Sorge handelte und nicht um den einfachen Wunsch, Geld zu gewinnen. Was konnte ihr das Geld an und für sich schon bedeuten! Hier ging es um ein Ziel, hier lagen irgendwelche Umstände vor, die ich ahnte, von denen ich aber bis heute nichts weiß. Selbstverständlich geben mir die Erniedrigung und Versklavung, in der sie mich hält, das Recht (und das nur zu oft), sie grob und geradewegs auszufragen. Da ich ein Sklave und für sie völlig unbedeutend bin, dürfte sie mir meine grobe Neugier nicht einmal verübeln. Nun aber liegt die Sache so, daß sie mir zwar gestattet, Fragen zu stellen, sie aber grundsätzlich unbeantwortet läßt. Und sie gelegentlich einfach überhört. Und so steht es mit uns!

Gestern wurde bei uns viel von dem Telegramm geredet, das vor vier Tagen nach Petersburg abgegangen, aber unbeantwortet geblieben ist. Der General ist sichtlich aufgeregt und nachdenklich. Natürlich handelt es sich um die Babuschka. Aufgeregt ist auch der Franzose. Gestern zum Beispiel, nach dem Diner, haben sie sich lange und sehr ernst unterhalten. Uns allen gegenüber schlägt der Franzose einen auffallend herablassenden und geringschätzigen Ton an. Das Sprichwort bewährt sich: Lade das Schwein an die Tafel, und schon legt es die Füße drauf. Sogar zu Polina ist er achtlos bis zur Grobheit; wiewohl er mit Vergnügen am gemeinsamen Flanieren vor dem Kurhaus oder an den Ausritten und Ausfahrten in die Umgebung teilnimmt. Mir ist schon seit geraumer Zeit einiges über die Beziehung zwischen dem Franzosen und dem General zu Ohren gekommen: Sie hatten vor, in Rußland gemeinschaftlich eine Fabrik zu gründen; ich weiß nicht, ob dieses Projekt geplatzt ist oder immer noch beide beschäftigt. Zudem (das verdanke ich einem Zufall) erfuhr ich von einem Familiengeheimnis: Der Franzose hat tatsächlich im vorigen Jahr den General gerettet, indem er ihm dreißigtausend lieh, um damit die bei seinem Dienstaustritt in der Regimentskasse fehlende Summe zu ersetzen. Und nun ist der General in der Klemme; aber jetzt, ausgerechnet jetzt, spielt bei dieser ganzen Geschichte Mademoiselle Blanche die eigentliche Hauptrolle, und ich bin sicher, daß ich mich auch darin nicht täusche.

Wer ist Mademoiselle Blanche? Hier wird erzählt, sie sei eine vornehme Französin, die ihre Frau Mutter bei sich habe und ein kolossales Vermögen besitze. Es ist ebenfalls bekannt, daß sie eine entfernte Verwandte unseres Marquis ist, eine sehr entfernte Cousine oder Cousine dritten Grades. Es wird erzählt, daß vor meiner Fahrt nach Paris der Umgang zwischen dem Franzosen und Mademoiselle Blanche wesentlich zeremonieller gewesen sei, gleichsam feiner und delikater; während jetzt ihre Freundschaft und Verwandtschaft irgendwie plumper, irgendwie familiärer aussehe. Vielleicht scheint ihnen unsere Situation so verfahren, daß sie zuviel Rücksicht und Verstellung gegenüber uns für überflüssig halten. Schon vorgestern ist es mir aufgefallen, wie Mister Astley Mademoiselle Blanche und ihre Frau Mutter musterte, mir schien, er kenne sie. Mir schien sogar, daß auch unser Franzose Mister Astley schon früher begegnet sei. Übrigens ist Mister Astley so schüchtern, zurückhaltend und verschwiegen, daß man beinahe sicher sein kann – er wird keinen Kehricht aus dem Haus tragen. Jedenfalls würdigt ihn der Franzose kaum eines Grußes und fast keines Blicks; folglich hat er von ihm nichts zu befürchten. Dies könnte man noch verstehen; aber warum würdigt ihn auch Mademoiselle Blanche kaum eines Blicks? Zumal der Marquis gestern abend geplaudert hat: Plötzlich sagte er während der allgemeinen Unterhaltung, ich weiß nicht aus welchem Anlaß, daß Mister Astley unermeßlich reich sei und daß er darüber genaustens Bescheid wisse; das wäre doch die Gelegenheit für Mademoiselle Blanche, ihn, Mister Astley, ihrer Blicke zu würdigen! Alles in allem ist der General in großer Unruhe. Man kann sich vorstellen, was ihm das Telegramm vom Ableben der Tante ausgerechnet jetzt bedeutet!

Obwohl es mir ganz sicher schien, daß Polina einem Gespräch mit mir aus dem Weg ging, und zwar mit Absicht, setzte ich auch meinerseits eine kühle und gleichgültige Miene auf: Ich dachte ständig, daß sie mich doch ansprechen würde. Dafür habe ich gestern und heute meine ganze Aufmerksamkeit auf Mademoiselle Blanche gerichtet. Der arme General, er ist endgültig verloren! Mit fünfundfünfzig sich zu verlieben, mit einer derart heftigen Leidenschaft, ist natürlich ein

Unglück. Dazu noch sein Dasein als Witwer, seine Kinder, der völlig heruntergewirtschaftete Besitz, Schulden, und schließlich dieses Frauenzimmer, an das er mit seiner Liebe geraten mußte. Mademoiselle Blanche ist eine Schönheit. Aber ich weiß nicht, ob man mich versteht, wenn ich hinzufüge, sie sei eine Schönheit, vor der man sich erschrecken kann. Ich für mein Teil habe mich vor solchen Frauen stets gefürchtet. Sie ist bestimmt um die fünfundzwanzig. Großgewachsen, mit breiten, vollen Schultern; Hals und Busen prachtvoll; der Teint brünett, das Haar schwarz wie Tusche und von solcher Fülle, daß es für zwei Coiffuren ausreichen würde. Die Augen sind schwarz, das Weiß leicht gelblich, der Blick dreist, die Zähne makellos weiß, der Mund stets geschminkt. Sie riecht nach Moschus, kleidet sich effektvoll, teuer, chic, aber sehr geschmackvoll. Füße und Hände sind bewundernswert. Die Stimme – ein rauchiger Contralto. Sie lacht manchmal laut, läßt dabei alle Zähne sehen, meistens aber bleibt sie schweigsam und blickt dreist um sich herum, jedenfalls in Polinas und Marja Filippownas Gegenwart. (Ein sonderbares Gerücht: Marja Filippowna wird nach Rußland zurückreisen.) Mir scheint, Mademoiselle Blanche ist völlig ungebildet, vielleicht nicht einmal klug, dafür aber argwöhnisch und verschlagen. Mir scheint, ihr Leben ist nicht ganz ohne Abenteuer verlaufen. Und wenn man schon alles aussprechen soll, so könnte es durchaus möglich sein, daß der Marquis ebensowenig mit ihr verwandt wie ihre Mutter ihre Mutter ist. Aber es gibt dennoch Anzeichen dafür, daß sie und ihre Mutter in Berlin, wo wir ihnen begegnet sind, einige respektable Bekannte hatten. Was den Marquis angeht, so zweifle ich bis heute, ob er ein Marquis ist, doch seine Zugehörigkeit zur besseren Gesellschaft, sowohl bei uns, in Moskau, als auch hier und da in Deutschland, scheint sich zu bestätigen. Und in Frankreich?

Ich weiß das nicht. Es heißt, er besitze ein Château. Ich hatte gedacht, daß in den vergangenen zwei Wochen viel Wasser den Fluß hinuntergeflossen sei, und nun weiß ich immer noch nicht mit Sicherheit, ob für Mademoiselle Blanche und den General das entscheidende Wort gefallen ist. Überhaupt hängt jetzt alles von unseren Finanzen ab, das heißt davon, ob der General ihnen Geld bieten kann. Würde, zum Beispiel, die Nachricht eintreffen, daß die Babuschka nicht gestorben ist, wird Mademoiselle Blanche, davon bin ich überzeugt, sofort von der Bildfläche verschwinden. Ich wundere mich über mich selbst und muß über mich lächeln, daß ich eine solche Klatschbase geworden bin. Oh, wie mich das alles anwidert! Wie gern würde ich hier alles und alle im Stich lassen! Kann ich denn Polina verlassen, kann ich denn darauf verzichten, um sie herumzuspionieren? Spionieren ist selbstverständlich ein Zeichen von Niedertracht, aber – das schert mich nicht!

Gestern wie heute kam mir auch Mister Astley bemerkenswert vor. Ja ich bin überzeugt, daß er in Polina verliebt ist! Bemerkenswert und komisch, wieviel der Blick eines schüchternen und krankhaft keuschen Mannes, den die Liebe berührt hat, auszudrücken vermag, und zwar gerade dann, wenn dieser Mann lieber in die Erde versinken als das Geringste aussprechen oder zum Ausdruck bringen möchte, sei es mit Wort oder Blick. Mister Astley begegnet uns sehr oft auf unseren Spaziergängen. Er zieht den Hut, geht weiter und brennt natürlich vor Verlangen, sich uns anzuschließen. Aber wenn er dazu aufgefordert wird, lehnt er prompt ab. An den Ruheplätzen, am Kurhaus, beim Konzert oder vor der Fontäne bleibt er in der Regel irgendwo in der Nähe unserer Bank stehen, und überall: im Park, im Wald oder auf dem Schlangenberg – man braucht nur die Augen schweifen zu lassen, um in jedem Fall einen Zipfel von Mister Astley, sei es auf einem

Pfad, sei es hinter einem Busch, zu entdecken. Mir scheint, er sucht die Gelegenheit, mit mir unter vier Augen zu sprechen. Heute morgen waren wir aufeinander zugegangen und haben ein paar Worte gewechselt. Manchmal spricht er auffallend abgehackt. Kaum hatten wir uns begrüßt, als er unvermittelt sagte:

»Aha, Mademoiselle Blanche! ... Ich habe viele solcher Frauen gesehen wie Mademoiselle Blanche!«

Er verstummte, indem er mich vielsagend ansah. Was er damit sagen wollte, weiß ich nicht, weil er auf meine Frage: was das heiße, mit listigem Lächeln nickte und nur hinzufügte:

»Ist eben so. Liebt Mademoiselle Pauline Blumen?«

»Weiß nicht, keine Ahnung«, antwortete ich.

»Wie? Nicht einmal das wissen Sie?« rief er höchst erstaunt.

»Keine Ahnung, hab' ich überhaupt nicht gemerkt«, wiederholte ich lachend.

»Hm, bringt mich auf einen besonderen Gedanken.« Damit nickte er und ging weiter. Er sah übrigens zufrieden aus. Wir unterhalten uns in einem miserablen Französisch.

KAPITEL IV

Der heutige Tag war komisch, chaotisch, absurd. Jetzt ist es elf Uhr nachts. Ich sitze in meiner Kammer und versuche mich zu erinnern. Es begann damit, daß ich am Vormittag nun doch zum Roulette gehen mußte, um für Polina Alexandrowna zu spielen. Ich steckte mir ihre sämtlichen hundertsechzig Friedrichsdor ein, aber unter zwei Bedingungen: erstens – daß ich nicht gewillt sei, Halbpart zu spielen, das heißt, bei Gewinn etwas zu behalten, und zweitens – daß Polina mir am Abend erklären müsse, warum sie so dringend gewinnen wolle und wieviel Geld sie benötige. Ich kann mir trotz allem nicht vorstellen, daß es ihr einfach um Geld geht. Offensichtlich braucht sie Geld, und zwar so schnell wie möglich, und zwar zu einem ganz bestimmten Zweck. Sie versprach, mir alles zu erklären, und ich machte mich auf den Weg. In den Spielsälen herrschte furchtbares Gedränge. Wie dreist und wie gierig sie alle sind! Ich drängte mich zur Mitte durch, dicht vor den Croupier, und begann zaghaft zu spielen, indem ich zwei oder drei Münzen setzte. Unterdessen machte ich meine Beobachtungen; es schien mir, daß beim Spiel der Strategie nur wenig Bedeutung zukommt und jedenfalls nicht die Wichtigkeit, die ihr von vielen Spielern zugeschrieben wird. Sie sitzen über ihren linierten Blättern, notieren Einsätze, Ergebnisse, ziehen Folgerungen, rechnen, kalkulieren ihre Chancen, setzen endlich und – verspielen ebenso wie wir, gewöhnliche Sterblichen, die ohne Strategie spielen. Aber dafür zog ich einen Schluß, der, wie mir scheint, zutrifft: Tatsächlich herrscht im Verlauf der zufälligen Chancen etwas Gewisses, zwar kein System, aber immerhin eine Ordnung, ein Umstand, der natürlich höchst merkwürdig ist. Es können zum Beispiel nach zwölf mittleren Zahlen die zwölf letzten an die Reihe kommen; zweimal kann die Kugel über die zwölf letzten, dann auf die zwölf ersten rollen. Das erste Dutzend wird wieder von den mittleren abgelöst, drei- oder viermal hintereinander trifft die Kugel die mittleren, anschließend wieder die ersten, so bleibt es eineinhalb oder zwei Stunden. Eins, drei und zwei; eins, drei und zwei. Das ist sehr komisch. An manchem Tag oder an manchem Vormittag wechseln, zum Beispiel, Rot und Schwarz ab, hin und her, fast völlig willkürlich, von Minute zu Minute, so daß nie mehr als zwei- oder dreimal hintereinander Rot oder Schwarz getroffen wird. Am nächsten Tag oder am nächsten Abend kann zum Beispiel hintereinander nur Rot gewinnen; es bleibt bei derselben Farbe bis zu zweiundzwanzig Malen hintereinander im Verlauf einer bestimmten Zeit, zum Beispiel einen ganzen Tag lang. Manches hat mir Mister Astley erklärt, der den ganzen Vormittag an den Spieltischen stand, aber kein einziges Mal gesetzt hat. Was mich betrifft, habe ich alles bis auf den letzten Heller verspielt, und zwar sehr schnell. Ich habe gleich zu Beginn zwanzig Friedrichsdor auf Gerade gesetzt und gewonnen, dann weitere fünf und wiederum gewonnen, auf diese Weise noch zwei- oder dreimal. Ich glaube, an die vierhundert Friedrichsdor nach kaum fünf Minuten in Händen gehabt zu haben. Da hätte ich gehen sollen, aber in mir regte sich irgendein merkwürdiges Gefühl einer Herausforderung an das Schicksal, der Wunsch, ihm einen Nasenstüber zu geben und ihm die Zunge herauszustrecken. Ich setzte die höchste erlaubte Summe, viertausend Gulden, und verlor. Daraufhin kramte ich alles hervor, was mir geblieben war, setzte es auf dasselbe Feld, verlor abermals und entfernte mich von dem Spieltisch wie in Trance. Es war mir nicht einmal bewußt, wie mir geschehen war, und ich informierte Polina Alexandrowna von meinem Verlust erst unmittelbar vor dem Essen. Vorher habe ich mich im Park herumgetrieben.

Beim Essen war ich genauso erregt wie vor drei Tagen. Der Franzose und Mademoiselle Blanche speisten wieder mit uns. Es stellte sich heraus, daß Mademoiselle Blanche sich am Vormittag in den Spielsälen aufgehalten und mein Treiben dort beobachtet hatte. Diesmal sprach sie mich irgendwie aufmerksamer an. Der Franzose machte nicht so viele Umstände und fragte mich ohne Umschweife, ob ich tatsächlich eigenes Geld verspielte. Mir scheint, er verdächtigt Polina. Mit einem Wort, irgend etwas muß dahinterstecken. Ich habe sofort geschwindelt und gesagt, es sei mein eigenes Geld.

Der General war höchst verblüfft: Woher ich dieses Geld habe? Ich erklärte, daß ich mit zehn Friedrichsdor angefangen habe, diese sechs oder sieben Einsätze hintereinander die Summe verdoppelt hätten, daß ich schließlich zwischen fünf- bis sechstausend Gulden in den Händen gehabt und diese mit zwei Einsätzen verloren habe.

Dies alles klang, versteht sich, glaubwürdig. Während meiner Erklärung hatte ich Polina beobachtet, konnte aber nichts in ihrem Gesicht lesen. Jedenfalls hat sie mich schwindeln lassen und mich nicht korrigiert, daraus durfte ich schließen, daß ich lügen und verheimlichen sollte, für sie gespielt zu haben. Wie dem auch sei, sie ist mir eine Erklärung schuldig und hatte auch vorhin versprochen, mir einiges anzuvertrauen.

Ich hatte gedacht, daß der General mir irgendwie ins Gewissen reden würde, aber er schwieg; dafür konnte ich in seinem Gesicht Unruhe und Sorge lesen. Vielleicht fiel es ihm in seiner bitteren Lage einfach schwer, hören zu müssen, daß ein so beachtlicher Haufen Goldes in einer Viertelstunde in die Hände eines albernen Dummkopfs geraten und in einer Viertelstunde wieder zerronnen war.

Ich habe den Verdacht, daß er gestern abend mit dem Franzosen hart aneinandergeraten war. Sie hatten lange und hitzig hinter verschlossenen Türen diskutiert. Der Franzose verließ ihn sichtlich gereizt und hatte heute frühmorgens den General wiederum aufgesucht – wahrscheinlich, um das gestrige Gespräch fortzusetzen. Nachdem der Franzose sich angehört hatte, daß ich gespielt und verloren hatte, bemerkte er bissig, sogar boshaft, daß ich vernünftiger sein solle. Ich weiß nicht, warum er hinzufügte, daß – obwohl viele unter den Russen spielten – sie, die Russen, seiner Meinung nach für das Spiel nicht einmal begabt seien.

»Und meiner Meinung nach ist das Roulette gerade für die Russen erfunden worden«, sagte ich und bemerkte, als der Franzose auf meine Erwiderung verächtlich lächelte, daß die Wahrheit augenscheinlich auf meiner Seite sei, weil ich, sobald ich über die Russen als Spieler spräche, sie wesentlich häufiger rügte als lobte und mich damit als glaubwürdig erweise.

»Und wie begründen Sie Ihre Meinung?« fragte der Franzose.

»Damit, daß im Katechismus der Tugenden und Vorzüge des zivilisierten westlichen Menschen die Fähigkeit des Kapitalerwerbs historisch beinahe zum Hauptpunkt geworden ist. Der Russe aber ist nicht nur unfähig, Kapital zu erwerben, sondern er verschwendet es sinnlos und chaotisch. Nichtsdestotrotz sind wir Russen ebenfalls auf Geld angewiesen«, fügte ich hinzu, »folglich sind für uns solche Möglichkeiten wie, zum Beispiel, das Roulettespiel sehr begrüßenswert und sehr willkommen, um plötzlich reich zu werden, innerhalb von zwei Stunden, ohne jede Anstrengung. Das ist für uns sehr verlockend; da wir aber leichtfertig spielen, mühelos, verspielen wir es eben so!«

»Das ist nicht ganz falsch«, bemerkte der Franzose selbstzufrieden.

»Nein, das ist falsch, und Sie sollten sich schämen, sich auf diese Weise über Ihr Vaterland zu äußern«, bemerkte der General streng und mit Nachdruck.

»Ich bitte Sie«, nun wandte ich mich an ihn, »wirklich, es steht doch noch gar nicht fest, was schlimmer ist, russisches Chaos oder die deutsche Methode des Kapitalerwerbs durch anständige Arbeit.«

»Was für ein chaotischer Gedanke!« rief der General.

»Was für ein russischer Gedanke!« rief der Franzose.

Ich lachte, ich hatte eine schreckliche Lust, sie ordentlich zu reizen.

»Und ich würde lieber mein Leben lang in einer kirgisischen Jurte nomadisieren«, brachte ich vor, »als den deutschen Götzen anbeten.«

»Was für einen Götzen?« fuhr der General hoch, der sich inzwischen wirklich ärgerte.

»Die deutsche Methode, Reichtümer zusammenzusparen. Ich bin noch nicht lange hier, aber dennoch geht das, was ich hier bereits beobachten und überprüfen konnte, dem Tataren in mir gegen den Strich. Bei Gott, ich verzichte auf solche Tugenden! Ich bin gestern schon an die zehn Werst im Umkreis gelaufen. Nun, alles haargenau so wie in den erbaulichen deutschen Bilderbüchlein: überall, in jedem Haus ein ›Fater‹, schrecklich tugendhaft und unglaublich ehrbar. Dermaßen ehrbar, daß man sich scheut, ihm näherzutreten. Ich kann die Ehrbaren, die einem Schrecken einjagen, nicht ausstehen. Ein jeder solcher ›Fater‹ hat eine Familie, und abends wird aus belehrenden Büchern vorgelesen. Über dem Häuschen rauschen

Ulmen und Kastanien. Sonnenuntergang, ein Storch auf dem Dach, und das alles ungemein poetisch und rührend …

Ärgern Sie sich nicht, General, gestatten Sie mir lieber, möglichst rührend zu erzählen. Ich selbst erinnere mich noch ganz genau, wie mein Vater, mein seliger Vater, ebenfalls unter jungen Linden, im Vorgarten abends mir und meiner Mutter aus ähnlichen Büchern vorlas … Also steht mir ein eigenes Urteil darüber zu. Und hier lebt eine jede solche Familie völlig ergeben in den Willen des Vaters. Alle schuften wie Jochochsen, und alle sparen das Geld wie die Juden. Der ›Fater‹, zum Beispiel, hat so und so viele Gulden gespart, um sie seinem Ältesten zu vererben, um ihm zu einem Handwerk oder einem Stück Land zu verhelfen; deshalb bekommt die Tochter keine Mitgift, folglich bleibt sie sitzen. Deshalb wird der Jüngste als Knecht oder als Soldat verkauft, worauf das Geld dem Familienvermögen zugeschlagen wird. Tatsächlich, so wird hier verfahren; ich habe Erkundigungen eingezogen. Das alles geschieht nicht anders als aus Ehrbarkeit, aus übermäßiger Redlichkeit, so weit, daß der Jüngste, der verkaufte Sohn, überzeugt ist, einzig aus Ehrbarkeit verschachert zu sein – und das Ideal ist erreicht, weil das Opfer jubelt, wenn es zum Opfertisch geführt wird. Und was weiter? Weiter erweist es sich, daß auch der Älteste es nicht besser hat: Denn der hat ein Amalchen, mit dem er ein Herz und eine Seele ist, aber von Heiraten kann keine Rede sein, weil noch nicht genügend Gulden zusammengespart sind. So lange wird tugendhaft, aufrichtigen Herzens gewartet und ebenfalls lächelnd zum Opfertisch geschritten. Inzwischen sind Amalchens Wangen eingefallen, und sie wird immer dürrer. Endlich, nach etwa zwanzig Jahren, hat sich das Kapital vervielfacht; die Gulden sind redlich und tugendhaft zusammengespart. Der ›Fater‹ gibt seinem vierzigjährigen Ältesten und dessen fünfunddreißigjährigem Amalchen (mit welker Brust und roter Nase) seinen Segen ... Dabei weint er, predigt Moral und stirbt. Sein Ältester verwandelt sich auch in einen redlichen ›Fater‹, und die Geschichte beginnt wieder von neuem. Nach fünfzig oder siebzig Jahren verfügt der Enkel des ersten ›Faters‹ tatsächlich über ein bedeutendes Kapital, das er seinem Sohn vermacht, dieser dem seinen, dieser dem seinen, und nach fünf oder sechs Generationen ist ein Baron Rothschild oder ein Hoppe & Co. oder weiß der Teufel wer alles parat. Bitte schön, ist das nicht ein majestätisches Schauspiel: hundert oder zweihundert Jahre Mühsal von Geschlecht zu Geschlecht, Geduld, Verstand, Redlichkeit, Charakter, Standhaftigkeit, Kalkül und der Storch auf dem Dach! Was will man mehr, es ist nichts darüber hinaus, und von diesem Gipfel aus beginnt man über die ganze Welt zu Gericht zu sitzen und mit den Schuldigen, das heißt mit allen, die um ein Haarbreit sich von ihnen unterscheiden, kurzen Prozeß zu machen. Mir geht es um folgendes: Ich will lieber auf russische Art über die Stränge schlagen oder mich am Roulette bereichern. Ich will nicht fünf Generationen später Hoppe & Co. sein. Das Geld brauche ich für mich selbst, und ich halte mich keineswegs für eine obligate Zugabe zu dem Kapital. Ich weiß, daß ich fürchterlich verallgemeinere, meinetwegen, aber das ist eben meine Überzeugung.«

»Ich weiß nicht, ob das alles richtig ist, was Sie geredet haben«, bemerkte der General nachdenklich, »aber ich bin sicher, daß Sie unerträglich wichtig tun, sobald man Ihnen erlaubt ...«

Nach seiner Gewohnheit führte er den Satz nicht zu Ende. Wenn unser General sich anschickte, etwas zu erörtern, das auch nur ein bißchen über das übliche, alltägliche Gespräch hinausging, führte er den Satz nie zu Ende. Der Franzose hatte gelassen zugehört, mit ein wenig starrem Blick. Er verstand fast nichts von dem, was ich gesagt hatte. Polina sah irgendwie hochmütig und gleichgültig drein. Es schien, sie hätte nicht nur mich, sondern diesmal überhaupt alles bei Tisch Geredete einfach überhört.

KAPITEL V

Sie war außerordentlich nachdenklich, verlangte aber sogleich nach Tisch, daß ich sie zum Spaziergang begleitete. Wir nahmen die Kinder mit und begaben uns in den Park, zur Fontäne.

Da ich mich in einem besonders erregten Zustand befand, platzte ich töricht und plump mit der Frage heraus, weshalb denn unser Marquis des Grieux, der kleine Franzose, sie jetzt, wenn sie ausgehe, nicht nur nicht begleite, sondern sogar tagelang kein Wort an sie richte?

»Weil er gemein ist«, war ihre seltsame Antwort. Ich hatte von ihr noch nie eine solche Äußerung über des Grieux gehört und verstummte, weil ich mich scheute, diese Gereiztheit zu enträtseln.

»Ist Ihnen aufgefallen, daß er und der General heute nicht gut aufeinander zu sprechen waren?«

»Sie wollen wissen, worum es geht?« antwortete sie trocken und gereizt. »Sie wissen doch, daß der General bei ihm über die Ohren verschuldet ist, das ganze Landgut gehört ihm, und wenn die Babuschka nicht stirbt, wird der Franzose unverzüglich den Besitz all dessen antreten, was ihm verpfändet ist.«

»Aha, dann stimmt es, daß alles verpfändet ist? Ich habe davon gehört, aber nicht gewußt, daß es um das Ganze geht.«

»Was denn sonst?«

»Dann würde es ›adieu, Mademoiselle Blanche‹ heißen«, bemerkte ich. »Dann wird sie auch nicht Frau Generalin! Wissen Sie: mir scheint, der General ist dermaßen verliebt, daß er sich möglicherweise erschießen wird, wenn Mademoiselle Blanche ihn verläßt. In seinem Alter ist es gefährlich, sich so zu verlieben.«

»Mir scheint auch, daß mit ihm etwas passieren wird«, bemerkte Polina Alexandrowna nachdenklich.

»Das ist ja wunderbar!« rief ich aus. »Unverblümter könnte sie doch gar nicht zeigen, daß sie es eben nur auf sein Geld abgesehen hat. Hier wurde nicht einmal der Anstand gewahrt, nicht die geringsten Rücksichten. Phantastisch! Und was die Babuschka angeht, so ist nichts komischer, schmutziger, als ein Telegramm nach dem anderen zu senden mit der Frage: Ist sie tot, ist sie tot? Wie? Wie gefällt Ihnen das, Polina Alexandrowna?«

»Alles nicht der Rede wert«, antwortete sie angewidert, ohne auf mich einzugehen. »Ich kann mich im Gegenteil nur wundern, daß Sie so guter Dinge sind. Worüber freuen Sie sich? Etwa darüber, daß Sie mein Geld verspielt haben?«

»Warum haben Sie es mir zum Verspielen gegeben? Ich habe Ihnen gesagt, daß ich für andere nicht spielen kann, erst recht nicht für Sie. Ich werde Ihnen gehorchen, was Sie mir auch befehlen; aber das Resultat steht nicht in meiner Macht. Ich habe gewarnt, daß es nichts wird. Sagen Sie, sind Sie sehr unglücklich, daß Sie soviel Geld verloren haben? Wozu brauchen Sie soviel?«

»Was sollen diese Fragen?«

»Aber Sie haben doch selbst versprochen, mir zu erklären ... Hören Sie: Ich bin völlig davon überzeugt, daß ich, sobald ich für mich spiele (und ich besitze zwölf Friedrichsdor), gewinnen werde. Dann können Sie von mir nehmen, soviel Sie brauchen.«

Sie machte eine verächtliche Grimasse.

»Nehmen Sie mir diesen Vorschlag nicht übel«, fuhr ich

fort, »ich bin von dem Bewußtsein, daß ich vor Ihnen eine Null bin, dermaßen durchdrungen, daß Sie sogar Geld von mir annehmen könnten. Ein Geschenk meinerseits kann keine Beleidigung für Sie sein. Außerdem habe ich Ihres verspielt.«

Sie warf mir einen raschen Blick zu, und als sie bemerkte, daß ich gereizt und sarkastisch redete, wechselte sie abermals das Thema.

»An meinen Umständen ist für Sie gar nichts Interessantes. Ich habe Schulden, wenn Sie es wissen wollen. Ich hatte Geld geliehen und würde es gern zurückgeben. Ich hatte die sinnlose und verrückte Idee, daß ich unbedingt gewinnen müsse, hier, an einem Spieltisch. Wie ich auf diese Idee kam – das weiß ich nicht, aber ich glaubte es. Wer weiß, vielleicht gerade deshalb, weil ich keine andere Chance hatte.«

»Oder weil es viel zu *nötig* war, zu gewinnen. Ganz genau wie ein Ertrinkender, der nach einem Strohhalm greift. Sie werden doch zugeben, daß er, drohte ihm nicht das Ertrinken, den Strohhalm niemals für einen Ast halten würde.«

Polina wunderte sich.

»Wieso?« fragte sie. »Sie selbst verlassen sich doch auch darauf? Vor vierzehn Tagen haben Sie mir doch einmal des langen und des breiten beteuert, Sie seien vollkommen überzeugt, hier beim Roulette zu gewinnen, und wollten mich überreden, Sie nicht für einen Geisteskranken zu halten; war das damals ein Scherz? Aber ich erinnere mich, daß Sie mit einem solchen Ernst davon sprachen, daß man es unter keinen Umständen für einen Scherz halten konnte.«

»Das ist wahr«, antwortete ich nachdenklich. »Ich bin bis heute völlig davon überzeugt, daß ich gewinnen werde. Ich gestehe Ihnen sogar, daß Sie mich jetzt auf die Frage bringen: Wie kommt es, daß mein heutiger absurder und chaotischer Verlust in mir keinerlei Zweifel hinterließ? Ich bin trotzdem völlig sicher, daß ich, sobald ich für mich selbst spiele, unbedingt gewinnen muß.«

»Aber wie kommen Sie zu Ihrer Überzeugung?«

»Wenn Sie es so wünschen – ich weiß es nicht. Ich weiß nur, daß ich *notwendigerweise* gewinnen muß, daß es auch für mich der einzige Ausweg ist. Möglich, daß es mir gerade deshalb scheint, ich müsse unbedingt.«

»Folglich haben auch Sie es viel zu *nötig*, da Sie so fanatisch daran glauben?«

»Ich wette, daß Sie Ihre Zweifel haben, ob ich fähig bin, eine ernste Notwendigkeit zu empfinden?«

»Das ist mir gleichgültig«, antwortete Polina leise und gelassen, »von mir aus – *ja*, ich habe meine Zweifel, ob Sie sich ernsthaft quälen lassen. Sie können sich wohl quälen, aber nicht ernsthaft. Sie sind ein ungeordneter und unbeständiger Mensch. Wozu brauchen Sie Geld? Unter den sämtlichen Argumenten, die Sie mir damals unterbreitet haben, habe ich nichts Ernsthaftes entdeckt.«

»Übrigens«, unterbrach ich, »Sie sagten, Sie müßten Schulden zurückzahlen. Das muß ja eine hübsche Schuld sein! Doch nicht bei dem Franzosen?«

»Was für Fragen! Heute sind Sie ganz besonders unverschämt. Sind Sie vielleicht betrunken?«

»Sie wissen, daß ich es mir erlaube, alles zu sagen, und ich pflege gelegentlich unverblümt zu fragen. Ich kann nur wiederholen: Ich bin Ihr Sklave, und vor Sklaven braucht man sich nicht zu genieren, ein Sklave kann nicht beleidigen.«

»Alles Unsinn! Ich kann Ihre ›Sklaventheorie‹ nicht ausstehen.«

»Merken Sie sich, daß ich nicht deshalb meine Sklaverei erwähne, weil ich mir etwa wünsche, Ihr Sklave zu sein – sondern nur als Faktum, das in keiner Weise von mir abhängt.«

»Sagen Sie klipp und klar, wozu brauchen Sie Geld?«

»Und wozu wollen Sie das wissen?«

»Wie Sie wünschen«, antwortete sie und wandte stolz den Kopf.

»Die Sklaventheorie können Sie nicht ausstehen, aber der Sklavengehorsam wird gewünscht: ›Antworten und keine Vorbehalte!‹ Gut, meinetwegen. Sie fragen: Wozu brauchen Sie Geld? Was heißt, wozu? Geld – das ist alles!«

»Ich verstehe, aber der Wunsch nach Geld muß doch nicht in einem Wahn enden! Sie geraten doch völlig außer sich, bis zur Raserei, bis zum Fatalismus. Es muß doch etwas dahinterstecken, ein besonderes Ziel. Reden Sie ohne Ausflüchte, ich will es.«

Es sah ganz danach aus, als ob sie ärgerlich würde, mir aber gefiel es ungemein, daß sie mich mit solchem Eifer verhörte.

»Selbstverständlich ist da ein Ziel«, sagte ich, »nur bin ich nicht imstande, es zu erklären. Höchstens, daß ich mit Geld auch für Sie ein anderer Mensch würde und kein Sklave bliebe.«

»Und wie, wie wollen Sie das erreichen?«

»Wie ich es erreichen werde? Wie, Sie haben nicht einmal die leiseste Ahnung, wie ich es erreichen könnte, daß Sie in mir etwas anderes sehen als einen Sklaven? Und gerade das ist es, das ich nicht möchte – solches Staunen und Ahnungslosigkeit.«

»Sie haben behauptet, daß diese Sklaverei für Sie eine Lust ist. Ich habe das auch gedacht.«

»Sie haben das gedacht«, rief ich mit einer sonderbaren Lust. »Ah, wie wunderschön ist eine solche Naivität aus Ihrem Munde! Nun ja, ja, Ihr Sklave zu sein – ist für mich eine Lust. Ja, ja, es gibt eine Lust auf der letzten Stufe der Erniedrigung und Entwürdigung!« fuhr ich in einer Art Delirium fort. »Weiß der Teufel, vielleicht gibt es auch eine unter der Peitsche, wenn die Peitsche den Rücken trifft und das Fleisch zerfetzt ... Aber ich möchte vielleicht auch noch andere Lüste kennenlernen. Neulich hatte mir der General bei Tisch in Ihrer Gegenwart eine Moralpredigt gehalten wegen siebenhundert Rubel pro Jahr, die ich vielleicht von ihm nicht einmal bekomme. Marquis des Grieux mustert mich mit hochgezogenen Augenbrauen, ohne von mir Kenntnis zu nehmen. Ich meinerseits bin aber vielleicht von dem leidenschaftlichen Wunsch beseelt, Marquis des Grieux in Ihrer Gegenwart an der Nase zu packen.«

»Die Reden eines Grünschnabels. In jeder Situation kann man sich würdig verhalten. Und wenn es hier zu einem Kampf kommt, so zieht er keine Erniedrigung, sondern weitere Erhöhung nach sich.«

»Wie nach der Schönschriftvorlage! Sie brauchen nur anzunehmen, daß ich es vielleicht nicht fertigbringe, mich würdig zu behaupten. Das heißt, daß ich vielleicht nicht würdelos bin, aber es nicht fertigbringe, mich würdig zu behaupten. Verstehen Sie, daß so etwas in der Tat möglich ist? Daß sogar alle Russen so sind, und wissen Sie, warum? Weil die Russen viel zu reich und zu vielseitig begabt sind, um sich rasch eine schickliche Form anzueignen. Hier geht es um die Form. Meistens sind wir, die Russen, so reich begabt, daß die schickliche Form für uns schon eine Genialität wäre. Nun, und gerade Genialität ist nicht zur Hand, weil sie überhaupt eine seltene Erscheinung ist. Nur bei den Franzosen und vielleicht bei einigen anderen Europäern ist die Form so ausgeprägt, daß man außerordentlich würdig auftreten und gleichzeitig ein völlig unwürdiger Mensch sein kann. Aus diesem Grund kommt der Form bei Ihnen eine so große Bedeutung zu. Der Franzose würde eine Beleidigung, eine echte, sein Herz treffende Beleidigung, ohne mit der Wimper zu zucken, hinnehmen, einen Nasenstüber dagegen um keinen Preis auf der Welt, weil es dabei um die Verletzung einer konventionellen, längst geheiligten Anstandsform geht. Und unsere jungen Damen sind so anfällig für Franzosen, weil diese Meister der schönen Form sind. Ich meine allerdings, daß es gar nicht die Form ist, sondern nur das Kikeriki, le coq gaulois. Ich bin allerdings außerstande, es nachzuvollziehen, weil ich keine Frau bin. Vielleicht sind gerade die Hähne das Richtige. Überhaupt rede ich das Blaue vom Himmel herunter, und Sie unterbrechen mich nicht. Sie müssen mich öfter unterbrechen; wenn ich mit Ihnen rede, möchte ich alles, alles, alles aussprechen. Ich verliere jede Form. Ich stimme sogar zu, daß mir nicht nur die Form fehlt, sondern auch, daß ich keinerlei Vorzüge habe. Das tue ich Ihnen zu wissen kund. Ich mache mir nicht einmal etwas aus irgendeinem Vorzug. Jetzt ist alles in mir zum Stillstand gekommen. Sie wissen ja selbst, warum. Ich habe nicht einen einzigen menschlichen Gedanken im Kopf. Ich weiß schon seit langem nicht mehr, wie es in der Welt aussieht, weder in Rußland noch hier. Ich bin gerade über Dresden gereist und habe keine Ahnung, wie Dresden ist. Sie wissen ja, was mich absorbiert. Da ich keinerlei Hoffnung habe und in Ihren Augen eine Null bin, spreche ich unverblümt: Ich sehe nur Sie, wo auch immer, alles übrige ist mir egal. Warum und wie ich Sie liebe – das weiß ich nicht. Wissen Sie, daß Sie vielleicht gar keine Schönheit sind? Stellen Sie sich vor, ich weiß nicht einmal, ob Sie schön sind, nicht einmal, ob Ihr Gesicht schön ist! Sie haben, wahrscheinlich, kein gutes Herz; und keinen lauteren Kopf; das kann sehr gut sein.«

»Vielleicht haben Sie gerade deshalb vor, mich mit Geld zu kaufen«, sagte sie, »weil Sie an meiner Lauterkeit zweifeln.«

»Wann habe ich denn vorgehabt, Sie mit Geld zu kaufen?« rief ich aus.

»Sie haben sich verstiegen und haben den Faden verloren. Wenn nicht gerade mich, so haben Sie doch vor, meine Achtung mit Geld zu kaufen.«

»Das nicht ganz. Ich habe Ihnen doch gesagt, daß es mir schwerfällt, mich deutlich zu erklären. Sie überwältigen mich. Nehmen Sie mir meine Suada nicht übel. Sie begreifen doch, warum man mir nichts übelnehmen darf: Ich bin einfach geisteskrank. Ach was, es ist mir übrigens ganz egal, von mir aus dürfen Sie sich ruhig ärgern. Ich brauche mich nur oben, in meiner Kammer, an das Rascheln Ihres Kleides zu erinnern und es mir vorzustellen, und ich bin drauf und dran, mir die Hände blutig zu beißen. Und weshalb wollen Sie sich über mich ärgern? Etwa deshalb, weil ich mich einen Sklaven nenne? Nutzten Sie, nutzten Sie doch Ihren Sklaven aus, nutzten Sie ihn aus! Wissen Sie, daß ich Sie irgendwann umbringen werde? Und ich werde Sie umbringen, nicht weil ich aufhören könnte, Sie zu lieben, oder aus Eifersucht, sondern – nur so, einfach umbringen – weil es mich manchmal danach drängt, Sie zu verschlingen. Sie lachen ...«

»Ich lache überhaupt nicht«, sagte sie zornig. »Ich befehle Ihnen zu schweigen.«

Sie verstummte, fast atemlos vor Zorn. Bei Gott, ich weiß nicht, ob sie schön war, aber ich habe es jedenfalls immer sehr gern gesehen, wenn sie auf diese Weise vor mir verstummte, und deshalb gern ihren Zorn herausgefordert. Vielleicht war es ihr aufgefallen und sie hatte sich bewußt geärgert. Das habe ich ihr gesagt.

»Wie ekelhaft!« rief sie angewidert.

»Das ist mir egal«, fuhr ich fort. »Wissen Sie auch, daß es gefährlich ist, wenn wir beide allein sind: Ich hatte öfter das unwiderstehliche Verlangen, Sie niederzuschlagen, zu verstümmeln, zu erwürgen. Und Sie glauben wohl, daß es so weit nicht kommt? Sie bringen mich um den Verstand. Sollte ich mich vor einem Skandal fürchten? Oder vor Ihrem Zorn? Was kann mir Ihr Zorn schon bedeuten? Ich liebe ohne jede Hoffnung und weiß, daß ich danach tausendmal heftiger lieben werde. Sollte ich Sie einmal töten, so müßte ich auch mich umbringen; aber ich werde mich möglichst lange nicht umbringen, um diesen unerträglichen Schmerz ohne Sie auszukosten. Wissen Sie auch von der unglaublichen Tatsache: Ich liebe Sie von Tag zu Tag *mehr,* und das ist beinahe unmöglich. Wie sollte ich da nicht zum Fatalisten werden? Erinnern Sie sich noch, vorgestern, auf dem Schlangenberg, flüsterte ich Ihnen, nachdem Sie mich herausgefordert hatten, zu: Nur ein einziges Wort von Ihnen, und ich springe in diesen Abgrund. Hätten Sie dieses Wort gesagt, wäre ich gesprungen. Glauben Sie mir etwa nicht, daß ich gesprungen wäre?«

»Was für ein törichtes Geschwätz!« rief sie.

»Das schert mich überhaupt nicht, ob es töricht ist oder klug«, rief ich. »Ich weiß, daß ich in Ihrer Gegenwart reden muß, reden, reden, reden – und ich rede. Ich verliere in Ihrer Gegenwart meinen ganzen Ehrgeiz, und das ist mir egal.«

»Warum sollte ich Sie veranlassen, vom Schlangenberg zu springen?« sagte sie trocken und irgendwie besonders kränkend. »Das ist für mich völlig nutzlos.«

»Hervorragend!« rief ich. »Sie haben dieses hervorragende ›völlig nutzlos‹ gesagt, um mich zu treffen. Ich durchschaue Sie. ›Nutzlos‹, sagen Sie? Aber Vergnügen ist doch immer nützlich, und die rohe, grenzenlose Macht – und sei es nur über eine Fliege – ist ein Genuß eigener Art. Der Mensch ist von Natur ein Despot und mit Vorliebe ein Peiniger. Und Sie sind es furchtbar gern.«

Ich erinnere mich, daß sie mich besonders aufmerksam musterte. Wahrscheinlich drückte mein Gesicht damals alle meine verworrenen und widersprüchlichen Gefühle aus. Ich erinnere mich jetzt genau, daß unser Gespräch damals tatsächlich Wort für Wort so verlief, wie ich es hier niederschreibe. Meine Augen waren blutunterlaufen. In den Mundwinkeln stand Schaum. Was den Schlangenberg betrifft, schwöre ich bei meiner Ehre sogar jetzt noch: Wenn sie mir damals befohlen hätte zu springen, wäre ich gesprungen! Wenn sie es mir auch nur zum Spaß gesagt hätte, wenn auch verächtlich, gleichsam mich anspuckend, gesagt hätte – auch dann wäre ich gesprungen!

»Nein, nicht doch, ich glaube Ihnen ja«, ließ sie vernehmen, aber so, wie nur sie gelegentlich sprechen konnte, mit so viel Verachtung, so giftig und so von oben herab, daß ich sie, bei Gott, in diesem Augenblick hätte ermorden können. Sie riskierte viel. Ich hatte ja auch nicht übertrieben, als ich davon sprach.

»Sie sind kein Feigling?« fragte sie mich plötzlich.

»Weiß ich nicht, vielleicht bin ich ein Feigling. Weiß ich nicht ... Darüber habe ich seit langem nicht mehr nachgedacht.«

»Wenn ich Ihnen sagen würde: Töten Sie diesen Menschen da, würden Sie ihn töten?«

»Wen?«

»Wen ich will.«

»Den Franzosen?«

»Sie sollen nicht fragen, Sie sollen antworten – den, den ich nennen werde. Ich will wissen, ob Sie jetzt im vollen Ernst gesprochen haben.« Sie wartete so ernst und so ungeduldig auf eine Antwort, daß es mir seltsam zumute wurde.

»Aber wollen Sie mir nicht endlich sagen, was hier eigentlich geschieht!« rief ich. »Haben Sie etwa Angst vor mir? Ich sehe doch selber, daß hier alles drunter und drüber geht. Sie sind die Stieftochter eines ruinierten und verrückten Mannes, der von Leidenschaft zu diesem Satan – Blanche – infiziert ist; und dann – dann dieser Franzose und sein geheimnisvoller Einfluß auf Sie, und jetzt – jetzt stellen Sie mir so ernst diese … diese Frage. Ich möchte wenigstens darüber unterrichtet sein; sonst verliere ich hier den Verstand und stelle irgend etwas an. Oder ist es Ihnen peinlich, mich Ihres Vertrauens zu würdigen? Aber können Sie überhaupt etwas vor mir als peinlich empfinden?«

»Ich rede mit Ihnen über etwas ganz anderes. Ich habe Sie etwas gefragt und warte auf die Antwort.«

»Selbstverständlich töte ich ihn«, rief ich, »wen immer Sie mir nennen werden, aber können Sie … können Sie so etwas befehlen?«

»Glauben Sie etwa, Sie täten mir leid? Ich werde befehlen und selbst im Hintergrund bleiben. Werden Sie das ertragen? Aber nein, wie sollten Sie es! Sie könnten möglicherweise auf meinen Befehl jemand töten, dann aber zu mir kommen und auch mich umbringen, weil ich gewagt hätte, Ihnen diesen Befehl zu geben.«

Ihre Worte trafen mich wie ein Blitz. Ich hatte immer noch ihre Frage für einen halben Spaß, für eine Herausforderung gehalten; aber dafür hatten sie allzu ernst geklungen. Ich war trotz allem verblüfft, daß sie so weit gegangen war, daß sie auf ihrem Recht, über mich zu verfügen, beharrte, daß sie sich zu solcher Macht über mich bekannt und unverblümt ausgesprochen hatte: »Geh du ins Verderben, ich halte mich heraus.« In diesen Worten lag etwas sehr Zynisches, ein Bekenntnis, das meiner Meinung nach jedes Maß übertraf. Wer bin ich für sie nach alldem? Die Grenze der Sklaverei und Nichtswürdigkeit war damit überschritten. Eine solche Einschätzung kommt der höchsten Würdigung gleich. Wie widersinnig, wie unglaublich unsere ganze Unterhaltung auch verlaufen war, mein Herzschlag setzte einen Augenblick aus.

Plötzlich lachte sie laut auf. Damals saßen wir auf der Bank, in der Nähe der spielenden Kinder, genau an dem Platz, wo die Kutschen halten und das Publikum in die Allee aussteigen lassen, direkt vor dem Kurhaus.

»Sehen Sie diese dicke Baronin!« rief sie. »Das ist die Baronin Wurmerhelm. Sie ist erst vor drei Tagen angekommen. Sehen Sie ihren Gatten: langer, hagerer Preuße, mit dem Stock in der Hand? Wissen Sie noch, wie er uns vorgestern musterte? Gehen Sie augenblicklich hin, treten Sie vor die Baronin, ziehen Sie den Hut und sagen Sie ihr etwas auf französisch.«

»Wozu?«

»Sie haben beteuert, Sie würden vom Schlangenberg springen; Sie beteuern, Sie seien bereit zu töten, wenn ich es wünsche. Anstelle all dieser Morde und Tragödien wünsche ich mir nur einen Anlaß zum Lachen. Gehen Sie, und keine Ausflüchte. Ich will sehen, wie der Baron Sie mit dem Stock traktiert.«

»Sie fordern mich heraus; glauben Sie, ich täte es nicht?«

»Ja, ich fordere Sie heraus, gehen Sie, ich will es!«

»Wie Sie wünschen, ich gehe, obwohl es ein Wahnwitz ist. Nur noch etwas: Zieht es nicht irgendwelche Unannehmlichkeiten für den General nach sich, und über ihn hinaus auch für Sie? Bei Gott, ich denke dabei nicht an mich, sondern an Sie und, meinetwegen – an den General. Und was soll dieser Einfall, mir nichts, dir nichts eine Frau zu kränken?«

»Nein, Sie sind doch nur ein Schwätzer, wie ich sehe«, sagte sie verächtlich. »Es waren nur Ihre Augen, die vorhin blutunterlaufen waren – was übrigens an dem vielen Wein liegen mag, den Sie bei Tisch getrunken haben. Weiß ich denn nicht selbst, daß es sowohl albern als auch vulgär ist, und daß der General in Wut geraten wird? Ich will einfach lachen. Nun, ich will es, und das reicht! Und wieso sollten Sie eine Frau kränken? Sie werden eher selbst mit dem Stock traktiert.«

Ich wandte mich ab und erhob mich wortlos, um ihren Auftrag zu erfüllen. Natürlich war er albern, natürlich war es mir nicht gelungen, mich seiner zu entledigen, aber während ich auf die Baronin zuging, ich weiß es noch, spürte ich so etwas wie eine Art eigener Lust, und zwar Lust auf einen Schulbubenstreich. Ich war ja auch schrecklich gereizt, wie im Rausch.

KAPITEL VI

Nun liegt jener alberne Tag bereits zwei Tage zurück. Wieviel Gerede, Aufregung, Gerüchte, Krach! Welch ein Durcheinander, Spannungen, Torheit, Abgeschmacktheit, und ich bin an allem schuld. Übrigens, es ist immer wieder zum Lachen – wenigstens für mich. Ich kann selbst nicht beurteilen, was mit mir geschehen ist, ob ich mich tatsächlich im Zustand einer Geistesverwirrung befinde oder ob es sich um eine Entgleisung handelt und ich so lange über die Stränge schlage, bis man mich in eine Zwangsjacke steckt. Zuweilen scheint mir, daß ich den Verstand verliere. Aber zuweilen scheint mir, daß ich noch nicht weit genug über meine Kindheit, über die Schulbank hinausgewachsen bin und einfach die üblichen Schulbubenstreiche weiterspiele.

Das liegt an Polina, das alles liegt an Polina! Vielleicht käme es auch zu keinen Schulbubenstreichen, wenn sie nicht wäre. Wer weiß, vielleicht treibe ich das alles aus Verzweiflung (wie dumm es übrigens auch sein mag, solche Überlegungen anzustellen). Ich verstehe nicht, ich verstehe es nicht, was an ihr so besonders gut ist! Sie ist schön, allerdings, schön; sie ist schön, wie mir scheint. Denn sie verdreht auch anderen den Kopf. Großgewachsen und schlank. Nur zu dünn. Man könnte sie zu einem Knoten binden, scheint mir, oder in der Mitte zusammenklappen. Die Spur ihres Fußes ist schmal und lang – quälend. Eben quälend. Das Haar mit rötlichem Schimmer. Die Augen – wahre Katzenaugen, aber wie stolz und hochmütig kann ihr Blick sein. Vor etwa vier Monaten, als ich gerade meine Stelle angetreten hatte, führte sie eines Abends im Saal ein langes und lebhaftes Gespräch mit des Grieux. Und sah ihn dabei an, so … daß ich mir später, als ich in meinem Zimmer zu Bett gehen wollte, einbildete, sie habe ihn geohrfeigt – gerade eben geohrfeigt, und nun steht sie vor ihm und sieht ihn an … Und seit diesem Abend liebe ich sie.

Übrigens, zur Sache.

Ich ging den schmalen Weg zur Allee hinab, blieb mitten in der Allee stehen und erwartete die Baronin und den Baron. Als sie sich mir bis auf fünf Schritte genähert hatten, zog ich den Hut und verneigte mich.

Ich erinnere mich, die Baronin trug ein Seidenkleid von unermeßlichem Umfang, hellgrau, mit Falbeln, Krinoline und Schleppe. Sie ist klein und ungewöhnlich beleibt, mit einem furchtbar dicken, hängenden Doppelkinn, so daß der Hals überhaupt nicht zu sehen ist. Blaurotes Gesicht. Kleine, böse und unverschämte Augen. Bei jedem Schritt scheint sie der Menschheit eine besondere Ehre zu erweisen. Der Baron ist hager und sehr groß. Das Gesicht, wie bei Deutschen üblich, schief und mit tausend feinen Runzeln überzogen; Brille; etwa fünfundvierzig Jahre. Die Beine beginnen fast unmittelbar unter der Brust; soll ein Zeichen von Rasse bedeuten. Stolz wie ein Pfau. Ein wenig linkisch. Im Gesicht etwas von einem Hammel, das auf seine Art den Tiefsinn ersetzt.

All das registrierten meine Augen in drei Sekunden.

Meine Verbeugung und der Hut in meiner Hand hatten anfangs ihre Aufmerksamkeit kaum erregt. Der Baron zog nur ein wenig die Brauen zusammen. Die Baronin segelte geradewegs auf mich zu.

»Madame la baronne«, sagte ich laut und deutlich, jedes Wort betonend, »j'ai l'honneur d'être votre esclave.«

Darauf machte ich einen tiefen Diener, setzte den Hut auf

und schritt an dem Baron vorbei, wobei ich ihm weltmännisch das Gesicht zuwandte und ihn anlächelte.

Sie hatte mir befohlen, den Hut zu ziehen, aber die Verbeugung und der Schulbubenstreich waren mein eigener Einfall. Der Teufel mag wissen, was in mich gefahren war! Ich hatte das Gefühl, als stürzte ich einen Berg hinunter.

»Gejn!« rief oder, besser gesagt, schnarrte der Baron, indem er sich ärgerlich und erstaunt mir zuwandte.

Ich wandte mich ihm ebenfalls zu und verharrte in ehrfürchtiger Erwartung, ohne den Blick von ihm abzuwenden, immer noch lächelnd. Er war offensichtlich ratlos und zog die Augenbrauen bis zum nec plus ultra hoch. Sein Gesicht verdüsterte sich zusehends. Die Baronin hatte sich ebenfalls mir zugewandt und warf mir ebenfalls einen zornigen und erstaunten Blick zu. Die Spaziergänger wurden neugierig. Manche blieben sogar stehen.

»Gejn!« schnarrte der Baron abermals, doppelt so laut und doppelt so grimmig.

»Jawohl!« antwortete ich gemächlich mit einem unverwandt auf seine Augen gerichteten Blick.

»Sind Sie rasend?« rief er, wobei er mit dem Stock ausholte und es, dem Anschein nach, ein wenig mit der Angst zu tun bekam. Vielleicht war er durch meinen Anzug ein wenig unsicher geworden. Ich war höchst anständig, sogar elegant gekleidet, wie jemand, der fraglos zur besten Gesellschaft gehört.

»Jawo-o-ohl!« rief ich plötzlich mit voller Stimme, wobei ich das »o« nach Art der Berliner überdehnte, die im Gespräch die Floskel »jawohl« jeden Augenblick gebrauchen und dabei das »o« mehr oder weniger in die Länge ziehen, um die verschiedenen Nuancen ihrer Gedanken und Empfindungen auszudrücken.

Der Baron und die Baronin machten schleunigst vor mir kehrt und ergriffen erschrocken die Flucht. Im Publikum erhoben sich einige Stimmen, manche musterten mich verblüfft. Übrigens weiß ich es nicht mehr genau.

Ich drehte mich auf dem Absatz um und begab mich in meinem gewohnten Schritt zu Polina Alexandrowna. Aber als ich noch ungefähr hundert Schritt von ihrer Bank entfernt war, sah ich, daß sie aufstand und sich mit den Kindern auf den Weg zum Hotel machte.

Ich holte sie vor dem Eingang ein.

»Ich habe den ... Narrenstreich ausgeführt«, sagte ich, als ich vor ihr stand.

»Ja, und? Jetzt können Sie die Geschichte ausbaden«, sagte sie und stieg, ohne mich auch nur eines Blickes zu würdigen, die Treppe hinauf.

Diesen ganzen Abend strich ich im Park umher. Quer durch den Park und dann durch einen Wald gelangte ich sogar in ein anderes Fürstentum. In einem Bauernhaus aß ich ein Spiegelei und trank dazu Wein: Für diese Idylle knöpfte man mir ganze anderthalb Taler ab.

Erst gegen elf kehrte ich nach Hause zurück. Sogleich wurde ich zum General beschieden.

Die Unsrigen bewohnen im Hotel zwei Appartements: vier Zimmer. Das erste, größte ist der Salon, mit einem Flügel. Das Zimmer daneben, ebenfalls groß – dient dem General als Kabinett. Hier erwartete er mich, mitten im Raum stehend, in wahrhaft majestätischer Haltung. Des Grieux hatte es sich auf dem Sofa bequem gemacht.

»Verehrter Herr, gestatten Sie mir zu fragen, was Sie angerichtet haben?« begann der General, indem er sich mir zuwandte.

»Ich wünschte, mein General, Sie kämen geradewegs zur

Sache«, sagte ich. »Sie wünschen vermutlich, sich über meine heutige Begegnung mit einem Deutschen zu unterhalten.«

»Mit einem Deutschen?! Dieser Deutsche ist der Baron Wurmerhelm und eine bedeutende Persönlichkeit! Sie sind ihm und der Frau Baronin despektierlich entgegengetreten.«

»Nicht im mindesten.«

»Sie haben sie erschreckt, mein Herr«, rief der General.

»Aber nicht im geringsten. Mir ist schon in Berlin das ständig wiederholte Wort ›jawohl‹ unangenehm aufgefallen, das sie auch so abscheulich in die Länge ziehen. Als ich den Herrschaften heute in der Allee begegnete, kam mir plötzlich dieses ›jawohl‹ wieder in den Sinn, ich weiß nicht warum, und wirkte aufreizend auf mich ... Überdies hat die Frau Baronin bei jeder Begegnung mit mir, schon zum dritten Mal, die Angewohnheit, unbeirrt auf mich zuzugehen, als wäre ich ein Wurm, den man zertreten darf. Sie werden doch zugeben, daß auch mir ein Ehrgefühl eigen ist. Ich zog den Hut und sagte höflich (ich versichere Ihnen, ausgesucht höflich): ›Madame, j'ai l'honneur d'être votre esclave.‹ Als der Baron sich nach mir umwandte und schrie: ›Gejn‹, fühlte ich mich plötzlich bewogen, ebenfalls zu schreien: ›Jawohl!‹ Ich schrie es zwei Mal. Einmal in gewöhnlicher, das zweite Mal in voller Lautstärke. Das war alles.«

Ich gestehe, daß ich an dieser in höchstem Maße spitzbübischen Erklärung großen Spaß hatte. Ich hatte die erstaunlichste Lust, diese absurde Geschichte möglichst in die Länge zu ziehen.

Und je länger es ging, desto mehr Geschmack fand ich daran.

»Sie machen sich wohl über mich lustig!« schrie der General. Er wandte sich an den Franzosen und erklärte ihm auf französisch, daß ich mich entschlossen hätte, einen Skandal vom Zaune zu brechen. Des Grieux lächelte darauf maliziös und zuckte mit den Schultern.

»Oh, das dürfen Sie nicht denken, nie und nimmer!« beschwor ich den General. »Natürlich war mein Verhalten nicht liebenswert, und ich bekenne es Ihnen mit aller denkbaren Aufrichtigkeit. Mein Verhalten kann sogar ein törichter und unschicklicher Schulbubenstreich genannt werden, aber – mehr war es nicht. Und wissen Sie, mein General, ich bereue es in allerhöchstem Grade. Aber da gibt es einen besonderen Umstand, der mich, meiner Ansicht nach, sogar vor einer Reue so gut wie bewahren kann. In der letzten Zeit, etwa seit zwei, sogar seit drei Wochen, fühle ich mich miserabel: krank, nervös, reizbar, versponnen, und verliere hin und wieder gänzlich jede Selbstbeherrschung. Wirklich, mich überkam ein paar Mal die unüberwindliche Lust, plötzlich auf Marquis des Grieux zuzugehen und ihn ... Ach was, dieser Satz bleibt unvollendet, er könnte sonst gekränkt sein. Mit einem Wort, das alles sind Krankheitssymptome. Ich bin nicht sicher, ob Baronin Wurmerhelm diesen Umstand in Betracht zieht, wenn ich sie um Entschuldigung bitten werde (denn ich gedenke, sie um Entschuldigung zu bitten). Ich nehme an, sie wird es nicht tun, zumal dieser Umstand in letzter Zeit, soweit mir bekannt ist, in der Rechtsprechung zunehmend mißbraucht wird: Die Rechtsanwälte haben bei Strafprozessen die Unschuld ihrer Mandanten, regelrechter Verbrecher, dadurch beweisen wollen, daß diese bei Ausübung der Tat außer sich gewesen seien, was als besondere Krankheit gewertet werden müsse. ›Zugeschlagen, aber keine Ahnung davon gehabt.‹ Stellen Sie sich vor, General, die Medizin leistet ihnen Schützenhilfe, indem sie bestätigt, daß es eine wirkliche Krankheit gibt, zum Beispiel eine vorübergehende geistige Verwirrung, in der der Mensch sich beinahe an nichts erinnert oder nur die

Hälfte oder gar ein Viertel des Vorgangs behält. Allerdings gehören der Baron und die Baronin einer früheren Generation an und sind zudem preußische Junker und Grundbesitzer. Ihnen ist dieser Progreß in der Rechtsprechung und in der medizinischen Wissenschaft gewiß noch unbekannt, und deshalb werden sie meine Erklärungen nicht gelten lassen. Was sagen Sie dazu, General?«

»Das reicht, mein Herr!« stieß der General in verhaltenem Zorn hervor. »Es reicht! Ich werde eine Möglichkeit finden, mich endgültig vor Ihren Schulbubenstreichen zu bewahren. Sie werden sich hüten, sich vor dem Baron und der Baronin zu entschuldigen. Jeglicher Kontakt mit Ihnen, selbst wenn es einzig und allein um Ihre Bitte um Verzeihung gehen sollte, müßte für beide allzu erniedrigend sein. Sobald der Baron erfuhr, daß Sie zu meinem Hause gehören, verlangte er eine Aussprache mit mir, bereits im Kurhaus, und es fehlte nicht viel, das möchte ich vor Ihnen nicht verschweigen, daß er Satisfaktion von mir gefordert hätte. Können Sie überhaupt begreifen, in was für eine Lage Sie mich gebracht haben – mich, verehrter Herr? Ich, ich war gezwungen, den Baron um Verzeihung zu bitten, und versicherte ihm ehrenwertig, daß Sie unverzüglich, ab heute, nicht länger zu meinem Haus gehören werden …«

»Pardon, Pardon, General, hat er von sich aus bedingungslos verlangt, daß ich nicht länger zu Ihrem Hause gehören solle, wie Sie sich auszudrücken beliebten?«

»Nein; aber ich habe selbst mich für verpflichtet gehalten, ihm diese Satisfaktion anzubieten, und der Baron zeigte sich selbstverständlich zufriedengestellt. Wir werden uns trennen, Verehrtester. Ihnen stehen noch diese vier Friedrichsdor und drei Florin nach hiesiger Währung zu. Hier ist das Geld und hier der Zettel mit der Abrechnung; prüfen Sie es nach. Leben

Sie wohl. Von nun an sind wir fremde Menschen, außer Mühe und Ärger habe ich von Ihnen nichts gehabt. Ich werde auf der Stelle den Kellner rufen und ihm erklären, daß ich von morgen an für Ihre Ausgaben im Hotel nicht aufkomme. Habe die Ehre.«

Ich nahm das Geld, den Zettel, auf dem die Berechnung mit Bleistift geschrieben war, verneigte mich vor dem General und sagte in tiefem Ernst:

»Mein General, damit ist das Ganze noch nicht abgetan. Ich bedauere sehr, daß Sie seitens des Barons Unannehmlichkeiten ausgesetzt waren, aber das – ich bitte mich zu entschuldigen – das ist Ihre eigene Schuld. Was hat Sie dazu bewogen, die Verantwortung für mich vor dem Baron zu übernehmen? Was sagt Ihre Formulierung, daß ich zu Ihrem Haus gehörte? Ich bin ganz einfach Lehrer in Ihrem Haus, das ist alles. Ich bin kein leiblicher Sohn, Sie sind nicht mein Vormund, und für meine Handlungen sind Sie keineswegs verantwortlich. Ich bin selbst eine juristisch kompetente Person. Ich bin fünfundzwanzig, ich habe die Universität als Kandidat der Wissenschaften verlassen, ich bin adlig und für Sie ein vollkommen Fremder. Einzig und allein meine grenzenlose Achtung für Ihre persönlichen Eigenschaften hält mich davon ab, auf der Stelle von Ihnen Satisfaktion zu verlangen und des weiteren Rechenschaft darüber, daß Sie sich das Recht herausgenommen haben, eine Verantwortung für mich zu übernehmen.«

Der General war dermaßen verblüfft, daß er zuerst die Arme spreizte, sich plötzlich zum Franzosen wandte und ihn eilig darüber unterrichtete, daß ich ihn soeben beinahe zum Duell gefordert hätte. Der Franzose brach in lautes Gelächter aus.

»Aber dem Baron gegenüber bin ich nicht gewillt, Milde walten zu lassen«, fuhr ich völlig kaltblütig fort, ohne mich von dem Gelächter des Marquis des Grieux beirren zu lassen, »und da Sie, mein General, sich gleichsam zum Beteiligten an dieser ganzen Geschichte machten, die Klagen des Barons anhörten und sich für seine Interessen einsetzten, habe ich die Ehre, Sie davon zu unterrichten, daß ich nicht später als morgen vormittag den Baron um eine formelle Erklärung der Gründe bitten werde, in meinem eigenen Namen, denen zufolge er mich übergangen und sich an eine andere Person gewandt habe, als sei ich außerstande oder unwürdig, für mich die Verantwortung selbst zu übernehmen.«

Was ich vorausgesehen hatte, trat nun ein. Als der General diesen neuerlichen Unsinn vernahm, bekam er es mit der Angst zu tun.

»Wie, haben Sie etwa die Absicht, diese verflixte Geschichte auch noch fortzusetzen!« rief er. »Aber was tun Sie mir damit an, oh, mein Gott! Unterstehen Sie sich, unterstehen Sie sich, mein Herr, oder ich schwöre ... Auch hier gibt es eine Obrigkeit, und ich ... ich ... kurz, bei meinem Rang ... und ebenfalls der Baron ... kurz, Sie werden verhaftet und mit der Polizei des Landes verwiesen, damit Sie nicht weiter öffentliche Unruhe stiften! Bedenken Sie das, mein Herr!« Der Zorn hatte ihm zwar den Atem verschlagen, aber es war ihm immer noch schrecklich bange zumute.

»Mein General«, antwortete ich mit einer Ruhe, die für ihn vollkommen unerträglich sein mußte, »wegen Erregung öffentlichen Ärgernisses kann niemand verhaftet werden, bevor dieses Ärgernis eingetreten ist. Ich habe mich mit dem Baron noch nicht ausgesprochen, folglich dürfte es Ihnen völlig unbekannt sein, mit welchen Begründungen ich mein Vorhaben ausführen werde. Ich möchte nichts anderes, als die mich beleidigende Annahme bestreiten, ich befände mich unter der Vormundschaft einer Person, die über meinen freien Willen zu verfügen habe. Ihre diesbezüglichen Bedenken und Ihre Sorgen betrachte ich als völlig gegenstandslos.«

»Um Gottes willen, um Gottes willen, Alexej Iwanowitsch, geben Sie doch dieses unsinnige Vorhaben auf!« stotterte der General, der plötzlich seinen zornigen Ton mit einem flehentlichen vertauscht und mich sogar an den Händen gepackt hatte. »Stellen Sie sich doch nur vor, wohin das führt? Zu weiterem Ärger! Sie werden doch selbst einsehen, daß ich mich hier auf ganz spezielle Weise in acht zu nehmen habe ... zumal jetzt! ... namentlich jetzt! ... Oh, Sie wissen nichts, Sie wissen nichts von meinen ganzen Verhältnissen! ... Sobald wir hier aufbrechen, werde ich Sie wieder engagieren. Es gilt nur für jetzt, ich meine nur so, es gibt doch gewisse Gründe, das müssen Sie verstehen!« rief er verzweifelt, »Alexej Iwanowitsch, Alexej Iwanowitsch! ...«

Indem ich zur Tür retirierte, beschwor ich ihn noch einmal, sich nicht zu beunruhigen, versprach, daß alles gut und anständig ausgehen würde, und eilte schließlich davon.

Manche Russen pflegen im Ausland schrecklich ängstlich und fürchterlich besorgt darüber zu sein, wie man über sie redet und urteilt, ob dies oder jenes an ihrem Verhalten schicklich sei – mit einem Wort, sie benehmen sich so, als trügen sie ein Korsett, zumal jene, denen es um ein hohes Ansehen zu tun ist. Am liebsten ist ihnen eine feststehende, eine bewährte Form, der sie sklavisch folgen können – in Hotels, bei Promenaden, bei Gesellschaften, auf Reisen ... Dem General jedoch war entschlüpft, daß er sich darüber hinaus in irgendwelchen besonderen Verhältnissen befinde und sich »auf ganz spezielle Weise« benehmen müsse. Das war es ja, warum er so plötzlich kleinmütig und ängstlich geworden war und mir gegenüber einen anderen Ton eingeschlagen hatte. Ich nahm es zur Kenntnis und merkte mir das. Natürlich konnte er am nächsten Morgen in seiner Torheit sich an irgendeine Behörde wenden, so daß ich in der Tat vorsichtiger sein mußte.

Übrigens lag mir keineswegs etwas daran, ausgerechnet den General zu reizen; ich hatte jetzt nur die größte Lust, Polina zu ärgern. Polina hatte mich so grausam behandelt, sie war es, die mich auf diesen albernen Gedanken gebracht hatte, so daß ich mir jetzt nichts anderes wünschte, als sie soweit zu bringen, mich höchstpersönlich um Einhalt zu bitten. Mein Schulbubenstreich könnte schließlich auch sie kompromittieren. Außerdem begannen auch andere Gefühle und Wünsche sich in mir zu regen; wenn ich mich vor ihr, zum Beispiel, freiwillig in ein Nichts verwandele, so bedeutet das noch lange nicht, daß ich vor anderen Menschen als ein nasses Huhn auftrete und daß dieser Baron mich selbstverständlich mit »seinem Stock traktieren« könnte. Ich hatte den Wunsch, mich über sie alle lustig zu machen und selbst als Held dazustehen. Sie sollen vor Staunen den Mund aufreißen. Nur keine Angst! Sie wird vor einem Skandal zurückschrecken und mich wieder zu sich rufen. Auch wenn sie mich nicht ruft, wird sie immerhin sehen, daß ich kein nasses Huhn bin …

(Eine erstaunliche Nachricht: Gerade erfahre ich von unserer Kinderfrau, die ich im Treppenhaus traf, daß Marja Filippowna heute, mutterseelenallein, nach Karlsbad abgereist ist, mit dem Abendzug, zu ihrer Cousine. Was hat diese Neuigkeit zu bedeuten? Die Njanja meint, sie habe es schon lange vorgehabt; aber warum hat niemand davon gewußt? Übrigens, vielleicht bin ich ja der einzige, der es nicht gewußt hat. Die Kinderfrau verriet mir, daß Marja Filippowna bereits vor drei Tagen ein ernstes Gespräch mit dem General hatte. Ich verstehe. Es ging bestimmt um Mademoiselle Blanche. Ja, uns steht allerlei Entscheidendes bevor.)

KAPITEL VII

Am nächsten Morgen rief ich den Kellner und ließ ihn wissen, daß künftig meine Rechnung gesondert aufzustellen sei. Mein Zimmer war nicht so teuer, daß ich mich erschrecken und womöglich aus dem Hotel ausziehen mußte. Ich besaß sechzehn Friedrichsdor, und dann ... dann kam vielleicht der Reichtum! Merkwürdig, ich hatte noch nicht gewonnen, aber ich handelte, fühlte und dachte wie ein reicher Mann, völlig außerstande, mir andere Vorstellungen zu bilden.

Ich hatte mir vorgenommen, mich ungeachtet der frühen Stunde sofort zu Mister Astley zu begeben, ins Hotel d'Angleterre, das nur wenige Schritte von uns entfernt lag, als plötzlich des Grieux in mein Zimmer trat. Das war noch nie vorgekommen, überdies war unsere Beziehung in letzter Zeit denkbar gespannt, und wir waren uns völlig fremd geworden. Er gab sich nicht die leiseste Mühe, seine Geringschätzung mir gegenüber zu kaschieren, er legte es sogar darauf an, sie möglichst deutlich zu zeigen; und ich – ich hatte meine besonderen Gründe, ihm nicht gewogen zu sein. Mit einem Wort, ich haßte ihn. Sein Kommen erstaunte mich außerordentlich. Ich begriff sofort, daß ein spezieller Anlaß vorliegen mußte.

Er gab sich sehr liebenswürdig und machte mir sogar ein Kompliment zu meinem Zimmer. Als er bemerkte, daß ich meinen Hut in der Hand hielt, erkundigte er sich, ob ich immer in solcher Frühe einen Spaziergang zu machen pflege. Sobald er hörte, daß ich Mister Astley in einer wichtigen Angelegenheit aufsuchen wolle, überlegte er einen Moment, kombinierte, und sein Gesicht nahm einen überaus besorgten Ausdruck an.

Des Grieux gab sich wie alle Franzosen für witzig und liebenswürdig, sobald es vorteilhaft und nützlich war, und unerträglich langweilig, wenn eine solche Notwendigkeit vorüber war. Der Franzose ist selten liebenswürdig von Natur aus; er ist liebenswürdig stets sozusagen auf Befehl, aus Berechnung. Wenn, zum Beispiel, die Notwendigkeit eintritt, sich phantasievoll, originell, extravagant zu geben, so erweist sich seine Phantasie, die beschränkt und unnatürlich ist, als eine Kombination aus bereits akzeptierten und längst abgegriffenen Formen. Der Franzose en nature zeigt eine denkbar spießige kleinliche Alltagspositivität – mit einem Wort, er ist das ödeste Wesen der Welt. Meiner Meinung nach können nur Neulinge und ganz besonders junge russische Damen sich für Franzosen interessieren. Jedem Erwachsenen mit Erfahrung müßte die Routine der ein und für alle Male eingefrorenen Schablonen von Liebenswürdigkeit, Lockerheit und Heiterkeit auffallen und unerträglich sein.

»Ich komme in einer wichtigen Angelegenheit«, begann er außerordentlich ungezwungen, übrigens höflich, »und will es Ihnen keineswegs verschweigen, als Bote oder, besser gesagt, Vermittler des Generals. Da meine Kenntnisse der russischen Sprache durchaus mangelhaft sind, habe ich gestern kaum etwas verstanden; aber der General hat es mir ausführlich erklärt, und ich gestehe, daß …«

»Aber hören Sie, Monsieur des Grieux«, unterbrach ich ihn, »nun haben Sie auch in dieser Angelegenheit die Rolle eines Vermittlers übernommen. Ich bin natürlich ›un outchitel‹ und habe nie die Ehre in Anspruch genommen, ein naher Freund zu sein oder sonst eine intime Beziehung zu unterhalten, deshalb sind mir keineswegs alle Verhältnisse der Familie bekannt; aber klären Sie mich auf: Ist es denn möglich, daß Sie jetzt nun zu den Mitgliedern dieser Familie im engsten Sinne gehören? Weil Sie doch eine solch lebhafte Anteilnahme in jeder Beziehung an den Tag legen und sofort, bei jeder Gelegenheit, als Vermittler zur Verfügung stehen ...«

Meine Frage mißfiel ihm eindeutig. Sie war für ihn allzu durchsichtig, aber er war keineswegs gewillt, die Katze aus dem Sack zu lassen.

»Mich verbinden mit dem General sowohl Geschäfte als auch zum Teil *gewisse besondere* Angelegenheiten«, antwortete er trocken. »Der General beauftragte mich, Sie zu bitten, Ihr gestriges Vorhaben aufzugeben. Alles, was Ihnen einfiel, war natürlich sehr scharfsinnig; aber er hat mich gerade deshalb gebeten, Sie darauf aufmerksam zu machen, daß Ihnen kein Erfolg beschieden sein wird; noch mehr: der Baron wird Sie nicht empfangen, ihm stehen schließlich alle Mittel zur Verfügung, sich vor weiteren Belästigungen Ihrerseits zu schützen. Das müssen Sie selbst zugeben. Weshalb, sagen Sie mir doch, wollen Sie beharren? Der General verspricht Ihnen, Sie können sich darauf verlassen, Sie von neuem in sein Haus aufzunehmen, bei der ersten passenden Gelegenheit, und Ihnen bis dahin Ihr Gehalt, vos appointements, weiterzuzahlen. Das ist doch ziemlich günstig, nicht wahr?«

Ich erwiderte darauf völlig gelassen, daß ihm ein kleiner Irrtum unterlaufen sei; daß ich vielleicht von dem Baron keineswegs davongejagt, sondern angehört werden könnte, und bat ihn meinerseits zuzugeben, daß er gerade deshalb bei mir erschienen sei, um auszukundschaften: wie gedenke ich in der Sache zu verfahren?

»Mon dieu, wenn der General sich so sehr für diese Geschichte interessiert, so muß es ihm doch selbstverständlich angenehm sein zu wissen, wie und auf welche Weise Sie zu verfahren gedenken! Das ist doch ganz natürlich!«

Ich begann mit meinen Erklärungen, und er hörte zu, in bequemer Pose, mit ein wenig zu mir geneigtem Kopf und einer deutlich, bewußt zur Schau getragenen ironischen Miene. Überhaupt gab er sich äußerst herablassend. Ich meinerseits gab mir alle Mühe, den Eindruck zu erwecken, daß ich die Angelegenheit mit äußerstem Ernst betrachtete. Ich erklärte, daß, da der Baron sich an den General mit einer Klage über meine Person gewandt hätte, als wäre ich ein Diener aus dem Gefolge des Generals, er erstens mich um meine Stellung gebracht und zweitens mich als eine Person behandelt hätte, die, außerstande, eine eigene Antwort zu geben, einer Unterhaltung weder wert noch würdig ist. Natürlich fühlte ich mich mit Recht gekränkt, aber des Altersunterschiedes, der Gesellschaftsstellung eingedenk und so weiter und so weiter (hier konnte ich das Lachen kaum verbeißen), möchte ich jede weitere Unbedachtsamkeit vermeiden, das heißt weder eine Satisfaktion von dem Baron persönlich fordern noch auch nur den bloßen Vorschlag einer Satisfaktion an ihn schicken. Nichtsdestoweniger halte ich mich für berechtigt, ihm und ganz besonders der Frau Baronin meine Entschuldigung persönlich darzubringen, zumal ich mich tatsächlich in letzter Zeit nicht ganz gesund fühlte, angegriffen und sozusagen verträumt, und so weiter und so weiter. Allerdings hätte der Baron persönlich durch seine gestrige mich dermaßen kränkende Bitte an den General und das ausdrückliche Verlangen, der General möge mich entlassen, mich in eine so mißliche Lage gebracht, daß es nun für mich unmöglich geworden sei, ihm und der Frau Baronin meine Entschuldigung zu unterbreiten, weil sowohl er als auch die Frau Baronin, als auch die ganze Welt mit Sicherheit denken müßten, daß ich mit meinen Entschuldigungen vor lauter Sorge erschiene, weil ich meine verlorengegangene Stellung wiedererlangen möchte. Aus alledem folge, daß ich mich nun gezwungen sähe, den Baron zu bitten, er möge sich als erster bei mir entschuldigen, in den gemäßigtsten Ausdrücken – zum Beispiel, daß er nicht vorgehabt hätte, mich zu kränken. Und sobald der Baron dies ausspräche, würde ich frei, offenherzig und aufrichtig ihm meine Entschuldigung darbringen. »Mit einem Wort«, schloß ich, »ich bäte nur, daß der Baron mir diese Freiheit vergönne.«

»Fi donc, welch eine Korrektheit und welches Raffinement! Und wozu müssen Sie sich entschuldigen? Aber geben Sie doch zu, Monsieur ... Monsieur ..., daß Sie das alles mit Bedacht inszenieren, um den General zu ärgern ... vielleicht verfolgen Sie auch irgendwelche besondere Absichten ... mon cher monsieur ... pardon, j'ai oublié votre nom, monsieur Alexis? ... N'est-ce pas?«

»Aber gestatten Sie, mon cher marquis, was geht Sie das alles an?«

»Mais le général ...«

»Und was geht es den General an? Gestern hat er davon geredet, er müsse auf sich ganz besonders achtgeben ... und war darum so besorgt ... aber ich habe rein gar nichts verstanden ...«

»Gerade hier, gerade hier liegt der besondere Umstand, der ...«, fiel des Grieux in bittendem Ton ein, aus dem der wachsende Verdruß nicht zu überhören war. »Sie kennen doch Mademoiselle de Cominges? ...«

»Das heißt Mademoiselle Blanche?«

»Nun ja, Mademoiselle Blanche de Cominges ... et madame sa mère ... Sie müssen das doch zugeben, daß der General ... kurz, der General ist verliebt und sogar bereit ... es könnte durchaus sein, daß es hier sogar zur einer Heirat kommt. Und nun stellen Sie sich dabei die verschiedenen Skandale und Geschichten vor ...«

»Ich sehe hier weder irgendwelche Skandale noch Geschichten, die etwas mit einer Heirat zu tun hätten.«

»Aber le baron est si irascible, un caractère prussien, vous savez, enfin il fera une querelle d'Allemand.«

»Das betrifft doch mich und nicht Sie, da ich nicht mehr zum Haus gehöre ...« (Ich gab mir alle Mühe, mich möglichst dumm anzustellen.) »Aber erlauben Sie, ist es denn bereits entschieden, daß Mademoiselle Blanche den General heiraten wird? Worauf wird denn immer noch gewartet? Ich meine – warum wird denn daraus ein Geheimnis gemacht, jedenfalls uns gegenüber, der Familie?«

»Das kann ich Ihnen nicht ... übrigens ist es noch nicht ganz ... allerdings ... es wird, wie Sie wissen, noch eine Nachricht aus Rußland erwartet; der General muß seine Verhältnisse ordnen ...«

»Ah, ah! La baboulenka!«

Des Grieux warf mir einen haßerfüllten Blick zu.

»Kurz«, er fiel mir ins Wort, »ich verlasse mich uneingeschränkt auf die Ihnen angeborene Liebenswürdigkeit, auf Ihren Geist und Ihr Taktgefühl ... Sie werden dies selbstverständlich für eine Familie tun, die Sie wie einen Verwandten aufgenommen hat, in der Sie sich geliebt und geachtet fühlen durften ...«

»Aber ich bitte Sie, man hat mich doch an die Luft gesetzt! Jetzt behaupten Sie zwar, das sei nur zum Schein geschehen; aber wenn man Ihnen sagte: ›Ich möchte dich, selbstverständlich, nicht an den Ohren ziehen, aber du mußt mir erlauben, dich zum Schein doch an den Ohren zu ziehen‹ ... Ist das nicht beinahe dasselbe?«

»Wenn es sich so verhält, wenn Sie sich allen Bitten als unzugänglich erweisen«, begann er streng und von oben herab – »dann müssen Sie mir erlauben, Ihnen gewisse Maßnahmen anzukündigen. Hier gibt es eine Obrigkeit, und Sie werden heute noch ausgewiesen, que diable! Un blanc-bec comme vous nimmt sich heraus, eine solche Persönlichkeit wie den Baron zu einem Duell zu fordern! Und Sie bilden sich ein, man würde Sie unbehelligt lassen? Seien Sie versichert, daß niemand hier sich etwas aus Ihnen macht! Wenn ich Sie überhaupt um etwas gebeten habe, so geschah es nur in meinem eigenen Namen, weil Sie dem General auf die Nerven gehen. Und glauben Sie, glauben Sie allen Ernstes nicht, daß der Baron Sie durch einen Lakaien vor die Tür setzen läßt?«

»Aber ich werde ihn doch nicht persönlich aufsuchen«, entgegnete ich seelenruhig, »Sie irren sich, Monsieur des Grieux, alles das wird sich wesentlich taktvoller entwickeln, als Sie es sich vorstellen. Ich werde mich umgehend zu Mister Astley begeben und ihn bitten, mein Mittelsmann, kurz, mein second zu sein. Dieser Herr mag mich und wird meine Bitte gewiß nicht abschlagen. Er wird den Baron aufsuchen, und der Baron wird ihn empfangen. Wenn ich auch selbst un outchitel bin, subaltern erscheine und zu guter Letzt schutzlos dastehe, so ist Mister Astley der Neffe eines wirklichen Lords, das ist allen bekannt, der Neffe von Lord Peebroch, und dieser hält sich hier auf. Glauben Sie mir, der Baron wird Mister Astley höflich empfangen und anhören, und wenn er es nicht tut, wird Mister Astley dies als eine persönliche Kränkung empfinden (Sie wissen, wie hartnäckig die Engländer sein können) und dem Baron einen seiner Freunde schicken, und er hat gute Freunde. Machen Sie sich jetzt darauf gefaßt, daß die Sache möglicherweise nicht ganz so ausgehen wird, wie Sie glauben.«

Der Franzose bekam es mit der Angst zu tun. In der Tat,

alles das schien der Wahrheit sehr nahe zu kommen, und es sah ganz so aus, als ob ich imstande wäre, ein ganzes Spektakel in Gang zu setzen.

»Aber ich bitte Sie«, begann er mit wirklich flehender Stimme, »lassen Sie es! Es scheint Ihnen angenehm zu sein, ein Spektakel inszenieren zu können! Sie wollen keine Satisfaktion, sondern ein Spektakel! Ich habe ja gesagt, das Ganze könnte amüsant, sogar geistreich und vielleicht auch der Zweck Ihrer Bemühungen sein, aber, mit einem Wort«, schloß er, als er sah, daß ich mich erhob und nach meinem Hut griff, »ich bin gekommen, um Ihnen ein paar Worte von einer Dame zu überreichen, lesen Sie – ich habe den Auftrag, auf Ihre Antwort zu warten.«

Hierauf zog er aus der Tasche einen kleinen gefalteten und versiegelten Zettel.

In Polinas Schrift war zu lesen:

> Mir scheint, daß Sie gesonnen sind, dieses Spektakel fortzusetzen. Sie haben sich geärgert und schlagen nun wie ein Schulbube über die Stränge. Es liegen hier besondere Umstände vor, ich werde sie Ihnen vielleicht später erklären; aber Sie sollen, bitte, aufhören und sich zufriedengeben. Was sind das für Dummheiten! Ich brauche Sie, und Sie selbst haben versprochen, mir zu gehorchen. Denken Sie an den Schlangenberg. Ich bitte Sie, seien Sie folgsam, und wenn es sein muß, befehle ich es.
>
> Ihre Polina.
>
> P. S. Wenn Sie sich wegen gestern über mich ärgern, so vergeben Sie mir.

Alles drehte sich vor meinen Augen, nachdem ich diese Zeilen gelesen hatte. Meine Lippen wurden weiß, und ich zitterte am ganzen Leib. Der verdammte Franzose blickte mit betonter Diskretion zur Seite, als wolle er vermeiden, Zeuge meiner Verwirrung zu sein. Es wäre mir lieber gewesen, er hätte mich laut ausgelacht.

»Gut«, antwortete ich. »Richten Sie aus, Mademoiselle kann unbesorgt sein. Erlauben Sie mir jedoch die Frage«, fügte ich schroff hinzu, »warum Sie so lange gezögert haben, mir diesen Zettel auszuhändigen? Statt des unsinnigen Geschwätzes hätten Sie, wie mir scheint, damit anfangen sollen ... wenn es sich wirklich um einen Auftrag gehandelt hat.«

»Oh, ich wünschte ... überhaupt ist das alles so seltsam, daß Sie meine natürliche Ungeduld verzeihen werden. Mich drängte es selbst, persönlich, unmittelbar aus Ihrem eigenen Munde, von Ihren Absichten zu erfahren. Ich bin über den Inhalt des Zettels nicht unterrichtet und dachte, daß ich immer noch Zeit hätte, um ihn Ihnen zu übergeben.«

»Ich begreife, Sie hatten schlicht und einfach die Weisung erhalten, den Zettel nur im äußersten Falle auszuhändigen und ihn zu behalten, wenn man sich vorher mündlich einigen könnte. Stimmt das, reden Sie, Monsieur des Grieux!«

»Peut-être«, sagte er mit der Miene einer besonderen Zurückhaltung und fixierte mich mit einem besonderen Blick.

Ich griff nach meinem Hut; er nickte und ging. Ich glaube, auf seinen Lippen lag ein spöttisches Lächeln. Und wie hätte es auch anders sein können?

»Wir rechnen noch ab, du elender Franzos, wir messen noch unsere Kräfte!« murmelte ich, während ich die Treppen hinunterstieg. Ich konnte noch gar nicht klar denken, mein Kopf war wie benommen. Die frische Luft tat mir wohl.

Ein paar Minuten später, kaum war ich wieder zu mir gekommen, tauchten in mir zwei Gedanken auf: der *erste* – daß eine solche Bagatelle, solche kindischen, unglaubwürdigen Drohungen eines Schulbuben, die gestern beiläufig gefallen waren, eine derart *allgemeine* Unruhe entfachen konnten! Und der *zweite* Gedanke – wie es mit dem Einfluß dieses Franzosen auf Polina bestellt sei? Ein einziges Wort von ihm – und sie tut alles, was er braucht, sie schreibt einen Zettel und *bittet* mich sogar. Freilich, ihre Beziehungen sind mir schon immer ein Rätsel gewesen, von Anfang an, seit ich sie kenne; allerdings ist mir in den letzten Tagen ihre entschiedene Abneigung ihm gegenüber aufgefallen, sogar eine Verachtung, während er sie nicht einmal eines Blickes würdigte und manchmal sogar unhöflich behandelte. Das war mir aufgefallen. Polina hat mir von sich aus von einer Abneigung gesprochen; es waren höchst bedeutsame Geständnisse, die ihr bereits entschlüpft sind … Das bedeutet, daß sie einfach in seiner Gewalt ist, an irgendwelchen Ketten …

KAPITEL VIII

Auf der Promenade, wie hier die Kastanienallee genannt wird, traf ich meinen Engländer.

»Oh, oh«, begann er, als er mich sah, »ich will zu Ihnen und Sie zu mir. Sie haben sich also von der Familie bereits getrennt?«

»Sagen Sie doch erst, woher Sie das alles wissen«, fragte ich erstaunt, »ist es denn möglich, daß allen alles bekannt ist?«

»O nein, es ist nicht allen bekannt; es ist auch nicht wert, allen bekannt zu sein. Niemand spricht davon.«

»Und wie kommt es dazu, daß Sie es wissen?«

»Ich weiß es, vielmehr, ich hatte Gelegenheit, es zu erfahren. Wohin werden Sie jetzt von hier verreisen? Ich mag Sie und wollte deshalb zu Ihnen.«

»Sie sind ein prächtiger Mensch, Mister Astley«, sagte ich (ich war übrigens wirklich verblüfft: Woher wußte er es?), »und da ich noch keinen Kaffee getrunken habe und Sie wahrscheinlich nur einen schlechten, lassen Sie uns ins Café am Kurhaus gehen, uns dort niederlassen, rauchen, und ich werde Ihnen alles erzählen ... und Sie erzählen mir auch.«

Das Café war hundert Schritt entfernt. Der Kaffee wurde serviert, wir machten es uns bequem, ich steckte meine Zigarette an, Mister Astley rauchte nicht, er sah mich unentwegt an und schien ganz Ohr.

»Ich werde nirgendwohin verreisen, ich bleibe hier«, begann ich.

»Ich war überzeugt, daß Sie hier bleiben werden«, meinte Mister Astley beifällig.

Auf dem Weg zu Mister Astley hatte ich nicht die geringste Absicht gehabt, ihm von meiner Liebe zu Polina zu erzählen, ganz bewußt nicht. In diesen ganzen Tagen habe ich es ihm gegenüber mit keiner einzigen Silbe erwähnt. Außerdem war er sehr schüchtern. Mir war gleich beim ersten Mal aufgefallen, daß Polina einen außerordentlichen Eindruck auf ihn gemacht hatte, aber ihren Namen erwähnte er nie. Aber es war merkwürdig, daß jetzt, plötzlich, kaum daß er sich gesetzt und seinen aufmerksamen blaugrauen Blick auf mich gerichtet hatte, in mir, ich weiß nicht warum, sich der Drang regte, ihm alles zu erzählen, das heißt, meine ganze Liebe, mit all ihren Nuancen. Ich erzählte mindestens eine halbe Stunde lang und fühlte mich dabei außerordentlich wohl, das war das erste Mal, daß ich davon erzählte! Sobald ich bemerkte, daß er an manchen besonders feurigen Stellen verlegen wurde, steigerte ich das Feuer meiner Schilderung. Ich bereue nur eines: Ich bin vielleicht bei meinen Schilderungen des Franzosen ein wenig zu weit gegangen ...

Mister Astley saß mir gegenüber, reglos, ohne ein Wort, ohne einen Laut von sich zu geben, sah mir unentwegt in die Augen und hörte zu; aber als ich auf den Franzosen zu sprechen kam, unterbrach er mich plötzlich und fragte streng: ob ich wohl das Recht hätte, diesen nicht zur Sache gehörigen Umstand zu erwähnen? Mister Astley pflegte seine Fragen sehr eigentümlich zu stellen.

»Sie haben recht: Ich fürchte, kein Recht darauf zu haben«, antwortete ich.

»Über diesen Marquis und Miss Polina haben Sie nichts Genaueres zu sagen als bloße Vermutungen?«

Ich wunderte mich abermals über eine derart kategorische

Frage aus dem Munde eines solch schüchternen Menschen wie Mister Astley.

»Nein, nichts Genaueres, natürlich nicht«, antwortete ich.

»Wenn es so ist, so haben Sie übel gehandelt, weil Sie nicht nur mit mir darüber redeten, sondern auch, weil Sie es im stillen dachten.«

»Schon gut, schon gut! Zugegeben; aber jetzt geht es um etwas anderes«, redete ich weiter, wiewohl ich mich wunderte. Darauf erzählte ich ihm die ganze gestrige Geschichte, mit allen Details, Polinas exzentrischem Einfall, meinem Zusammenstoß mit dem Baron, meiner Entlassung, der außergewöhnlichen Ängstlichkeit des Generals und, schließlich, genauestens, von dem heutigen Besuch von des Grieux, mit allen Nuancen; zum Schluß zeigte ich ihm den Zettel.

»Was schließen Sie daraus?« fragte ich. »Ich war gerade deshalb zu Ihnen unterwegs, um Ihre Gedanken zu erfahren. Ich für mein Teil würde am liebsten, scheint mir, diesen miesen Franzosen totschlagen und werde es vielleicht wirklich tun.«

»Ich auch«, sagte Mister Astley. »Was Miss Polina betrifft, so ... Sie wissen doch, daß wir sogar mit uns verhaßten Menschen in Verbindung treten können, wenn uns die Notwendigkeit dazu zwingt. In diesem Fall kann es sich um Kontakte handeln, die Ihnen unbekannt sind und die von entfernten Umständen abhängen. Ich denke, Sie können sich beruhigen – teilweise, versteht sich. Was Miss Polinas gestriges Verhalten angeht, so ist es natürlich eigentümlich – nicht weil sie sich gewünscht hätte, Sie loszuwerden und Sie dem Knüppel des Barons (den er, obwohl er ihn in der Hand hielt, unverständlicherweise nicht benutzte) auszusetzen, sondern weil ein solcher Einfall einer ... einer solch vortrefflichen jungen Dame unwürdig ist. Selbstverständlich konnte sie nicht ahnen, daß Sie ihren höhnischen Wunsch buchstäblich erfüllen könnten ...«

»Wissen Sie was?« rief ich plötzlich und sah Mister Astley prüfend an. »Mir scheint, daß Sie das alles bereits gehört haben, und wissen Sie von wem – von Miss Polina persönlich!«

Mister Astley warf mir einen erstaunten Blick zu.

»Ihre Augen funkeln, und ich lese darin Argwohn«, sagte er, seine frühere Gelassenheit sofort wiedergewinnend, »aber Ihnen steht nicht das geringste Recht zu, Ihre Verdächtigungen auszusprechen. Ich kann ein solches Recht nicht gelten lassen und weigere mich entschieden, Ihre Frage zu beantworten.«

»Lassen wir es gut sein! Es ist auch nicht nötig!« rief ich, seltsam erregt und überrascht, weil ich auf diesen Gedanken gekommen war. Wann, wo, auf welche Weise könnte Mister Astley von Polina zum Vertrauten gewählt worden sein? In letzter Zeit hatte ich Mister Astley freilich ein wenig aus den Augen verloren, und Polina war mir schon immer ein Rätsel gewesen, so ausschließlich ein Rätsel, daß ich zum Beispiel jetzt, als ich darauf verfiel, Mister Astley die ganze Geschichte meiner Liebe zu erzählen, plötzlich im Laufe des Erzählens verblüfft entdeckte, daß ich fast nichts Genaues und Positives über meine Beziehung zu ihr zu sagen wußte. Im Gegenteil, alles war phantastisch, eigenartig, unwirklich, sogar beispiellos.

»Schon gut, schon gut; ich habe den Faden verloren und kann jetzt vieles nicht auf einen Nenner bringen«, antwortete ich fast atemlos. »Übrigens, Sie sind ein guter Mensch, jetzt geht es noch um anderes, ich bitte nicht – nicht um Ihren Rat, sondern um Ihre Meinung.«

Ich schwieg eine Weile und fuhr dann fort:

»Was meinen Sie, warum bekam der General es derart mit

der Angst zu tun? Warum haben sie alle meinen albernen Schulbubenstreich zu einem solchen Skandal aufgebläht? Einem solchen Skandal, daß sogar des Grieux höchstpersönlich sich dazu bewogen fühlte, einzugreifen (und er greift nur in den allerwichtigsten Fällen ein), mich aufzusuchen (man denke!), mich zu bitten, mich anzuflehen – er, des Grieux, mich! Und schließlich, das ist nicht zu übersehen, erschien er bei mir gegen neun, noch vor neun, und der Zettel von Miss Polina war schon in seiner Hand. Wann also, muß man sich fragen, wurde er geschrieben? Vielleicht mußte Miss Polina dazu geweckt werden! Außerdem ist für mich daraus zu ersehen, daß Miss Polina seine Sklavin ist (weil sie sogar mich um Verzeihung bittet!); außerdem muß man sich fragen, was sie das alles angeht, sie persönlich? Warum interessiert sie sich so übermäßig? Warum haben sie alle eine solche Angst vor irgendeinem Baron? Was ist schon dabei, daß der General eine Mademoiselle Blanche de Cominges ehelicht? Sie alle reden davon, daß sie infolge dieses Umstandes zu irgendeinem *besonderen* Verhalten verpflichtet wären – aber das ist ja schon allzu besonders, auch Sie werden das doch einsehen! Was denken Sie darüber? Ich lese in Ihren Augen und bin überzeugt, daß Sie auch hier mehr wissen als ich!«

Mister Astley lächelte und nickte.

»Tatsächlich, es scheint, daß ich auch darüber wesentlich mehr weiß als Sie«, sagte er. »Alles dreht sich um Mademoiselle Blanche, und ich bin überzeugt, daß es die reinste Wahrheit ist.«

»Und was ist mit dieser Mademoiselle Blanche?« rief ich voller Ungeduld (in mir regte sich plötzlich die Hoffnung, ich könnte jetzt etwas über Mademoiselle Polina erfahren).

»Mir scheint, daß Mademoiselle Blanche im Augenblick besonders viel daran liegt, eine Begegnung mit dem Baron und der Baronin zu vermeiden – zumal sie unangenehm wäre, schlimmer noch – ein Skandal.«

»Na, und! Und!«

»Mademoiselle Blanche ist bereits vor zwei Jahren während der Saison hier gewesen, in Roulettenburg. Ich hielt mich ebenfalls hier auf. Mademoiselle Blanche nannte sich damals keineswegs Mademoiselle de Cominges, ebensowenig gab es damals ihre Mutter, Madame la veuve de Cominges. Zumindest wurde sie damals nicht erwähnt. Und des Grieux – einen des Grieux gab es ebensowenig. Ich bin der festen Überzeugung, daß sie nicht nur nicht verwandt sind, sondern einander erst seit ganz kurzem kennen. Und einen Marquis nennt sich des Grieux auch erst seit kurzem – ich kenne einen Umstand, der mich davon überzeugt. Es ist sogar anzunehmen, daß er sich erst seit kurzem des Grieux nennt. Ich kenne hier jemand, der ihm auch unter einem anderen Namen begegnet ist.«

»Aber er verkehrt doch wirklich in einem gediegenen Bekanntenkreis?«

»Oh, kann sein. Sogar Mademoiselle Blanche könnte einen solchen Bekanntenkreis haben. Aber vor zwei Jahren hat Mademoiselle Blanche nach einer Beschwerde dieser Baronin eine Aufforderung der hiesigen Polizei erhalten, die Stadt zu verlassen, und sie hat die Stadt verlassen.«

»Und wieso?«

»Damals war sie hier zuerst mit einem Italiener erschienen, einem Fürsten mit historischem Namen, etwas wie *Barberini* oder so ähnlich. Ein Mann mit einer Unmenge von Ringen und Brillanten, sogar nicht einmal falschen. Sie hatten eine wunderbare Equipage. Mademoiselle Blanche spielte trente et quarante und hatte anfangs viel Glück, später aber immer weniger; ich weiß es noch. Ich erinnere mich, daß sie eines Abends eine extraordinär hohe Summe verlor. Aber noch schlimmer: Ihr Fürst war un beau matin mit unbekanntem Ziel verschwunden, samt Pferden und Equipage – alles verschwunden. Die Schulden im Hotel waren horrend. Mademoiselle Selmas Verzweiflung (die Barberini verwandelte sich plötzlich in eine Mademoiselle Selma) war grenzenlos. Sie heulte und kreischte durch das ganze Hotel und zerriß vor Wut ihre Robe. Im selben Hotel wohnte ein polnischer Graf (alle reisenden Polen sind Grafen), und Mademoiselle Selma, die ihre Roben zerriß und ihr Gesicht wie eine Katze mit wunderschönen, in Parfüm gebadeten Händen zerkratzte, machte auf ihn einen gewissen Eindruck. Man unterhielt sich, und zum Diner war sie bereits getröstet. Abends erschien er im Kursaal mit Mademoiselle Selma am Arm. Mademoiselle Selma lachte nach ihrer Gewohnheit ziemlich laut und gab sich ein wenig ungezwungener. Sie gesellte sich bedenkenlos zu jenen roulettespielenden Damen, die, wenn sie an den Spieltisch treten, mit kräftigem Schulterstoß die vor ihnen stehenden Spieler zur Seite drängen, um sich Platz zu verschaffen. Dies gilt bei solchen Damen als besonders schick. Sie sind Ihnen natürlich aufgefallen?«

»Oh, ja.«

»Keiner Rede wert. Zum Ärger des gesitteten Publikums sind sie hier nicht wegzudenken, wenigstens jene nicht, die Tag für Tag am Spieltisch Tausend-Francs-Noten wechseln. Allerdings werden sie gebeten, sobald sie keine Banknoten mehr wechseln, sich umgehend zu entfernen. Mademoiselle Selma fuhr eine Weile fort, Scheine zu wechseln, aber im Spiel hatte sie immer weniger Glück. Es ist bemerkenswert, daß solche Damen im Spiel sehr oft gewinnen; ihre Selbstbeherrschung ist einfach erstaunlich. Übrigens ist meine Geschichte zu Ende. Eines Tages verschwand, genauso wie vorher der Fürst, auch der Graf. Mademoiselle Selma erschien abends im

Spielsaal alleine; diesmal fand sich niemand, der ihr den Arm anbot. Zwei Tage später hatte sie restlos alles verloren. Nachdem sie den letzten Louisdor gesetzt und verloren hatte, sah sie sich nach allen Seiten um und entdeckte neben sich den Baron Wurmerhelm, der sie sehr aufmerksam und mit entschiedener Mißbilligung betrachtete. Aber Mademoiselle Selma übersah die Mißbilligung, wandte sich an den Baron und bat ihn mit einem gewissen Lächeln, für sie zehn Louisdor auf Rot zu setzen. Dies hatte zur Folge, daß sie auf Betreiben der Baronin im Laufe des Abends aufgefordert wurde, sich nicht mehr im Kurhaus blicken zu lassen. Sollten Sie sich wundern, daß ich über solche läppischen und absolut unschicklichen Details unterrichtet bin, so müssen Sie wissen, daß ich sie vertraulich von Mister Feeder, einem meiner Verwandten, gehört habe, der am selben Abend Mademoiselle Selma in seiner Kutsche von Roulettenburg nach Spa gebracht hatte. Sie verstehen: Mademoiselle Blanche möchte Frau Generalin werden, wahrscheinlich um sich künftig solche Aufforderungen von der Kurpolizei wie die vor zwei Jahren zu ersparen. Jetzt spielt sie nicht mehr; wohl deshalb, weil sie nach gewissen Anzeichen über ein Kapital verfügt und den hiesigen Spielern gegen Prozente Geld leiht. Das ist wesentlich günstiger. Ich vermute sogar, daß auch der unglückliche General bei ihr verschuldet ist, vielleicht auch des Grieux. Vielleicht ist des Grieux ihr Kompagnon. Sie werden einsehen, daß sie wenigstens bis zur Hochzeit die Aufmerksamkeit der Baronin und des Barons unter keinen Umständen auf sich ziehen möchte. Mit einem Wort, in ihrer Lage kann sie am allerwenigsten einen Skandal gebrauchen. Sie sind mit dem Haus des Generals unmittelbar verbunden, und Ihr Verhalten könnte einen Skandal nach sich ziehen, da sie täglich sich am Arm des Generals oder in Begleitung Miss Polinas zeigt. Begreifen Sie jetzt?«

»Nein, ich begreife nichts!« rief ich aus und schlug mit solcher Kraft auf den Tisch, daß der Garçon erschrocken herbeieilte.

»Sagen Sie, Mister Astley«, wiederholte ich, »wenn Sie diese ganze Geschichte bereits kannten und folglich ganz genau wissen, was es mit dieser Mademoiselle Blanche de Cominges auf sich hat – wieso haben Sie nicht wenigstens mich oder den General persönlich oder schließlich und vor allem Miss Polina aufgeklärt, gewarnt, Miss Polina, die sich im Kurhaus, öffentlich, mit Mademoiselle Blanche Arm in Arm gezeigt hat? Wie ist das möglich?«

»Wozu hätte ich Sie warnen sollen, Sie hätten doch nichts erreicht«, antwortete Mister Astley seelenruhig. »Und übrigens, wovor hätte ich Sie warnen sollen? Es ist durchaus denkbar, daß der General über Mademoiselle Blanche viel mehr weiß als ich und trotzdem mit ihr und Miss Polina promeniert. Der General ist ein unglücklicher Mensch. Ich habe gestern gesehen, wie Mademoiselle Blanche auf einem prächtigen Pferd in Begleitung von des Grieux und diesem kleinen russischen Fürsten ausritt und der General auf einem Fuchs ihnen nachsprengte. Erst vormittags hatte er geklagt, er habe Schmerzen in den Beinen, aber seine Haltung zu Pferde war einwandfrei. Gerade bei diesem Anblick kam mir plötzlich der Gedanke, daß er hoffnungslos verloren ist. Außerdem geht mich das alles nichts an, und ich habe erst seit kurzem die Ehre, Miss Polina zu kennen. Übrigens«, (Mister Astley schien sich plötzlich zu besinnen), »habe ich Ihnen bereits gesagt, daß ich Ihnen das Recht auf gewisse Fragen nicht zubillige, ungeachtet dessen, daß ich Sie aufrichtig liebe ...«

»Genug«, sagte ich, mich erhebend, »jetzt ist mir sonnenklar, daß auch Miss Polina alles über Mademoiselle Blanche bekannt ist, daß sie aber von ihrem Franzosen nicht lassen kann und deshalb bereit ist, mit Mademoiselle Blanche zu promenieren. Seien Sie sicher, daß keine zweite Macht auf der Welt sie dazu bringen könnte, mit Mademoiselle Blanche zu promenieren und mich in einem Briefchen zu beschwören, den Baron in Ruhe zu lassen. Hier muß man diese Macht suchen, die alles andere bezwingt! Aber sie war es doch selbst, die mich auf den Baron gehetzt hat! Hol's der Teufel, hier findet man sich gar nicht zurecht!«

»Sie vergessen, daß diese Mademoiselle de Cominges – die Braut des Generals ist und daß zweitens Miss Polina, die Stieftochter des Generals, einen kleinen Bruder und eine kleine Schwester hat, seine leiblichen Kinder, die dieser verrückte Mensch völlig verlassen und, wie es scheint, bereits bestohlen hat.«

»Ja, ja! So ist das! Diese Kinder sich selbst überlassen – würde bedeuten, sie völlig aufgeben, bei diesen Kindern bleiben – würde bedeuten, ihre Interessen verteidigen und vielleicht auch den kümmerlichen Rest ihres Vermögens retten. Ja, ja, das ist alles richtig! Aber trotzdem, trotzdem! Oh, ich begreife sehr wohl, warum sie sich jetzt alle so lebhaft für *baboulenka* interessieren!«

»Für wen?« fragte Mister Astley.

»Für die alte Hexe in Moskau, die ewig nicht stirbt, während man ein Telegramm herbeisehnt, daß sie gestorben ist.«

»Nun ja, natürlich, die Interessen aller konzentrieren sich auf ihre Person. Es geht um das Erbe! Sobald das Erbe da ist, wird der General heiraten; Miss Polina wird gleichfalls frei handeln können, und des Grieux ...«

»Nun, und des Grieux?«

»Und des Grieux bekommt sein Geld; er hält sich ja nur deswegen hier auf und wartet.«

»Nur deswegen! Sie glauben, er wartet nur darauf?«

»Mehr weiß ich nicht.« Mister Astley schwieg hartnäckig.

»Aber ich, ich weiß mehr!« wiederholte ich wütend. »Auch er wartet auf die Erbschaft, weil Polina dann ihre Aussteuer erhält und sich, sobald sie das Geld hat, ihm an den Hals wirft. Alle Frauen sind so! Und die stolzesten von ihnen werden zu den fadesten Sklavinnen! Polina ist nur zu leidenschaftlicher Liebe fähig – keiner anderen! Das ist meine Meinung von ihr! Sehen Sie sie doch an, besonders wenn sie alleine dasitzt, gedankenverloren: prädestiniert, gezeichnet, unselig! Sämtlichen Schrecken des Lebens und der Leidenschaft offen ... sie ... sie ... aber wer ruft mich da?« rief ich plötzlich. »Wer schreit da? Ich hörte, es wurde russisch gerufen ›Alexej Iwanowitsch!‹ Eine Frauenstimme, hören Sie, hören Sie!«

Wir näherten uns gerade unserem Hotel. Schon längst hatten wir das Café verlassen, fast ohne es zu merken.

»Ich habe eine Frau rufen gehört, aber ich weiß nicht, wer gerufen wurde; es war russisch; aber jetzt sehe ich, woher die Stimme kommt«, Mister Astley zeigte mit der Hand, »es ruft diese Frau, die da in dem großen Sessel sitzt und gerade von mehreren Lakaien die Vortreppe hinaufgetragen wird. Hinter ihr werden Koffer getragen, also ist gerade ein Zug angekommen.«

»Aber warum ruft sie mich? Jetzt schreit sie wieder; sehen Sie, sie winkt uns herbei.«

»Ich sehe, sie winkt«, sagte Mister Astley.

»Alexej Iwanowitsch! Alexej Iwanowitsch! Mein Gott, was für ein Dummkopf!« hallten die verzweifelten Rufe von der Vortreppe des Hotels.

Wir erreichten die Stufen beinahe im Laufschritt. Ich trat auf den obersten Treppenabsatz und ... meine Arme sanken vor Verblüffung kraftlos herab, und die Beine versagten, wie angewurzelt, ihren Dienst.

KAPITEL IX

Auf dem obersten Treppenabsatz des großzügigen Hotelportals thronte – in einem von der Dienerschaft die Stufen hinaufgetragenen Rollstuhl, umringt von Lakaien, Zofen und dem zahlreichen dienstbeflissenen Hotelpersonal, sogar mit dem herbeigeeilten Oberkellner an der Spitze, die mit Pomp und Getöse, mit eigener Dienerschaft, mit wahrer Unzahl von Reisetaschen und Koffern angereiste – *babuschka!* Ja, das war sie persönlich, die gestrenge und reiche, fünfundsiebzigjährige Antonida Wassiljewna Tarasewitschewa, Großgrundbesitzerin und alteingesessene Moskowiterin, *la baboulenka*, derentwegen Telegramme geschickt und empfangen wurden, die Sterbende und nicht Gestorbene, die nun plötzlich, in eigener Person, wie der Blitz aus heiterem Himmel, unter uns erschien. Sie erschien, zwar gelähmt und seit den letzten fünf Jahren im Rollstuhl, aber wie immer nach ihrer Art kämpferisch, einfallsreich, selbstzufrieden, kerzengerade, laut und herrisch Befehle erteilend, alle, ohne Ansehen der Person, tadelnd – haargenau dieselbe, die ich zwei- oder dreimal zu sehen die Ehre hatte, als ich als Privatlehrer im Hause des Generals angestellt wurde. Begreiflicherweise stand ich nun, vor Verblüffung wie versteinert, vor ihr. Sie dagegen hatte mich, während sie im Rollstuhl hinaufgetragen wurde, mit ihren Luchsaugen schon auf hundert Schritt erkannt und bei Vor- und Vatersnamen gerufen – wie sie es sich gewohnheitsgemäß ein für alle Male eingeprägt hatte. "Und die hier erwarten so jemand im Sarg zu sehen, unter der Erde, ihr Erbe hinterlassend”, ging es mir durch den Kopf. “Sie wird uns alle, samt diesem Hotel, überleben! Aber, mein Gott, was wird jetzt aus der Familie, was wird aus dem General! Sie wird doch das ganze Hotel auf den Kopf stellen!”

»Warum hast du dich so vor mir aufgepflanzt und starrst mich an!« herrschte mich Babuschka weiter an. »Einen Diener zur Begrüßung machst du wohl nicht mehr? Bist du inzwischen so eingebildet, daß du es nicht mehr nötig hast? Oder erkennst du mich nicht wieder? Hörst du, Potapytsch«, mit diesen Worten wandte sie sich an einen schlohweißen alten Mann im Frack, mit weißer Halsbinde und rosiger Glatze, ihren Haushofmeister, der sie auf ihrer voyage begleitete, »hörst du, der erkennt mich nicht wieder! Begraben haben sie mich schon! Ein Telegramm nach dem anderen haben sie geschickt: Ist sie schon tot oder immer noch nicht? Ich weiß doch alles! Und bin, wie du siehst, gesund und munter.«

»Aber Erbarmen, Antonida Wassiljewna, warum sollte ausgerechnet ich Ihnen etwas Böses wünschen?« antwortete ich vergnügt, sobald ich zu mir kam. »Ich war nur erstaunt ... Aber wie sollte man sich nicht wundern, wenn Sie so unerwartet ...«

»Und was findest du daran so erstaunlich? Ich stieg einfach ein und fuhr los. In dem Waggon hat man es bequem, es fährt sich ganz ruhig. Warst du jetzt spazieren, oder?«

»Ja, auf dem Weg zum Kursaal.«

»Hier ist es schön«, sagte die Babuschka, wobei sie sich umsah, »warm, und die Bäume ganz prächtig. Das gefällt mir! Sind die Unsrigen zu Hause? Auch der General?«

»Oh! Zu Hause, um diese Zeit sind sie bestimmt alle zu Hause.«

»Aha, sie leben hier sogar nach der Uhr und beachten alle Zeremonien? Den guten Ton? Sie sollen eine eigene Equipage halten, wie ich hörte, les seigneurs russes! Wenn das Geld ausgegangen ist, ab ins Ausland! Und Praskowja ist auch dabei?«

»Ja, Polina Alexandrowna ist auch hier.«

»Und der mickrige Franzose? Na ja, ich werde sie alle selbst in Augenschein nehmen. Alexej Iwanowitsch, führ uns direkt zu ihm. Und du? Hast du es hier gut?«

»Es geht, Antonida Wassiljewna.«

»Und du, Potapytsch, sag diesem Esel, dem Kellner, sie müssen mir ein bequemes Appartement geben, ein gutes, nicht zu hoch, und mein Gepäck soll sofort dahin gebracht werden. Und warum reißen sich alle darum, mich zu tragen? Warum drängen sie sich auf? Die wahren Sklaven! Und wen hast du dabei?« Mit dieser Frage wandte sie sich wieder an mich.

»Das ist Mister Astley«, antwortete ich.

»Was für ein Mister Astley?«

»Ein Reisender, ein guter Bekannter von mir; er ist auch mit dem General bekannt.«

»Engländer. Deshalb wendet er keinen Blick von mir ab und kriegt die Zähne nicht auseinander. Übrigens, ich mag die Engländer. So, und nun schleppt mich nach oben, direkt ins Appartement; wo stecken die denn?«

Die Prozession mit Babuschka setzte sich in Bewegung; ich schritt auf der breiten Hoteltreppe voran. Unser Zug war überaus effektvoll. Alle, die uns begegneten, blieben stehen und rissen die Augen auf. Unser Hotel galt als das beste, das teuerste und das aristokratischste des ganzen Heilbads. Im Treppenhaus und in den Gängen begegnete man immerfort prächtigen Damen und bedeutenden Engländern. Viele erkundigten sich unten bei dem Oberkellner, der seinerseits tief beeindruckt war. Natürlich antwortete er auf alle Fragen, es sei eine vornehme Ausländerin, une russe, une comtesse, une grande dame, und sie beziehe dasselbe Appartement, das erst vor einer Woche la grande duchesse de N bewohnt habe. Die herrische und imposante Haltung der Großmutter, die in ihrem Rollstuhl getragen wurde, war die eigentliche Ursache der von ihr ausgehenden Wirkung. Mit einem abschätzenden Blick maß sie jede Person, die uns begegnete, und verlangte laut von mir eine eingehende Auskunft. Babuschka gehörte zu dem kräftigen Menschenschlag, und obwohl sie sich niemals aus ihrem Rollstuhl erhob, ahnte man bei ihrem Anblick, daß sie ziemlich stattlich gewachsen war. Der Rücken war gerade wie ein Brett (sie pflegte sich nie anzulehnen). Der große, ergraute Kopf mit den kräftigen und scharfen Gesichtszügen stets hoch aufgerichtet; der Blick sogar überheblich und herausfordernd, alles machte deutlich, daß der Blick und die Gesten völlig absichtslos waren. Ungeachtet ihrer fünfundsiebzig Jahre war das Gesicht ziemlich frisch, sogar die Zähne waren nicht besonders mitgenommen. Sie trug ein schwarzes Seidenkleid und ein weißes Häubchen.

»Sie interessiert mich außerordentlich«, flüsterte mir Mister Astley zu, der neben mir die Treppe hinaufstieg.

“Über die Telegramme ist sie unterrichtet”, dachte ich. “Des Grieux ist ihr auch bekannt, aber über Mademoiselle Blanche weiß sie noch wenig.” Dies teilte ich sofort Mister Astley mit.

Ich bin ein schlechter Mensch! Kaum hatte sich mein erstes Staunen gelegt, freute ich mich schrecklich auf den Blitz, der im nächsten Augenblick bei dem General einschlagen würde. Irgend etwas schien mich aufzustacheln, und außerordentlich frohgemut schritt ich allen voran.

Die Unsrigen waren im zweiten Obergeschoß untergebracht; ich ließ uns nicht anmelden und unterließ sogar das Anklopfen, sondern riß die Tür kurzerhand auf, und Babuschka wurde im Triumph hereingetragen. Sie hatten sich alle, wie bestellt, im Kabinett des Generals versammelt. Es war zwölf, und man war, wie es schien, gerade dabei, einen bevorstehenden Ausflug zu besprechen, die einen in Kutschen, die anderen zu Pferde, ein gemeinsames Unternehmen mit einigen eingeladenen Bekannten. Außer dem General und Polina mit den Kindern und deren Wärterin befanden sich im Kabinett des Generals Mademoiselle Blanche, wieder im Reitkleid, ihre Mutter, Madame la veuve de Cominges, der kleine Fürst und ein reisender Gelehrter, ein Deutscher, den ich bei ihnen noch nie gesehen hatte. Den Rollstuhl mit Babuschka stellte man einfach in der Mitte des Kabinetts, drei Schritt vor dem General, ab. Mein Gott, ich werde diesen Eindruck niemals vergessen! Vor unserem Erscheinen hatte der General etwas erzählt, und des Grieux hatte ihn gelegentlich korrigiert. Ich muß hinzufügen, daß Mademoiselle Blanche und des Grieux bereits seit zwei oder drei Tagen dem kleinen Fürsten aus irgendeinem Grund geflissentlich den Hof machten, à la barbe du pauvre général, und die Gesellschaft sich in einer, vielleicht forcierten, aber durchaus heiter gelösten und vertraulichen Stimmung befand. Der General erstarrte beim Anblick Babuschkas, riß plötzlich den Mund auf und stockte mitten im Wort. Er sah sie aus weit aufgerissenen Augen an, wie von einem Basiliskenblick getroffen. Babuschka fixierte ihn gleichfalls schweigend und regungslos – aber was war das für ein triumphierender, herausfordernder und höhnischer Blick! Sie blickten nicht weniger als zehn Sekunden einander in die Augen, unter tiefem Schweigen aller Anwesenden. Des Grieux schien anfangs wie versteinert, aber bald verzog sich sein Gesicht in zuckender Unruhe. Mademoiselle Blanche hob die Brauen, öffnete den Mund und musterte Babuschka entgeistert. Der Fürst und der Gelehrte betrachteten das Tableau völlig verständnislos. Polinas Blick drückte zuerst größtes Erstaunen und Ratlosigkeit aus, plötzlich wurde sie kreidebleich, bis eine Minute darauf ihr das Blut ins Gesicht schoß und ihre Wangen erglühen ließ. Ja, das war eine Katastrophe, für alle! Ich wußte nichts Besseres, als meine Augen zwischen Babuschka und den anderen hin und her wandern zu lassen. Mister Astley stand abseits, nach seiner Gewohnheit, gelassen und ruhig.

»Und nun bin ich da! Statt des Telegramms!« platzte endlich Babuschka im allgemeinen Schweigen heraus. »Das habt ihr wohl nicht erwartet?«

»Antonida Wassiljewna ... verehrte Tante ... aber auf welche Weise ...«, stammelte der unglückselige General. Hätte die Großmutter noch einige Sekunden länger geschwiegen, hätte ihn womöglich der Schlag gerührt.

»Was heißt ›auf welche Weise‹? Ich bin einfach eingestiegen und losgefahren. Wozu haben wir eine Eisenbahn? Ihr habt wohl alle etwas anderes erwartet: ich hätte das Zeitliche gesegnet und euch das Erbe hinterlassen? Ich weiß doch, wie du von hier aus ein Telegramm nach dem anderen geschickt hast. Die haben dich eine Menge Geld gekostet, das kann ich mir vorstellen. Von hier wird das nicht billig sein. Darum habe ich mein Reisebündel geschnürt und mich auf den Weg gemacht. Ist das dieser Franzose? Monsieur des Grieux, glaube ich?«

»Oui, madame«, des Grieux belebte sich, »et croyez, je suis si enchanté ... votre santé ... c'est un miracle ... vous voir ici ... une surprise charmante ...«

»Von wegen charmante; ich kenne dich, du Schelm, ich traue dir nicht einmal so viel!« und sie zeigte ihm den kleinen Finger. »Was ist das für eine?« Sie deutete auf Mademoiselle Blanche. Die effektvolle Französin im Reitkleid, mit der Peitsche in der Hand, machte auf sie offensichtlich einen großen Eindruck. »Eine hiesige?«

»Das ist Mademoiselle Blanche de Cominges, und hier ist auch ihre Frau Mutter, Madame de Cominges; sie logieren in diesem Hotel«, meldete ich.

»Verheiratet? Ich meine, die Tochter?« erkundigte sich Babuschka völlig ungeniert.

»Mademoiselle de Cominges ist unvermählt«, antwortete ich, möglichst ehrerbietig und mit Bedacht halblaut.

»Eine Lustige?«

Ich verstand die Frage zuerst nicht.

»Man langweilt sich nicht mit ihr? Versteht sie Russisch? Des Grieux hat bei uns in Moskau einiges aufgeschnappt und kann ein wenig radebrechen, mehr schlecht als recht.«

Ich erklärte ihr, daß Mademoiselle de Cominges noch nie in Rußland gewesen sei.

»Bonjour!« sagte Babuschka, plötzlich und unvermittelt an Mademoiselle Blanche gewandt.

»Bonjour, Madame«, Mademoiselle Blanche zelebrierte einen eleganten Knicks, wobei sie nicht versäumte, unter dem Schein außerordentlicher Bescheidenheit und Höflichkeit mit jedem Gesichtsausdruck und jeder Bewegung ihre außerordentliche Verblüffung über eine derart seltsame Frage und Behandlung zum Ausdruck zu bringen.

»Aha, die schlägt die Augen nieder, es geht um Manieren, Zeremonien; man sieht sofort, was das für ein Vogel ist; eine Schauspielerin. Ich bin in diesem Hotel unten abgestiegen«, wandte sie sich plötzlich wieder an den General. »Wir werden Nachbarn sein; freust du dich, oder freust du dich nicht?«

»Oh, verehrte Tante! Vertrauen Sie den aufrichtigsten Gefühlen … meines Vergnügens«, fuhr der General fort. Er war inzwischen wieder zur Besinnung gekommen, und da er durchaus in der Lage war, bei Gelegenheit das passende Wort zu treffen und bedeutend, mit Anspruch auf einen gewissen Effekt, zu reden, fühlte er sich auch jetzt bereit, eine längere Rede vom Stapel zu lassen. »Wir waren so beunruhigt und betroffen über die Nachrichten Ihres Unwohlseins. Wir erhielten solche trostlosen Telegramme, und plötzlich ...«

»Du schwindelst, du schwindelst ja!« fiel ihm Babuschka sofort ins Wort.

»Aber auf welche Weise«, unterbrach sie der General seinerseits, sogar mit erhobener Stimme, offensichtlich bemüht, dieses »du schwindelst« zu ignorieren, »aber auf welche Weise haben Sie sich dennoch zu einer solchen Reise entschlossen? Sie müssen doch zugeben, daß in Ihrem Alter und bei Ihrem Gesundheitszustand ... geschah das so unerwartet, daß unsere Verwunderung verständlich ist. Aber ich freue mich so ... und wir alle«, (hier begann er gerührt und entzückt zu lächeln), »werden uns alle Mühe geben, die hiesige Saison Ihnen zum angenehmsten Zeitvertreib zu machen ...«

»Nun, das reicht; alles leeres Geschwätz; ein Redeschwall nach deiner Gewohnheit; ich werde schon selber wissen, wie ich hier meine Zeit verbringe. Übrigens habe ich nichts gegen euch; ich bin nicht nachtragend. ›Auf welche Weise‹ hast du mich gefragt? Was ist denn daran erstaunlich? Auf die allereinfachste Weise. Es gibt für niemand einen Grund, sich zu wundern. Guten Tag, Praskowja. Was machst du denn hier?«

»Guten Tag, Babuschka«, sagte Polina und trat auf sie zu. »Sind Sie schon lange unterwegs?«

»So, du hast mich am gescheitesten gefragt, sonst nichts außer ach und ach! Siehst du: Ich lag und lag, und die haben kuriert und kuriert, bis ich die Ärzte davongejagt habe und den Küster von Nikóla kommen ließ. Der hat eine Bäuerin mit Heublumen von derselben Krankheit geheilt. Na ja, und der hat auch mir geholfen; am übernächsten Tag hatte ich geschwitzt und habe das Bett verlassen. Darauf haben sich meine Deutschen versammelt, ihre Brillen aufgesetzt und gesagt: ›Wenn man jetzt‹, haben sie gesagt ›im Ausland, in einem Bad, eine Kur machen würde, könnte die Verstopfung im Blut sich gänzlich auflösen.‹ Warum denn nicht, dachte ich. Die Saschigins, diese dummen Ziegen, gerieten in Aufregung: ›Aber Sie würden‹, sagten sie, ›die Reise nicht überstehen!‹ Na, so was! An einem Tag war alles gepackt, und am Freitag letzte Woche bin ich mit dem Kammermädchen, mit Potapytsch und Fjodor, dem Lakaien, losgefahren und habe in Berlin diesen Fjodor wieder zurückgeschickt, weil ich sah, daß er überflüssig war, daß ich mutterseelenallein hätte fahren können ... Ein extra Waggon, Gepäckträger auf allen Bahnhöfen, für zwanzig Kopeken tragen sie dich, wohin du willst! Sieh mal einer an, was für ein Quartier ihr hier bewohnt!« sagte sie, indem sie sich umschaute. »Wo nimmst du das Geld her, mein Lieber? Du hast doch alles verpfändet. Allein bei diesem Franzmann hast du ja Riesenschulden! Ich bin über alles im Bilde, über alles!«

»Ich, liebe Tante ...«, begann der General höchst verlegen, »ich muß mich wundern, liebe Tante, ... mir scheint, ich kann auch ohne irgendwelche Kontrolle ... zudem übersteigen meine Ausgaben meine Mittel keineswegs, und wir sind hier ...«

»Die übersteigen deine Mittel keineswegs? Gut gesagt! Wahrscheinlich hast du die Kinder schon um das Letzte gebracht – ein schöner Vormund!«

»Nach solchen Reden, nach solchen Worten ...«, begann der General entrüstet, »weiß ich wirklich nicht ...«

»Das ist es ja, daß du nicht weißt! Wahrscheinlich kommst du hier vom Roulette nicht mehr los. Bist du inzwischen blank?«

Der General war dermaßen verblüfft, daß er unter dem Ansturm seiner erregten Gefühle sich um ein Haar verschluckt hätte.

»Roulette! Ich? In meiner Position ... Ich? Besinnen Sie sich doch, liebe Tante, vielleicht fühlen Sie sich immer noch nicht recht wohl ...«

»Bla-bla, schon wieder bla-bla! Wahrscheinlich bist du dort nicht mit Gewalt wegzukriegen; bla-bla! Ich werde das mal ansehen, was das ist, das Roulette, heute noch. Und du, Praskowja, mußt mir erzählen, was es hier zu besichtigen gibt, und Alexej Iwanowitsch wird mir alles zeigen, und du, Potapytsch, schreibst alle Orte auf, zu denen wir fahren müssen. Was wird hier besichtigt?« wandte sie sich wieder an Polina.

»Hier in der Nähe gibt es die Schloßruine, und dann den Schlangenberg.«

»Was für ein Schlangenberg? Ein Hain? Oder?«

»Nein, kein Hain, ein Berg. Dort ist der Point ...«

»Was für ein Point?«

»Der höchste Punkt auf einem Berg, der von einem Geländer umgeben ist. Die Sicht von dort ist unvergleichlich.«

»Man muß also den Rollstuhl den Berg hinauftragen, schafft man das oder nicht?«

»Oh, solche Dienstleute lassen sich bestimmt finden«, antwortete ich.

Inzwischen war Fedossja, die Kinderfrau, erschienen, um Babuschka zu begrüßen und ihr die Generalskinder vorzuführen.

»Schon gut, bloß keine Küßchen! Ich küsse mich nicht gern mit kleinen Kindern: Die Kinder haben immer Rotznasen. Nun, wie geht's dir hier, Fedossja?«

»Hier ist es über alle Maßen, über alle Maßen schön, Mütterchen Antonida Wassiljewna«, antwortete Fedossja. »Aber wie ist es Ihnen gegangen? Wir haben uns Ihretwegen größte Sorgen gemacht.«

»Ich weiß es, du bist eine ehrliche Haut. Wer ist das, sind das alles eure Gäste?« wandte sie sich wieder an Polina. »Wer ist denn dieser Kümmerling mit der Brille?«

»Fürst Nilskij, Babuschka«, antwortete Polina flüsternd.

»O je, ein Russe? Und ich dachte, der versteht nichts! Vielleicht hat er es nicht gehört! Mister Astley habe ich schon gesehen. Da ist er ja wieder«, sagte Babuschka. »Guten Tag!« plötzlich bedachte sie ihn mit einem Gruß.

Mister Astley verneigte sich wortlos.

»Nun, was möchten Sie mir Gutes sagen? Sagen Sie mir doch etwas! Übersetze ihm das, Polina.«

Polina übersetzte.

»Dann sage ich Ihnen, daß ich Sie mit großem Vergnügen begrüße und mich freue, daß Sie bei guter Gesundheit sind«, antwortete Mister Astley ernst, aber ausgesprochen bereitwillig. Es wurde für Babuschka übersetzt, zu ihrem offensichtlichen Gefallen.

»Die Engländer antworten immer so gut«, bemerkte sie. »Ich habe schon immer aus irgendeinem Grund die Engländer gemocht, die sind mit den Franzmännern gar nicht zu vergleichen! Besuchen Sie mich«, wandte sie sich abermals an Mister Astley. »Ich werde mir Mühe geben, Ihnen nicht besonders lästig zu fallen. Übersetz ihm das, und sag ihm auch, daß ich hier unten bin, hier unten – hören Sie, hier unten, unten«, wiederholte sie und zeigte mit dem Finger nach unten.

Die Einladung schien Mister Astley außerordentlich angenehm zu sein.

Die Großmutter musterte Polina mit einem aufmerksamen und zufriedenen Blick vom Scheitel bis zur Sohle.

»Ich hätte dich, Praskowja, ins Herz geschlossen«, sagte sie plötzlich, »du bist ein prachtvolles Mädchen, besser als die alle, aber dein Charakter – o je! Aber ich hab' ja auch einen Charakter; dreh dich mal um; trägst du eigentlich jetzt einen falschen Zopf?«

»Nein, Großmutter, es ist mein eigener.«

»Das ist gut, ich kann die heutige dumme Mode nicht ausstehen. Schön bist du über die Maßen, ich würde mich in dich verlieben, wenn ich ein Kavalier wäre. Warum heiratest du nicht? Jetzt wird es Zeit für mich. Und ich möchte auch an die frische Luft, immer im Waggon, immer im Waggon ... Was ist mit dir, ärgerst du dich immer noch?« wandte sie sich an den General.

»Aber ich bitte, liebe Tante, nicht doch!« beteuerte der General erfreut, »ich verstehe doch, in Ihrem Alter ...«

»Cette vieille est tombée en enfance«, flüsterte mir des Grieux zu.

»Ich will mir hier alles genau ansehen. Kannst du mir Alexej Iwanowitsch abtreten?« fragte die Großmutter den General.

»Oh, ganz wie Sie wünschen, aber ich möchte auch selbst ... und Polina, und Monsieur des Grieux ... wir alle, uns allen wird es ein Vergnügen sein, Sie zu begleiten.«

»Mais, madame, cela sera un plaisir ...«, versicherte des Grieux mit einem bezaubernden Lächeln.

»So, so, un plaisir. Dich finde ich komisch, mein Guter. Geld aber wirst du übrigens von mir keines bekommen«, fuhr sie plötzlich mit einem Blick auf den General fort. »Also, jetzt in mein Appartement: Es muß besichtigt werden, und anschließend machen wir uns auf den Weg zu allen Sehenswürdigkeiten. Also, los.«

Babuschka wurde wieder hochgehoben, und die ganze Schar machte sich auf den Weg, immer hinter dem Rollstuhl die Treppe hinunter. Der General ging, wie von einem Keulenschlag auf den Kopf betäubt. Des Grieux schien zu überlegen. Mademoiselle Blanche wollte schon zurückbleiben, besann sich aber aus irgendeinem Grunde und folgte den anderen. Der Fürst schloß sich ihr sofort an, und so blieben oben, im Appartement des Generals, nur der Deutsche und Madame la veuve Cominges zurück.

KAPITEL X

In den Bädern, und – wie es scheint – in ganz Europa, lassen sich Hoteliers und Oberkellner bei der Zuteilung der Zimmer weniger von den Wünschen und Forderungen der Gäste als vielmehr von ihrem eigenen, persönlichen Dafürhalten leiten; und man muß bemerken, sie irren sich selten. Aber Babuschka hatte man aus einem unbekannten Grunde ein so großartiges Appartement zugedacht, daß es des Guten zuviel war: vier luxuriös eingerichtete Zimmer, Bad, Unterkünfte für die Dienerschaft, Raum für die Zofe und so weiter und so weiter. Es war die Wahrheit, daß in diesem Appartement eine Woche vorher eine grande-duchesse residiert hatte, was natürlich den neuen Gästen sogleich unterbreitet wurde, um den Preis für das Appartement zu steigern. Babuschka wurde durch alle Zimmer getragen, das heißt, gerollt, und nahm deren Einrichtung aufmerksam und streng in Augenschein. Der Oberkellner, ein schon älterer, glatzköpfiger Mann, begleitete sie ehrerbietig bei dieser ersten Besichtigung.

Ich weiß nicht, für wen sie alle Babuschka gehalten haben, aber jedenfalls für eine außerordentlich vornehme und, vor allem, wie es schien, märchenhaft reiche Person. Ins Gästebuch trug man sofort ein: »Madame la générale princesse de Tarassévitcheva«, wiewohl die Babuschka niemals Fürstin gewesen war. Die eigene Dienerschaft, das besondere Abteil im Waggon, die Unmenge unnötiger kleiner und großer Koffer und sogar Truhen, die mit Babuschka eingetroffen waren, trugen von Anfang an zu ihrem Prestige bei; der Rollstuhl, der scharfe Ton Babuschkas und ihre Stimme, ihre exzentrischen Fragen, die sie mit einem ungenierten und nicht den leisesten Einwand duldenden Ausdruck stellte, kurz, ihre gesamte Erscheinung – direkt, scharf, gebieterisch – machte die ihr allgemein entgegengebrachte Ehrfurcht vollkommen. Bei der Besichtigung ließ die Großmutter plötzlich den Rollstuhl anhalten, deutete dann auf irgendein Stück der Einrichtung und wandte sich mit überraschenden Fragen an den ergeben lächelnden, aber inzwischen schon eingeschüchterten Oberkellner. Babuschka bediente sich bei ihren Fragen der französischen Sprache, die sie übrigens nur ziemlich mangelhaft beherrschte, so daß ich sie meistens übersetzte. Die Antworten des Oberkellners fanden nur selten ihren Beifall und schienen ihr unbefriedigend. Aber sie fragte auch gleichsam nicht zur Sache, sondern zusammenhanglos. Plötzlich ließ sie zum Beispiel vor einem Gemälde halten, einer ziemlich schwachen Kopie eines berühmten Originals mit mythologischem Sujet.

»Wessen Portrait ist das?«

Der Oberkellner erklärte, es handele sich wahrscheinlich um eine Gräfin.

»Das weißt du nicht? Du lebst hier und weißt das nicht. Warum hängt es hier? Warum schielt die?«

Der Oberkellner war außerstande, alle diese Fragen zufriedenstellend zu beantworten, und wurde wirklich verlegen.

»Dieser Dummkopf!« kommentierte Babuschka auf russisch.

Sie wurde weitergeschoben. Dasselbe wiederholte sich bei einer kleinen Figur aus Meißner Porzellan, die Babuschka zuerst lange betrachtete und dann auf der Stelle entfernen ließ, wobei der Grund unbekannt blieb. Schließlich ließ sie nicht locker mit der Frage an den Oberkellner, wieviel die Teppiche im Schlafzimmer gekostet hätten und wo sie hergestellt würden? Der Oberkellner versprach, sich danach zu erkundigen.

»Diese Esel!« knurrte Babuschka und widmete darauf ihr ganzes Interesse dem Bett.

»Was für ein pompöser Himmel! Schlagt ihn mal zurück.«

Das Bett wurde aufgeschlagen.

»Weiter, weiter, ganz zurück. Kissen hochnehmen. Bezüge abziehen, Plumeau hochheben.«

Jedes Stück wurde umgedreht. Babuschka musterte alles aufmerksam.

»Es ist ein Glück, daß sie keine Wanzen haben. Die ganze Wäsche abziehen! Das Bett mit meiner eigenen Wäsche beziehen und meine Kissen auflegen. Eigentlich ist das alles viel zu prächtig, was soll ich altes Weib in einer solchen Wohnung: Man langweilt sich, wenn man allein ist. Alexej Iwanowitsch, du mußt mich häufiger besuchen, wenn du mit dem Unterricht der Kinder fertig bist.«

»Ich bin seit gestern bei dem General nicht mehr in Stellung«, antwortete ich. »Ich wohne im Hotel ganz für mich.«

»Wieso denn das?«

»Dieser Tage ist hier ein vornehmer deutscher Baron mit seiner Gemahlin, der Baronin, aus Berlin angekommen. Ich hatte ihn gestern auf der Promenade deutsch angesprochen, mich aber nicht an die Berliner Aussprache gehalten.«

»Na, und was weiter?«

»Er hielt das für eine Dreistigkeit und beschwerte sich bei dem General, und der General hat mich noch gestern entlassen.«

»Hast du den etwa beschimpft, den Baron, oder? (Und wenn du ihn auch beschimpft hättest, macht nichts!)«

»Oh, nein. Ganz im Gegenteil, der Baron hat mich mit seinem Stock bedroht.«

»Und du, du Jammerlappen, hast es dir gefallen lassen, daß man so mit deinem Lehrer umgeht«, wandte sie sich plötzlich an den General, »und hast ihn auch noch entlassen! Ihr seid Schlafmützen. Ihr seid Schlafmützen, Schlafmützen, einer wie der andere, das sehe ich schon.«

»Machen Sie sich keine Sorgen, liebe Tante«, antwortete der General, in einem gewissen hochmütig-familiären Tonfall, »ich bin durchaus in der Lage, meine Angelegenheiten selbst zu regeln. Außerdem hat Alexej Iwanowitsch das Geschehen nicht ganz genau wiedergegeben.«

»Und du hast es dir ohne weiteres gefallen lassen?« wandte sie sich an mich.

»Ich war bereit, den Baron zu fordern«, antwortete ich möglichst bescheiden und gelassen, »aber der General war dagegen.«

»Und warum warst du dagegen?« wandte sich die Großmutter an den General. (»Und du, mein Lieber, kannst gehen und kommst wieder, wenn man dich ruft«, damit meinte sie den Oberkellner; »es ist sinnlos, mit aufgesperrtem Maul hier rumzustehen. Ich kann diese Lebkuchenvisage nicht ausstehen!«) Der Oberkellner verbeugte sich und ging, natürlich ohne das Kompliment der Großmutter verstanden zu haben.

»Ich bitte Sie, liebe Tante, ist ein Duell heute noch angebracht?« entgegnete der General mit einem spöttischen Lächeln.

»Und warum soll es nicht angebracht sein? Die Männer sind allesamt Hähne; die sollen ruhig kämpfen. Ihr seid alle Schlafmützen, alle, wie ich euch so sehe, und könnt für euer Vaterland nicht eintreten. So, und jetzt hoch! Potapytsch, sorge dafür, daß zwei Männer ständig zur Stelle sind, besprich das, und mach es mit ihnen aus. Wir brauchen nicht mehr als zwei zum Tragen. Getragen werden muß nur auf den Treppen, auf der ebenen Erde, auf der Straße – da kann man rollen, das mußt du ihnen erklären; und sie auch im voraus bezahlen, damit sie mehr Achtung vor uns haben. Du selbst mußt immer an meiner Seite bleiben, und du, Alexej Iwanowitsch, wirst mir diesen Baron auf der Promenade zeigen: Was ist das für ein von Baron, den möchte ich wenigstens angucken. Na also, wo ist denn dieses Roulette?«

Ich erklärte, daß die Roulettetische sich im Kurhaus befänden, in den Sälen. Darauf folgten weitere Fragen: Wie viele solcher Tische gibt es? Wie viele Spieler beteiligen sich an einem Spiel? Wird den ganzen Tag gespielt? Wie sind diese Tische eingerichtet? Schließlich antwortete ich, daß man am besten alles mit eigenen Augen ansehen solle und eine richtige Beschreibung ziemlich kompliziert sei.

»Dann bringt mich sofort hin! Du gehst uns voran, Alexej Iwanowitsch!«

»Aber wie soll das gehen, liebe Tante, möchten Sie nicht einmal von der Reise ausruhen?« fragte der General besorgt. Er wurde sichtlich unruhig, auch die anderen machten einen irgendwie hilflosen Eindruck und sahen einander immer wieder verlegen an. Wahrscheinlich fanden sie es einigermaßen peinlich, sogar fatal, Babuschka geradewegs ins Kurhaus zu begleiten, wo sie, versteht sich, durch allerlei Exzentrisches auffallen müßte, aber nun in aller Öffentlichkeit, indessen hatten sie sich alle aus freien Stücken erboten, sie zu begleiten.

»Warum sollte ich mich ausruhen? Ich bin doch nicht müde. Ich habe ohnehin fünf Tage nur still herumgesessen. Und danach wollen wir uns ansehen, was für Quellen hier sind und wo man das Heilwasser trinkt. Und dann … dann gibt es hier auch … wie heißt das doch … Hast du, Praskowja, nicht gesagt ›der Point‹? Ist das richtig?«

»Ja, der Point, Babuschka.«

»Also, der Point. Meinetwegen der Point. Und was gibt es hier noch?«

»Hier gibt es viele Sehenswürdigkeiten …«, Polina fiel nichts mehr ein.

»Na also, du weißt es selber nicht! Marfa, du kommst mit«, sagte sie zu ihrer Zofe.

»Aber was soll denn sie dabei, liebe Tante?« Der General geriet plötzlich in große Aufregung. »Das ist einfach unmöglich; auch Ihren Potapytsch wird man kaum in das Kurhaus hereinlassen.«

»Quatsch! Bloß weil sie eine Dienerin ist, soll ich sie einfach wegschicken! Sie ist doch auch ein lebendiger Mensch! Wir treiben uns bereits seit einer ganzen Woche in der Welt herum, es ist doch verständlich, daß auch sie etwas sehen möchte. Mit wem könnte sie so etwas wagen, außer mit meiner Person? Sie wird doch alleine nicht einmal die Nasenspitze zum Fenster hinausstrecken.«

»Aber Babuschka …«

»Genierst du dich etwa, dich in meiner Begleitung zu zeigen? Dann bleib eben zu Hause, du bist sowieso überflüssig. Du bist mir ein schöner General, ich bin ja auch selber Generalin. Warum wollt ihr mir alle auf Schritt und Tritt folgen, wie ein Schwanz? Ich kann mir mit Alexej Iwanowitsch allein alles ansehen …«

Aber des Grieux bestand mit Entschiedenheit darauf, daß alle sie begleiten müßten, und erging sich in liebenswürdigsten Worten über das Vergnügen, sie zu begleiten, und so weiter. Unser Zug setzte sich in Bewegung.

»Elle est tombée en enfance«, wiederholte des Grieux, zum General gewandt. »Seule, elle fera des bêtises …« Weiteres entging mir, aber in ihm keimten offensichtlich irgendwelche neuen Pläne, womöglich regten sich auch neue Hoffnungen.

Bis zum Kurhaus hatten wir eine halbe Werst zu gehen. Unser Weg führte durch die Kastanienallee zu dem Square, hinter dem der Eingang zum Kurhaus lag. Der General hatte sich ein wenig beruhigt, denn unsere Prozession wirkte zwar ziemlich exzentrisch, aber dennoch recht sittsam und hoch anständig. Die Tatsache, daß in einem Heilbad ein kranker, geschwächter, gelähmter Mensch auftauchte, hatte an sich nichts Erstaunliches. Aber der General scheute offensichtlich das Casino: Was sollte ein kranker Mensch, gelähmt und noch dazu eine alte Dame, am Roulettetisch? Polina und Mademoiselle Blanche flankierten den Rollstuhl. Mademoiselle Blanche lachte, war bei aller Zurückhaltung gut gelaunt und erlaubte sich gelegentlich einen liebenswürdigen Scherz mit Babuschka. Polina, auf der anderen Seite, fiel die Aufgabe zu, jeden Augenblick auf die unzähligen Fragen der Großmutter zu antworten. Zum Beispiel: »Wer ist da gerade vorbeigegangen? Wer ist die Frau, die gerade vorbeifährt? Wie groß ist die Stadt? Wie groß ist der Garten? Wie heißen diese Bäume? Was sind das für Berge? Gibt es hier Adler, fliegen sie herum? Was ist das für ein komisches Dach?« Mister Astley, der neben mir ging, flüsterte mir zu, daß er von diesem Vormittag manches erwarte. Potapytsch und Marfa gingen hinter dem Rollstuhl – Potapytsch im Frack und mit weißer Binde, aber mit einer Schirmmütze auf dem Kopf, und Marfa – ein vierzigjähriges rotbackiges, aber bereits ergrauendes Mädchen – mit Häubchen, Kattunkleid und knarrenden Ziegenlederstiefeln. Babuschka wandte sich sehr oft nach ihnen um und redete mit ihnen. Des Grieux und der General waren ein wenig zurückgeblieben und unterhielten sich eifrig. Der General war sehr niedergeschlagen. Des Grieux redete mit großer Entschlossenheit. Vielleicht sprach er dem General Mut zu; er beriet ihn, das war offensichtlich. Aber Babuschka hatte ja vorhin den fatalen Satz ausgesprochen: »Geld wirst du von mir keines bekommen.« Möglicherweise hatte des Grieux diese Ankündigung nicht für die Wahrheit gehalten, aber der General kannte seine liebe Tante. Mir war aufgefallen, daß des Grieux und Mademoiselle Blanche einander immer noch zuzwinkerten. Den Fürsten und den deutschen Reisenden sah ich ganz am Ende der Allee; sie waren zurückgeblieben und hatten einen eigenen Weg eingeschlagen.

Das Kurhaus betraten wir im Triumph. Der Portier und die Lakaien legten dieselbe Ehrerbietung an den Tag wie das Hotelpersonal. Ihre Blicke verrieten jedoch eine gewisse Neugier. Zuerst befahl Babuschka, sie durch sämtliche Räume zu rollen; einige lobte sie, andere betrachtete sie völlig gleichgültig; unermüdlich erkundigte sie sich nach allem und jedem. Schließlich erreichten wir auch die Spielsäle. Der Diener, der vor der geschlossenen Tür Posten stand, riß, offenbar verblüfft, plötzlich beide Türen auf.

Das Erscheinen Babuschkas im Roulettesaal machte einen tiefen Eindruck auf das Publikum. An den Roulettetischen und am anderen Ende des Saals, wo sich der Tisch für trente et quarante befand, drängten sich in mehreren Reihen an die anderthalb- bis zweihundert Spieler. Jene, die das Glück haben, bis zum Tisch durchzudringen, bleiben üblicherweise unverrückbar stehen und geben ihren Platz erst dann frei, wenn sie alles verspielt haben; bloßes Zuschauen und unbeteiligtes Besetzen eines Spielerplatzes ist nicht gestattet. Wiewohl der Tisch ringsum von Stühlen umgeben ist, nehmen nur wenige Spieler darauf Platz, zumal bei dem großen Publikumsandrang, weil man stehend weniger Raum beansprucht, folglich schneller an einen Platz kommt und außerdem bequemer seinen Einsatz machen kann.

Die zweite und die dritte Reihe drängen sich hinter der ersten nach, beobachten und warten auf eine günstige Gelegenheit; aber vor lauter Ungeduld streckt mancher den Arm durch die erste Reihe hindurch, um seinen Einsatz zu machen. Sogar aus der dritten Reihe gelingt es einzelnen geschickt, ihr Geld nach vorne zu schieben; deshalb dauert es kaum zehn und sogar nicht einmal fünf Minuten, bis es an irgendeiner Stelle des Tisches wegen eines unklaren Einsatzes zu einer »Geschichte« kommt. Die Kurhauspolizei funktioniert übrigens recht gut. Die Enge ist natürlich nicht zu vermeiden; im Gegenteil, man freut sich über den Andrang des Publikums, denn das bedeutet Profit; aber die acht Croupiers rings um den Tisch müssen die Einsätze beobachten, abrechnen und bei entstehenden Streitigkeiten schlichten. Im äußersten Fall ruft man die Polizei, und dann ist die Sache in Minutenschnelle entschieden. Die Polizisten befinden sich an Ort und Stelle, im Saal, in zivil, unter den Zuschauern, so daß sie nicht auffallen. Sie haben ganz besonders die Taschendiebe und Gauner im Auge, die das Roulette bevorzugen, da dort die Ausübung ihres Gewerbes besonders verlockend ist. In der Tat, überall auf der Welt gilt es ja, sich entweder aus fremden Taschen zu bedienen oder einen Einbruch zu begehen, was im Falle des Mißlingens ein recht übles Ende nehmen kann. Hier aber braucht man nur einfach an den Casinotisch zu treten, sich hinzusetzen und plötzlich ganz offen und selbstverständlich nach einem fremden Gewinn zu greifen und ihn in die eigene Tasche zu befördern; kommt es zum Streit, behauptet der Gauner lauthals und felsenfest, daß es sich um seinen eigenen Einsatz handele. Wenn der Dieb geschickt ist und die Zeugen schwanken, gelingt es ihm sehr oft, das Geld zu behalten – freilich nur, wenn die Summe nicht sehr bedeutend ist. Ist sie bedeutend, wird sie in der Regel von den Croupiers oder von einem der anwesenden Spieler von Anfang an besonders beachtet. Ist aber die Summe nicht so bedeutend, verzichtet ihr wirklicher Besitzer sogar oft, vor einem Skandal zurückschreckend, auf eine Fortsetzung des Streits und entfernt sich. Gelingt es aber, den Dieb zu überführen, wird er mit Schimpf und Schande aus dem Saal verbannt.

Dies alles beobachtete Babuschka aus einem gewissen Abstand, aber mit glühender Neugier. Es gefiel ihr sehr, daß Diebe hinausgeführt wurden. Trente et quarante fand sie nicht besonders spannend; das Roulette und das rollende Kügelchen gefielen ihr weit mehr. Schließlich wünschte sie, dieses Spiel aus der Nähe zu beobachten. Ich weiß nicht mehr, wie es zuging, aber einigen Lakaien und anderen eifrigen Agenten (vorwiegend Polen, die ihr Geld verspielt hatten und nun den glücklicheren Spielern und Ausländern ihre Hilfe aufdrängten) gelang es sofort, für Babuschka genau in der Mitte des Tisches, direkt neben den Hauptcroupiers, einen Platz zu finden, freizuhalten, ungeachtet des furchtbaren Gedränges, und sie in ihrem Rollstuhl dorthin zu schieben. Sofort drängte sich eine Vielzahl von Besuchern, die selbst nicht gesetzt, aber das Spiel beobachtet hatten (vorwiegend Engländer mit ihren Familien), zu diesem Tisch, um hinter den Spielern Babuschka zu erspähen. Zahlreiche Lorgnons richteten sich auf sie. Die Croupiers schöpften Hoffnung: Ein dermaßen exzentrischer Spieler schien tatsächlich Außerordentliches zu versprechen. Eine siebzigjährige Frau im Rollstuhl, die zu spielen wünscht – das war kein alltäglicher Fall. Ich drängte mich ebenfalls an den Tisch und bezog Position neben Babuschka. Potapytsch und Marfa standen irgendwo weit abseits, im Gedränge. Der General, Polina, des Grieux und Mademoiselle Blanche hielten sich gleichfalls abseits unter den Zuschauern auf.

Babuschka musterte zuerst die Spieler. Sie überschüttete mich mit scharfen, abgehackten, halb geflüsterten Fragen: Was ist das für einer? Und was ist die für eine? Einen besonderen Gefallen fand sie an einem ganz jungen Mann, der am anderen Tischende sehr hoch spielte, mit Einsätzen von Tausendern, und bereits, wie ringsum geflüstert wurde, schon an die vierzigtausend Francs gewonnen hatte, die vor ihm aufgehäuft lagen, in Gold und Scheinen. Er war bleich; seine Augen funkelten, seine Hände zitterten; er setzte schon ohne jedes Nachdenken, soviel er mit der Hand greifen konnte, indessen gewann er wieder und wieder, und scharrte und scharrte das Geld zusammen. Die Saaldiener waren um ihn emsig bemüht, rückten ihm von hinten einen Lehnstuhl heran, sorgten dafür, daß er sich weniger beengt fühlte und nicht gestoßen wurde – alles in Erwartung einer großzügigen Belohnung. Manche Spieler, die größere Summen gewinnen, geben gelegentlich Trinkgeld, ohne es abzuzählen, einfach so, aus lauter Freude, so viel, wie sie mit der Hand in der Tasche zu fassen bekommen. An der Seite des jungen Mannes hatte sich bereits ein kleiner Pole niedergelassen, der sich emsig um ihn bemühte und ehrerbietig, aber ununterbrochen ihm ins Ohr flüsterte, wahrscheinlich Ratschläge und Korrekturen zum Spiel – ebenfalls in Erwartung einer darauf folgenden angemessenen Zuwendung. Aber der Spieler würdigte ihn kaum eines Blicks, setzte blindlings und strich immer weiter ein. Er war offenbar kaum bei Sinnen.

Babuschka beobachtete ihn einige Minuten lang.

»Sag ihm«, plötzlich fuhr Babuschka erregt auf und stieß mich an, »sag ihm, er soll Schluß machen, sag ihm, er soll sein Geld so schnell wie möglich verstauen und gehen. Er wird es verspielen, er wird im nächsten Augenblick alles verspielen!« Vor lauter Aufregung bekam sie kaum noch Luft. »Wo ist Potapytsch? Man soll Potapytsch zu ihm schicken! Aber sag es ihm doch, sag ihm doch«, sie stieß mich immer wieder an. »Wirklich, wo steckt denn dieser Potapytsch! Sortez! Sortez!« rief sie nun selber dem jungen Mann zu. Ich beugte mich zu ihr und flüsterte ihr sehr bestimmt zu, daß hier ein so lautes Rufen verboten und sogar eine Unterhaltung mit voller Stimme nicht erlaubt sei, weil man dabei nicht rechnen könne, und daß man uns im nächsten Augenblick hinausweisen würde.

»Wie ärgerlich! Der Mensch ist verloren, das heißt, es ist ja sein Wille ... ich mag ihn gar nicht ansehen, mir wird richtig schwindlig. Dieser Dummkopf!« – und Babuschka wandte sich schnell der anderen Seite zu.

Dort, links, am anderen Ende des Tisches, fiel unter den Spielern eine junge Dame auf, und an ihrer Seite ein Zwerg. Wer dieser Zwerg war, weiß ich nicht: vielleicht ein Verwandter, vielleicht war er nur wegen des Effekts von ihr mitgenommen worden. Diese Dame war mir schon früher aufgefallen; sie erschien täglich um ein Uhr mittags am Spieltisch und entfernte sich pünktlich um zwei; jeden Tag spielte sie eine Stunde. Sie war schon bekannt und wurde sofort mit einem Sessel bedient. Sie holte aus einer Rocktasche ein Paar Goldmünzen, einige Tausend-Francs-Noten und begann zu setzen, ruhig, kaltblütig, überlegt, wobei sie mit einem Bleistift auf einem Zettel die Zahlen notierte, um das System zu ergründen, nach welchem im Moment sich die Chancen gruppierten. Ihre Einsätze waren bedeutend, jeden Tag gewann sie eintausend, zweitausend, dreitausend, nicht mehr und nicht weniger, und zog sich nach dem Gewinn unverzüglich zurück. Babuschka beobachtete sie lange.

»Na ja, diese wird nicht verlieren! Die da wird nicht verlieren! Was ist das für eine? Du weißt es nicht? Wer wird sie sein?«

»Eine Französin, wahrscheinlich, von der gewissen Sorte«, flüsterte ich.

»Aha, schon am Flug erkennt man das Vögelchen. Die hat scharfe Krallen. Und jetzt erklär's mir, was jedes Umdrehen bedeutet und wie man setzt.«

Ich erklärte Babuschka, so gut es ging, die zahlreichen Kombinationen beim Setzen, rouge et noire, pair et impair, manque et passe und zum Schluß die verschiedenen Subtilitäten im Zahlensystem. Babuschka hörte aufmerksam zu, versuchte zu behalten, stellte viele Fragen und prägte sich die Antworten ein. Für jedes Einsatzsystem konnte man auf der Stelle ein Beispiel zeigen, so daß vieles sich sehr leicht und schnell begreifen und behalten ließ. Babuschka zeigte sich äußerst zufrieden.

»Und was ist Zéro? Da hat doch dieser Croupier, der Lokkenkopf, der Anführer, gerade Zéro gerufen? Und warum hat er alles zusammengerecht, was eben gerade auf dem Tisch lag? Diesen ganzen Haufen hat er für sich genommen? Was soll das?«

»Weil das Zéro, Babuschka, nichts anderes bedeutet als den Gewinn der Bank. Wenn die kleine Kugel auf Zéro fällt, gehört alles, was sich auf dem Tisch befindet, der Bank, ohne Abzug. Allerdings darf noch einmal gesetzt werden, aber die Bank zahlt nichts.«

»So was! Ich bekomme also gar nichts?«

»Nein, Babuschka; wenn Sie davor auf Zéro gesetzt hätten und wenn Zéro dann gekommen wäre, hätte man Ihnen das Fünfunddreißigfache ausgezahlt.«

»Wie! Das Fünfunddreißigfache! Und das kommt oft vor? Und warum setzen sie, diese Dummköpfe, nicht auf Zéro?«

»Sechsunddreißig Chancen sprechen dagegen, Babuschka.«

»Quatsch! Potapytsch! Potapytsch! Moment, ich habe ja selbst Geld, hier!« Sie zog aus der Rocktasche eine vollgestopfte Börse und entnahm ihr einen Friedrichsdor. »Hier, setz sofort auf Zéro.«

»Babuschka, Zéro ist gerade erst gekommen«, sagte ich, »also dauert es lange, bis es wieder kommt, Sie werden viel umsonst setzen; warten Sie wenigstens ein wenig.«

»Red nicht, setz!«

»Wie Sie wünschen, aber es ist möglich, daß Zéro bis zum Abend nicht kommt, Sie werden gut und gern einen Tausender verspielen, das ist schon vorgekommen.«

»Quatsch, alles Quatsch! Fürchtest du den Wolf – geh nicht in den Wald. Wie? Verloren? Noch mal setzen!«

Wir verspielten auch den zweiten Friedrichsdor und setzten einen dritten. Babuschka hielt nur mit Mühe auf ihrem Platz aus, sie verschlang förmlich mit glühenden Augen das auf den Zacken des rotierenden Rades springende Kügelchen. Wir verspielten auch den dritten. Babuschka war außer sich, hielt es kaum auf ihrem Platz aus und hieb sogar einmal mit der Faust auf den Tisch, als der Croupier »trente six« statt des erwarteten Zéro verkündete.

»Den hat aber ...!« wütete Babuschka, »will nun dieses verflixte Zéro nicht endlich kommen? Und kostet's mich mein Leben, ich bleibe bis zu diesem Zéro hier sitzen! Dieser verwünschte Lockenkopf von Croupier ist an allem schuld, bei dem kommt das Zéro nie und nimmer! Alexej Iwanowitsch, setz zwei Goldene auf einmal! Du hast so wenig gesetzt, daß wir, auch wenn das Zéro gekommen wäre, nichts gewonnen hätten.«

»Babuschka!«

»Setzen, setzen! Nicht dein Geld.«

Ich setzte zwei Friedrichsdor. Die Kugel flog lange über das Rad, endlich begann sie über die Zacken zu springen. Babuschka, atemlos, hielt krampfhaft meine Hand, und plötzlich – aha!

»Zéro«, verkündete der Croupier.

»Siehst du, siehst du!« Babuschka wandte sich blitzschnell zu mir, strahlend und zufrieden. »Ich hab's dir gesagt! Ich hab's dir gesagt! Unser Herr und Schöpfer hat mich darauf gebracht, die zwei Goldenen zu setzen! Also, wieviel bekomme ich jetzt? Wieso zahlen sie nicht aus? Potapytsch, Marfa, wo steckt ihr? Wieso sind sie alle gegangen? Potapytsch, Potapytsch!«

»Babuschka, später«, flüsterte ich. »Potapytsch steht an der Tür, man läßt ihn nicht herein. Sehen Sie, Babuschka, jetzt zahlt man Ihnen das Geld aus, nehmen Sie es in Empfang!« Es waren eine gewichtige, in blaues Papier eingewickelte Rolle mit fünfzig Friedrichsdor und noch weitere zwanzig, nicht eingerollte. Das alles schaufelte ich vor Babuschka zusammen.

»Faites le jeu, messieurs! Faites le jeu, messieurs! Rien ne va plus!« rief der Croupier, zum Setzen auffordernd und schon im Begriff, die Scheibe zu drehen.

»Mein Gott! Wir sind zu spät! Er wird gleich losdrehen! Setz doch, setz!« Babuschka war außer sich, »nicht so lahm, schneller«, und stieß mich immer heftiger in die Seite.

»Aber worauf soll ich setzen, Babuschka?«

»Auf Zéro, auf Zéro! Wieder auf Zéro! So viel wie möglich! Wieviel haben wir im ganzen? Siebzig Friedrichsdor? Weg damit, setz jedesmal zwanzig Friedrichsdor auf einmal.«

»Überlegen Sie doch, Babuschka! Zéro kommt manchmal zweihundert Spiele hintereinander nicht! Ich versichere Ihnen, Sie können Ihr ganzes Kapital verspielen.«

»Quatsch, Quatsch, setz! Du hast eine flinke Zunge! Aber

ich weiß, was ich tue!« Vor lauter Erregung zitterte Babuschka sogar am ganzen Leibe.

»Nach der Regel darf man nicht mehr als zwölf Friedrichsdor auf Zéro setzen. Und die habe ich gerade gesetzt.«

»Wieso darf man nicht? Willst du mich etwa beschwindeln? Musje! Musje!« Sie stieß mehrmals den Croupier an, der unmittelbar links neben ihr saß und sich anschickte, das Rad in Bewegung zu setzen: »Combien Zéro? Douze? Douze?«

Ich beeilte mich, ihre Frage auf französisch zu erklären.

»Oui, madame«, bestätigte der Croupier höflich, »ebenso wie jede einfache Chance den Einsatz von viertausend Gulden nicht übersteigen darf, laut Regeln«, fügte er erklärend hinzu.

»Nun, nichts zu machen, setz die zwölf.«

»Le jeu est fait!« rief der Croupier. Die Scheibe drehte sich, und es kam – Dreizehn. Verloren!

»Noch mal! Noch mal! Noch mal! Setz noch mal!« rief Babuschka. Ich widersprach nicht mehr und setzte achselzuckend weitere zwölf Friedrichsdor. Das Rad drehte sich lange. Babuschka ließ, am ganzen Leib zitternd, das Rad nicht aus den Augen. "Glaubt sie denn wirklich, mit Zéro zu gewinnen?" dachte ich, während ich sie verwundert beobachtete. Die bedingungslose Überzeugung, sie werde gewinnen, strahlte auf ihrem Gesicht, die unerschütterliche Erwartung, daß im nächsten Augenblick ausgerufen werde: Zéro! Die Kugel sprang ins Fach.

»Zéro!« rief der Croupier.

»Na also!!!« Babuschka sah mich in unbeschreiblichem Triumph an.

Ich war selbst ein Spieler; eben in dieser Minute spürte ich es. Meine Hände und meine Knie zitterten, das Blut stieg mir zu Kopf. Natürlich, es war ein seltener Zufall, daß bei kaum zehn Spielen die Kugel dreimal auf Zéro fiel; doch etwas besonders Erstaunliches war es schließlich nicht. Ich war selbst Zeuge gewesen, als vorgestern das Zéro dreimal *hintereinander* kam, wobei einer der Spieler, der eifrig die Gewinnzahlen auf einem Zettel notierte, laut und vernehmlich bemerkte, daß erst gestern dieses Zéro den ganzen Tag nicht ein einziges Mal gekommen sei.

Mit Babuschka, die den größten Gewinn erspielt hatte, wurde ganz besonders zuvorkommend und ehrerbietig abgerechnet. Sie hatte vierhundertzwanzig Friedrichsdor zu erhalten, also viertausend Florins und zwanzig Friedrichsdor. Die zwanzig Friedrichsdor zahlte man ihr in Gold aus, die viertausend in Banknoten.

Aber diesmal rief Babuschka nicht mehr nach Potapytsch; sie war von etwas anderem fasziniert. Sie stieß sogar niemand mehr an und zitterte äußerlich nicht länger. Sie zitterte jetzt, wenn man so sagen darf, innerlich. Sie war ganz Konzentration, als habe sie ein Ziel ins Auge gefaßt.

»Alexej Iwanowitsch! Hat er gesagt, man darf auf einmal nur viertausend Gulden setzen? Hier, nimm sie, setz alle vier auf Rot«, befahl Babuschka.

Jeder Widerspruch war sinnlos. Das Rad drehte sich.

»Rouge!« verkündete der Croupier.

Wiederum ein Gewinn von viertausend Gulden, im ganzen also achttausend.

»Vier gibst du hierher, zu mir, und vier setzt du wieder auf Rot«, kommandierte Babuschka.

Ich setzte abermals viertausend.

»Rouge!« verkündete der Croupier von neuem.

»Insgesamt zwölftausend! Gib sie alle her. Das Gold kommt hierher, in den Geldbeutel, und die Banknoten mußt du einstecken. Genug! Nach Hause! Bringt mich hinaus!«

KAPITEL XI

Der Rollstuhl wurde zum Ausgang gefahren, an das andere Ende des Saals. Babuschka strahlte. Alle Unsrigen drängten sich sogleich mit Gratulationen um sie. Wie exzentrisch das Benehmen Babuschkas auch gewesen sein mochte, ihr Triumph machte vieles wieder gut, und der General befürchtete nicht mehr, sich durch verwandtschaftliche Beziehungen zu einer derart originellen Dame zu kompromittieren. Mit einem nachsichtigen und familiär-heiteren Lächeln, als gälte es einem Kind, brachte er Babuschka seine Gratulation dar. Übrigens war er, ebenso wie alle anderen Zuschauer, sichtlich verblüfft. Ringsum wurde von ihr gesprochen und auf sie gedeutet. Manche der Anwesenden defilierten vor ihr, um sie aus der Nähe zu betrachten. Mister Astley, ein wenig abseits, sprach mit zwei Engländern, seinen Bekannten, ebenfalls von ihr. Einige imposante Zuschauerinnen, Gesellschaftsdamen, musterten sie mit herablassender Verwunderung wie eine Kuriosität. Des Grieux überschlug sich förmlich vor lauter Glückwünschen und Lächeln.

»Quelle victoire!« sprach er.

»Mais, madame, c'était du feu!« fügte mit einschmeichelndem Lächeln Mademoiselle Blanche hinzu.

»Jawohl, da hab' ich schlicht und einfach zwölftausend Florin gewonnen! Ich sage zwölftausend, und das Gold? Mit dem Gold zusammen kommt es fast auf dreizehn. Wieviel ist das nach unserem Geld? An die sechstausend, oder?«

Ich meldete, daß es auf mehr als siebentausend kommen

würde und nach dem heutigen Kurs vielleicht sogar auf achttausend.

»Achttausend, das ist kein Spaß! Und ihr sitzt hier herum, ihr Schlafmützen, und rührt euch nicht! Potapytsch, Marfa, habt ihr so was schon gesehen?«

»Mütterchen, wie habt Ihr das gemacht? Achttausend Rubel«, rief Marfa, sich förmlich vor Begeisterung windend.

»Hier, nehmt, jeder von euch bekommt von mir fünf Goldstücke, hier!«

Potapytsch und Marfa überschütteten ihre Hände mit Küssen.

»Und jeder Träger bekommt einen Friedrichsdor. Gib jedem das Goldstück, Alexej Iwanowitsch. Warum macht dieser Lakai immerfort einen Diener und der andere auch? Ach so, die gratulieren? Gib auch ihnen je einen Friedrichsdor.«

»Madame la princesse ... un pauvre expatrié ... malheur continuel ... les princes russes sont si généreux ...« Eine Gestalt in abgetragenem Rock, bunter Weste, mit Schnurrbart und Schirmmütze in der Hand wich nicht von dem Rollstuhl, unentwegt ergeben lächelnd ...

»Der bekommt auch einen Friedrichsdor. Nein, zwei; jetzt reicht's, sonst nimmt es überhaupt kein Ende. Aufheben und vorwärts! Praskowja!« wandte sie sich an Polina. »Ich werde dir morgen Stoff für ein Kleid kaufen, und dieser Mademoiselle ... wie heißt sie noch, Mademoiselle Blanche, stimmt's, werde ich auch Stoff für ein Kleid kaufen. Übersetz ihr das, Praskowja!«

»Merci, madame«, Mademoiselle Blanche sank gerührt in einen Knicks, während sie mit des Grieux und dem General einen spöttischen Blick tauschte. Der General war ein wenig geniert und atmete förmlich auf, als wir endlich die Allee erreicht hatten.

»Fedossja, ich kann mir vorstellen, wie Fedossja staunen wird«, sagte Babuschka, als ihr die bereits erwähnte Wärterin der Generalskinder wieder einfiel. »Sie muß auch Stoff für ein Kleid bekommen. Paß auf, Alexej Iwanowitsch! Alexej Iwanowitsch, gib auch diesem Armen etwas!«

In der Allee kam uns ein völlig heruntergekommenes Subjekt mit einem krummen Rücken entgegen, das uns beim Vorübergehen fixierte.

»Aber das ist vielleicht gar kein Bettler, sondern irgendein Strolch, Babuschka.«

»Gib ihm trotzdem! Gib! Gib ihm einen Gulden!«

Ich trat auf ihn zu und reichte ihm die Münze. Er sah mich völlig verständnislos an, nahm aber schweigend den Gulden. Er roch nach Branntwein.

»Und du, Alexej Iwanowitsch, hast du dein Glück noch nicht versucht?«

»Nein, Babuschka.«

»Aber deine Augen haben förmlich geglüht, ich hab's gesehen.«

»Ich werde es noch versuchen, unbedingt, erst später.«

»Und dann mußt du unbedingt auf Zéro setzen! Du wirst schon sehen! Wie groß ist dein Kapital?«

»Alles in allem zwanzig Friedrichsdor, Babuschka.«

»Nicht viel. Fünfzig Friedrichsdor kann ich dir leihen, wenn du willst. Hier, diese Rolle, die kannst du nehmen, du aber, mein Guter, brauchst gar nicht zu warten, du bekommst gar nichts!« Die letzten Worte galten plötzlich dem General.

Dieser zuckte förmlich zusammen, sagte aber nichts. Des Grieux runzelte die Stirn.

»Que diable, c'est une terrible vieille!« zischte er dem General zu.

»Ein Bettler, ein Bettler, schon wieder ein Bettler!« schrie

Babuschka auf. »Alexej Iwanowitsch, der bekommt auch einen Gulden.«

Diesmal war es ein alter Mann mit ergrautem Haar und einem Stelzbein, in einem blauen, langschößigen Rock, mit einem langen Stock in der Hand. Er sah aus wie ein alter Soldat. Als ich ihm den Gulden reichte, wich er einen Schritt zurück und maß mich mit einem drohenden Blick.

»Was ist's, zum Teufel!« knurrte er; darauf folgte ein Dutzend von Verwünschungen.

»Dieser Dummkopf«, rief Babuschka und winkte ab. »Weiter! Ich bin hungrig! Wir wollen sofort essen, nach Tisch leg ich mich aufs Ohr, und dann wieder zurück.«

»Wollen Sie denn wieder spielen, Babuschka?« rief ich.

»Und was hast du dir vorgestellt? Soll ich mir etwa an euch ein Beispiel nehmen, nur weil ihr hier alle herumhockt und versauert?«

»Mais, madame«, des Grieux trat auf sie zu, »les chances peuvent tourner, une seule mauvaise chance et vous perdrez tout … surtout avec votre jeu … c'était terrible!«

»Vous perdrez absolument«, zwitscherte Mademoiselle Blanche.

»Und was geht euch alle das an? Wenn ich verspiele, ist es nicht euer Geld – mein eigenes! Und wo steckt dieser Mister Astley?« fragte sie mich.

»Der ist im Kurhaus geblieben, Babuschka.«

»Schade; ein wirklich guter Mensch.«

Als wir in unserem Hotel angelangt waren, winkte die Großmutter noch auf der Treppe einen Oberkellner herbei und rühmte sich ihres Glücks im Spiel; dann rief sie Fedossja, schenkte ihr drei Friedrichsdor und befahl, das Essen aufzutragen. Fedossja und Marfa wußten sich beim Bedienen vor Begeisterung kaum zu halten:

»Sehe ich euch an, Mütterchen, und frage Potapytsch«, schnatterte Marfa, »was unsere Herrin jetzt bloß anstellen wird. Und auf dem Tisch nichts wie Geld, nichts wie Geld, o je! Mein Lebtag habe ich nicht so viel Geld gesehen, und rings um den Tisch nichts wie Herrschaften, lauter Herrschaften! Und von wo, sage ich Potapytsch, kommen all diese Herrschaften hierher? Und da denke ich bei mir, möge ihr doch die Mutter Gottes selber beistehen! Und da bete ich für Euch, Gnädige, und mein Herz klopft zum Zerspringen und klopft immerfort, und da beginn ich zu zittern und zittere von Kopf bis Fuß. Hilf ihr doch, Herr im Himmel, denke ich, und schon hat der Herr im Himmel sie beschenkt. Und jetzt, Mütterchen, zittere ich immer noch, und das am ganzen Leib.«

»Alexej Iwanowitsch, nach dem Mittagessen, gegen vier, halte dich bereit, dann ziehen wir los. Und jetzt einstweilen adieu, vergiß bloß nicht, mir irgendeinen Kurpfuscher zu schicken, man muß ja hier auch Brunnen trinken. Sonst vergißt man das unversehens.«

Ich verließ Babuschka wie betäubt. Ich versuchte mir vorzustellen, was jetzt mit den Unsrigen geschehen würde und mit welcher Wendung man zu rechnen hätte. Ich sah ganz klar, daß sie (vor allem der General) immer noch nicht recht zu sich gekommen waren und sich nicht einmal von dem ersten Eindruck erholt hatten. Die Tatsache des leiblichen Erscheinens Babuschkas statt des stündlich erwarteten Telegramms mit der Nachricht von ihrem Tod (und folglich auch von dem Erbe) hatte das gesamte System ihrer Pläne und bereits gefaßten Entschlüsse so gründlich über den Haufen geworfen, daß sie alle völlig fassungslos und fast wie zu Säulen erstarrt auf die Aussicht weiterer Heldentaten Babuschkas am Spieltisch apathisch reagierten. Indessen war aber diese zweite

Tatsache fast noch bedeutsamer als die erste, denn obwohl die Großmutter schon zweimal wiederholt hatte, daß sie dem General kein Geld geben werde, war noch alles offen – jedenfalls sollte man die Hoffnung noch nicht gänzlich verlieren. Ebensowenig wie des Grieux, der offenkundig an sämtlichen Angelegenheiten des Generals interessiert war. Ich bin sicher, daß auch Mademoiselle Blanche, ihrerseits ausgesprochen interessiert (nämlich: Frau Generalin und bedeutende Erbschaft!), die Hoffnung noch nicht aufgegeben und sämtliche Verführungskünste der Koketterie im Umgang mit der Babuschka ins Spiel gebracht hatte, letzteres im Gegensatz zu der störrischen und stolzen Polina, die sich nie einzuschmeicheln verstand. Aber jetzt, jetzt, nachdem Babuschka solche Heldentaten beim Roulettespiel vollbracht, jetzt, nachdem sich die Persönlichkeit Babuschkas so eindeutig und typisch (ein widerspenstiges, herrschsüchtiges altes Weib, et tombée en enfance) gezeigt hatte, jetzt war möglicherweise alles verloren: Denn jetzt freut sie sich kindisch über ihre Entdekkung und wird, wie es die Regel ist, alles auf Heller und Pfennig verlieren. "Mein Gott!" dachte ich (mit dem, vergib mir der Allmächtige, mit dem schadenfrohesten Lächeln), "mein Gott! Aber jeder Friedrichsdor, den Babuschka vorhin aufs Spiel gesetzt hatte, mußte ein Stich in das Herz des Generals gewesen sein, des Grieux rasend gemacht und Mademoiselle de Cominges, der man den Löffel am Mund vorbeiführte, an den Rand der Beherrschung gebracht haben. Und noch eine weitere Tatsache: Selbst nach dem Gewinn, selbst in der freudigen Stimmung, als Babuschka jeden Fremden für einen Bettler gehalten und alle beschenkt hatte, selbst da fuhr sie den General an: ›Du aber bekommst doch nichts von mir!‹ Das bedeutet: Sie bleibt bei diesem Gedanken, hartnäckig, sie muß es sich geschworen haben; gefährlich! gefährlich!"

Alle diese Überlegungen gingen mir durch den Kopf, als ich über die Prunktreppe von Babuschka hinaufging in die oberste Etage, in mein Kämmerchen. All das beschäftigte mich außerordentlich; wiewohl ich auch schon früher die wichtigsten armdicken Fäden vermutete, die die Akteure vor mir untereinander verbanden, waren mir dennoch alle Züge und Geheimnisse dieses Spieles verborgen geblieben. Polina hatte mir niemals ihr ganzes Vertrauen geschenkt. Obwohl sie mir mitunter, gleichsam unwillkürlich, einen Blick in ihr Herz gewährt hatte, mußte ich bemerken, daß sie vielfach, fast sogar immer nach solchen Offenbarungen, alles Gesagte entweder ins Lächerliche zog oder es verwirrte und absichtlich unglaubwürdig machte. Oh! Sie verschwieg vieles! Ich ahnte jedenfalls, daß das Finale dieses geheimnisvollen und spannungsgeladenen Zustandes nicht mehr lange auf sich warten lassen würde. Noch ein Schlag – und alles würde sein Ende finden und offenbar werden. Über mein eigenes Los, wiewohl ich in dieses ganze Geschehen einbezogen war, machte ich mir fast gar keine Sorgen. Ich war in einer seltsamen Stimmung: mit ganzen zwanzig Friedrichsdor in der Tasche; in einem fremden fernen Land, ohne Beschäftigung, ohne jegliche Existenzmittel, ohne Hoffnung, ohne Zukunftsaussichten und – und ohne die leisesten Sorgen darüber! Wäre nicht der Gedanke an Polina gewesen, ich hätte die Komik der bevorstehenden Lösung aller Knoten ungeteilt genossen und schallend gelacht. Aber Polina macht mich unsicher; ihr Los wird sich entscheiden, das fühle ich deutlich voraus, aber, offengestanden, es ist nicht ihr Los, das mich beunruhigt. Und ich möchte nicht nur in ihre Geheimnisse eindringen; ich möchte, daß sie zu mir kommt und sagt: »Aber ich liebe dich doch«, und wenn das nicht geschieht, wenn diese Verrücktheit undenkbar ist, dann ... ja, was bleibt dann noch zu wünschen?

Weiß ich denn, was ich wünschen soll? Ich habe selbst die Contenance verloren; ich möchte nichts anderes als in ihrer Nähe sein, in ihrer Aureole, in ihrem Lichtkranz, ewig, immer, lebenslang. Weiter weiß ich nichts! Und wie könnte ich sie verlassen?

Im dritten Stockwerk, in ihrem Gang, spürte ich so etwas wie einen Stoß. Ich wandte mich um und sah in etwa zwanzig oder mehr Schritt Polina, die gerade aus einer Tür trat. Sie schien gewartet, auf mich gewartet zu haben und winkte mich sogleich heran.

»Polina Alexandrowna …«

»Leise!« warnte sie.

»Stellen Sie sich vor«, flüsterte ich, »es war mir soeben, als hätte mich jemand angestoßen, ich drehe mich um – und da sind Sie! Als strömte eine Elektrizität von Ihnen aus!«

»Nehmen Sie diesen Brief«, sagte Polina, die besorgt und abweisend schien und offensichtlich meine Worte überhört hatte, »und übergeben sie ihn Mister Astley persönlich. Sofort. So schnell wie möglich, ich bitte Sie. Eine Antwort ist nicht nötig. Er selbst wird …«

Sie brach den Satz ab.

»Mister Astley?« fragte ich verdutzt.

Aber Polina war bereits hinter der Tür verschwunden.

“Aha, sie stehen also in Briefkontakt!” Ich machte mich selbstverständlich sofort auf den Weg, um Mister Astley ausfindig zu machen, zuerst in seinem Hotel, wo er nicht anzutreffen war, dann im Kurhaus, im Laufschritt durch alle Säle, und schließlich ärgerlich und beinahe verzweifelt auf dem Heimweg, wo ich ihn völlig zufällig in einer Kavalkade irgendwelcher Engländer und Engländerinnen entdeckte, hoch zu Roß. Ich machte ihm ein Zeichen, er hielt an, und ich überreichte ihm den Brief. Wir hatten kaum Zeit, auch nur einen

Blick zu wechseln. Ich vermute aber, daß Mister Astley seinem Pferd die Sporen nicht unbedacht gegeben hat.

War es Eifersucht, was mich quälte? Jedenfalls fühlte ich mich völlig zerschlagen. Ich wollte mich nicht einmal vergewissern, was sie einander schrieben. Also, er ist ihr Vertrauter! "Freund oder nicht Freund", dachte ich, "das ist klar (wann hat er die Gelegenheit dazu genutzt), aber ist nicht auch Liebe dabei?" – "Natürlich nicht", flüsterte mir der Verstand zu. Aber in solchen Fällen kommt man mit dem Verstand allein nicht weiter. In jedem Fall forderte auch dies eine weitere Aufklärung. Die Sache wurde auf unangenehme Weise komplizierter.

Kaum hatte ich das Hotel betreten, als der Portier und der aus seinem Raum auftauchende Oberkellner auf mich zustürzten und mir mitteilten, daß man nach mir verlange, mich suche und sich schon dreimal erkundigt habe, wo ich denn steckte – man bitte mich unverzüglich in das Appartement des Generals. Ich war in der allerübelsten Laune. Im Kabinett des Generals fand ich, außer dem General selbst, des Grieux und Mademoiselle Blanche vor, letztere allein, ohne Maman. Diese Maman war entschieden eine Strohpuppe, die nur der Repräsentation zu dienen hatte; wurde das *Geschäft* einmal ernst, so handelte Mademoiselle Blanche ganz alleine. Es war auch kaum anzunehmen, daß sie in die Geschäfte ihrer sogenannten Tochter eingeweiht war.

Sie mußten zu dritt sich in eine hitzige Debatte verwickelt und sogar die Tür des Kabinetts abgeschlossen haben, was ganz gegen die Gewohnheit war. Als ich mich der Tür näherte, hörte ich die lauten Stimmen – den dreisten, giftigen Ton von des Grieux, das ordinäre, aggressive Kreischen von Mademoiselle Blanche und die kleinlaute Stimme des Generals, der sich offensichtlich zu rechtfertigen suchte. Bei meinem Erscheinen schienen sie alle sich zusammenzunehmen, um ihre Erregung, so gut es ging, zu kaschieren. Des Grieux strich sich über das Haar und setzte sein Lächeln auf, jenes üble, offiziell-höfliche französische Lächeln, das mir so verhaßt ist. Der niedergeschlagene und völlig verwirrte General nahm Haltung an, aber irgendwie mechanisch. Allein Mademoiselle Blanche war lediglich verstummt, ohne ihre in blankem Zorn funkelnde Physiognomie zu verändern, und starrte mich ungeduldig an. Es sei an dieser Stelle vermerkt, daß sie mich bis dahin unglaublich nachlässig behandelt hatte und sogar meinen Gruß unbeantwortet ließ – sie übersah mich einfach.

»Alexej Iwanowitsch«, begann der General im Ton eines liebevollen Vorwurfs, »gestatten Sie mir die Bemerkung, daß es sonderbar ist, im höchsten Maße sonderbar … daß Ihr Verhalten gegenüber meiner Person und meiner Familie, mit einem Wort, im höchsten Maße sonderbar …«

»Eh! Ce n'est pas ça«, unterbrach ihn des Grieux ärgerlich und verächtlich. (Kein Zweifel, er war hier der alleinige Herr und Meister!) »Mon cher monsieur, notre cher général se trompe, wenn er einen solchen Ton anschlägt«, (ich setze seine Rede auf russisch fort), »aber er wollte Ihnen sagen … das heißt, Sie darauf aufmerksam machen oder besser gesagt Sie inständigst bitten, ihn nicht zugrunde richten zu wollen – ja, ja, nicht zugrunde richten! Ich wähle gerade diesen Ausdruck mit Bedacht, weil …«

»Aber wieso, wieso denn!« fiel ich ihm ins Wort.

»Aber ich bitte Sie, Sie maßen sich die Leitung (oder wie soll man es anders ausdrücken?) dieser Greisin an, cette pauvre, terrible vieille«, des Grieux selbst verlor den Faden, »aber sie wird doch alles verlieren; sie wird alles verlieren, alles! Sie haben es doch selbst gesehen, Sie waren Zeuge ihres Spiels! Wenn sie zum ersten Mal verliert, wird sie vom Spieltisch nicht mehr weichen, aus Eigensinn, aus Bosheit, sie wird spielen und spielen, und da man in solchen Fällen das Verlorene niemals wiedergewinnt, so – so …«

»So werden Sie«, sekundierte der General, »so werden Sie die ganze Familie zugrunde richten! Ich und meine Nachkommen – wir sind ihre Erben, sie hat keine näheren Verwandten. Ich will Ihnen gestehen: Um meine Verhältnisse steht es schlecht, außerordentlich schlecht. Sie wissen es ja zum Teil selbst … Wenn sie eine bedeutende Summe oder sogar, möglicherweise, das gesamte Vermögen (oh, Gott!) verspielen sollte, was wird dann mit ihnen, mit meinen Kindern, geschehen?« (mit einem Blick auf des Grieux) – »und mit mir!« (Sein Blick suchte Mademoiselle Blanche, die sich verächtlich von ihm abwandte.) »Alexej Iwanowitsch, retten Sie, retten Sie uns! …«

»Aber wie denn, General, sagen Sie, was könnte ich … ausgerechnet ich, habe ich denn hier überhaupt etwas zu sagen?«

»Weigern Sie sich, weigern Sie sich, ihr zu helfen, überlassen Sie die Alte ihrem Schicksal …!«

»Dann wird sich ein anderer finden!« rief ich.

»Ce n'est pas ça, ce n'est pas ça«, mischte sich wiederum des Grieux ein. »Que diable! Nein, Sie sollen sie keineswegs ihrem Schicksal überlassen, sondern wenigstens versuchen, ihr ins Gewissen zu reden, abzulenken, zu überreden … Nun, und schließlich, sie an den zu hohen Verlusten zu hindern, sie irgendwie abzulenken.«

»Aber wie soll das gehen? Wenn Sie selbst es versuchen wollten, wie wäre denn das, Monsieur des Grieux«, fügte ich möglichst harmlos hinzu.

Da bemerkte ich einen raschen, feurigen, fragenden Blick, den Mademoiselle Blanche auf des Grieux richtete. In dessen

Gesicht zeigte sich für den Bruchteil eines Augenblicks etwas Besonderes, etwas Echtes, das er nicht unterdrücken konnte.

»Das ist es ja, daß sie mich jetzt nicht gelten läßt!« rief des Grieux und winkte ab. »Wenn sie es täte … irgendwann später …«

Des Grieux warf plötzlich Mademoiselle Blanche einen bedeutsamen Blick zu.

»Oh, mon cher monsieur Alexis, soyez si bon«, mit einem bezaubernden Lächeln trat Mademoiselle Blanche *höchstpersönlich* auf mich zu, ergriff meine beiden Hände und drückte sie fest. Hol's der Teufel! Dieses diabolische Gesicht konnte sich in Sekundenschnelle verwandeln. In diesem Augenblick war es ein derart flehendes, ein derart liebes, kindlich-lächelndes und sogar verschmitztes; am Ende ihres Satzes zwinkerte sie mir sogar spitzbübisch zu, heimlich vor allen anderen; wollte sie mir etwa auf der Stelle den Boden unter den Füßen wegziehen? Das war gekonnt, allerdings entsetzlich unverfroren.

Der General tat es ihr nach mit einem Satz – er tat es ihr buchstäblich nach.

»Alexej Iwanowitsch, Verzeihung, daß ich vorhin so begonnen habe, es war aber nicht so gemeint … Ich bitte Sie, ich flehe Sie an … ich mache vor Ihnen eine tiefe, eine russische Verbeugung – aber Sie sind der einzige, der einzige, der uns retten kann! Ich und Mademoiselle de Cominges flehen Sie an – Sie verstehen, Sie verstehen mich doch?« flehte er, indem er einen vielsagenden Blick auf Mademoiselle Blanche warf. Er wirkte ausgesprochen jämmerlich.

In diesem Augenblick wurde dreimal leise und respektvoll an die Tür geklopft; es wurde aufgemacht – geklopft hatte der Hoteldiener, und einige Schritte hinter ihm stand Potapytsch. Die Botschaft kam von Babuschka. Ich sollte gesucht und unverzüglich zu ihr gebracht werden; »sie zürnen«, setzte Potapytsch hinzu.

»Aber es ist doch erst halb vier!«

»Gnädige konnten nicht einschlafen, wälzten sich im Bett, erhoben sich plötzlich, verlangten den Rollstuhl und Sie. Jetzt sind sie bereits auf der Vortreppe, wenn's beliebt ...«

»Quelle mégère!« entfuhr es des Grieux.

Tatsächlich, ich fand Babuschka bereits auf der Vortreppe, außer sich vor Ungeduld, weil ich nicht zur Stelle war. Bis vier konnte sie nicht aushalten.

»Also los!« gab sie das Kommando, und wir begaben uns wieder zum Roulette.

KAPITEL XII

Babuschka war ungeduldiger und reizbarer Laune; es war zu merken, daß das Roulettespiel sich in ihrem Kopf festgesetzt hatte. Allem anderen gegenüber war sie unaufmerksam und schien überhaupt völlig zerstreut. Zum Beispiel gab es unterwegs nichts, wonach sie sich wie vormittags erkundigt hätte. Als sie eine wirklich luxuriöse Equipage sah, die wie der Wind an uns vorbeibrauste, hob sie zwar die Hand und fragte: »Was war das? Wem gehört sie?«, schien aber meine Antwort zu überhören; ihre Benommenheit wurde immer wieder durch hastige und mißmutige Bewegungen und Ausfälle unterbrochen. Als ich ihr von weitem, schon kurz vor dem Casino, Baron und Baronesse Wurmerhelm zeigte, sah sie zerstreut hin und ließ ein vollkommen gleichgültiges »Ah!« vernehmen, wandte sich plötzlich nach Potapytsch und Marfa um, die dem Rollstuhl folgten, und fuhr sie schroff an:

»Wieso seid ihr mitgekommen? Soll ich euch etwa jedes Mal mitnehmen? Marsch nach Hause! Du genügst mir vollkommen.« Letzteres galt mir, als die beiden sich eilig verneigt und den Heimweg angetreten hatten.

Im Casino wurde die Großmutter bereits erwartet. Sofort wurde ihr derselbe Platz eingeräumt, neben dem Croupier. Ich glaube, daß die Croupiers – die sich stets so formvollendet und als betont regelrechte Beamte geben, als ginge es sie nichts an, ob die Bank gewinnt oder verliert – im Grunde einem Verlust der Bank alles andere als gleichgültig gegenüberstehen und zweifellos über gewisse Instruktionen verfügen, wie Spieler gelockt und die Interessen der Bank fortlaufend gewahrt werden, wofür sie selbst sicherlich mit Preisen und Gratifikationen rechnen dürfen. Jedenfalls betrachtete man die Babuschka bereits als ein willkommenes Opfer. Worauf all das, was man vorausgesehen hatte, auch eintrat.

Und zwar ging das folgendermaßen vonstatten:

Babuschka begann unmittelbar mit dem Zéro und befahl mir, zwölf Friedrichsdor zu setzen, einmal, zweimal, dreimal – kein Zéro. »Setz, setz!« Vor Ungeduld stieß mich Babuschka jedes Mal an. Ich gehorchte.

»Wie oft haben wir gesetzt?« fragte sie schließlich, zähneknirschend vor Ungeduld.

»Jetzt sind es zwölf Mal, Babuschka. Hundertvierundvierzig Friedrichsdor haben wir verloren. Ich sage Ihnen, Babuschka, bis zum Abend können Sie …«

»Halt den Mund!« fiel mir Babuschka ins Wort. »Setz auf Zéro und zugleich auf Rot tausend Gulden. Hier ist der Schein, nimm.«

Rot gewann, aber Zéro war wieder geplatzt; tausend Gulden bekamen wir zurück.

»Siehst du, siehst du«, flüsterte Babuschka. »Wir haben fast alles, was wir gesetzt haben, zurückbekommen. Setz wieder auf zéro; wir setzen noch zehn Mal, und dann machen wir Schluß.«

Aber beim fünften Mal wurde Babuschka nachdenklich.

»Zum Teufel mit diesem elenden Zéro. Hier, setz alle viertausend auf Rot«, kommandierte sie.

»Babuschka, das ist viel zuviel; und was, wenn Rot nicht kommt?« beschwor ich sie; aber Babuschka wäre beinahe tätlich geworden. (Übrigens hatte sie mir immer wieder einen so festen Stoß versetzt, daß man mit Recht sagen könnte, sie wäre bereits tätlich geworden.) Es war nichts zu machen, ich setzte alle viertausend Gulden, die wir gerade gewonnen hatten, auf Rot. Das Rad drehte sich. Babuschka saß gelassen und stolz aufgerichtet da, ohne an ihrem Gewinn auch nur zu zweifeln.

»Zéro«, verkündete der Croupier.

Zuerst realisierte die Großmutter überhaupt nicht, was dies bedeutete, als sie aber sah, daß der Croupier ihre viertausend Gulden samt allem anderen auf dem Tisch einzog, und erfuhr, daß dieses Zéro, auf das wir vergeblich gesetzt hatten, ausgerechnet jetzt gekommen war, als Babuschka es beschimpft und zum Teufel geschickt hatte, da ächzte sie und schlug die Hände so laut zusammen, daß es im ganzen Saal zu hören war. Es wurde sogar gelacht.

»Herr im Himmel, ausgerechnet jetzt mußte es, verwünscht sei es, ausgerechnet jetzt kommen!« klagte sie. »Dreimal verwünscht! Und du bist schuld! An allem bist du schuld!« wandte sie sich an mich und versetzte mir einen Stoß nach dem anderen. »Du hast mir davon abgeraten.«

»Aber, Babuschka, das, was ich Ihnen gesagt habe, war richtig, aber wie kann ich die Verantwortung für sämtliche Chancen übernehmen?«

»Ich werde dir die Chancen heimzahlen!« flüsterte sie drohend. »Weg, weg mit dir, mach, daß du fortkommst.«

»Adieu, Babuschka«, ich wandte mich um und wollte gehen.

»Alexej Iwanowitsch, Alexej Iwanowitsch, bleib hier! Wohin, wohin willst du? Was ist denn los, was ist denn los? Er hat es mir übelgenommen! Ein Dummkopf bist du! Aber bleib doch, bleib doch noch ein Weilchen, nimm's mir nicht übel, ich bin selbst ein dummes Huhn! Und sag doch, was ich jetzt tun soll!«

»Ich möchte Ihnen nichts mehr raten, Babuschka, weil Sie

doch mir die Schuld in die Schuhe schieben. Spielen Sie selber; befehlen Sie, und ich werde setzen.«

»Schon gut, schon gut, setz noch mal viertausend Gulden auf Rot! Hier hast du die Brieftasche.« Sie zog aus der Rocktasche die Brieftasche und reichte sie mir. »Da, nimm sie, schnell, hier sind zwanzigtausend Rubel in bar.«

»Babuschka«, flüsterte ich, »solche Einsätze …«

»Und koste es mein Leben, ich will wieder gewinnen. Setz!«

Wir setzten und verloren.

»Setz, setz, setz alle acht!«

»Geht nicht, Babuschka, der größte Einsatz ist viertausend!«

»Nun, dann setz viertausend!«

Diesmal gewannen wir. Babuschka lebte auf.

»Siehst du, siehst du!« Sie stieß mich wiederholt. »Setz wieder vier!«

Wir setzten – und verloren; dann verloren wir wieder und wieder.

»Babuschka, alle zwölftausend sind weg«, meldete ich.

»Ich sehe sehr wohl, daß sie alle weg sind«, sagte sie gelassen, es war die Ruhe vor dem Sturm, wenn man so sagen will. »Ich sehe es, ich sehe es sehr wohl«, murmelte sie mit einem starren Blick, als überlege sie. »Ach! Und koste es mein Leben, aber setz noch einmal viertausend Gulden!«

»Es ist kein Geld mehr da, Großmutter; hier in der Brieftasche sind nur noch Wertpapiere zu fünf Prozent und irgendwelche Überweisungen, aber kein bares Geld.«

»Und im Portemonnaie?«

»Nur Kleingeld, Babuschka.«

»Gibt es hier Wechselstuben? Man hat mir gesagt, daß alle unsere Papiere gewechselt werden können«, fragte die Großmutter entschlossen.

»Oh, so viele Sie wünschen! Aber Sie werden dabei so viel verlieren, daß … daß selbst ein Jude sich entsetzen würde!«

»Unsinn! Ich werde gewinnen! Bring mich hin! Ruf diese Holzköpfe her!«

Ich schob den Rollstuhl hinaus, die Träger erschienen, und wir verließen das Casino.

»Schneller, schneller, schneller«, kommandierte die Großmutter. »Zeig uns den Weg, Alexej Iwanowitsch, möglichst den kürzesten … ist es weit?«

»Ein paar Schritte, Babuschka.«

Aber als wir aus dem Square in die Allee einbiegen wollten, begegneten wir unserer ganzen Gesellschaft: dem General, des Grieux, Mademoiselle Blanche samt ihrer Maman. Polina Alexandrowna war nicht dabei, Mister Astley ebenfalls nicht.

»Nu, nu, nu! Nicht stehenbleiben!« rief Großmutter. »Nu, was wollt ihr eigentlich? Ich habe jetzt keine Zeit für euch!«

Ich folgte dem Rollstuhl; des Grieux war mit einem Satz neben mir.

»Den ganzen Gewinn vom Vormittag und weitere zwölftausend verspielt. Wir sind unterwegs, um weitere Wertpapiere zu fünf Prozent flüssig zu machen«, flüsterte ich eilig.

Des Grieux stampfte auf und stürzte auf den General zu, um ihn zu unterrichten. Wir setzten unseren Weg mit der Großmutter fort.

»Halten Sie sie auf, halten Sie sie auf!« flüsterte mir der General völlig außer sich zu.

»Versuchen Sie doch, sie zurückzuhalten«, flüsterte ich zurück.

»Liebe Tante!« Der General kam näher. »Liebe Tante … wir wollen gleich … wir wollen gleich …«, seine Stimme zitterte und versagte, »eine Kutsche mieten und ins Grüne fahren ... Die entzückendste Aussicht ... ein Point ... wir sind unterwegs, um Sie einzuladen!«

»Ach was, bleib mir vom Leibe samt deinem Point!« Babuschka winkte gereizt ab.

»Dort ist ein Dörfchen ... wir werden dort den Tee nehmen ...«, fuhr der General fort, nun völlig verzweifelt.

»Nous boirons du lait, sur l'herbe fraîche«, fügte des Grieux mit animalischer Grausamkeit hinzu.

»Du lait, de l'herbe fraîche« – das ist der Inbegriff dessen, was der Pariser Bourgeois als ideale Idylle in seiner Seele trägt; darin liegt, wie bekannt, alles, was er unter »la nature et la vérité!« versteht.

»I-i-i, lass mich mit deiner Milch in Frieden! Sauf sie selber, ich bekomme davon nichts als Leibschmerzen. Was wollt ihr eigentlich von mir?!« schrie Babuschka. »Ich hab' doch gesagt, ich habe keine Zeit!«

»Wir sind da, Babuschka!« rief ich. »Hier ist es!«

Wir waren vor das Haus gerollt, in dem sich die Wechselstube befand. Ich ging hinein, um zu wechseln; die Großmutter wartete vor dem Eingang. Des Grieux, der General und Blanche waren ein paar Schritt zurückgeblieben, ahnungslos, was zu tun sei. Die Babuschka warf ihnen einen zornigen Blick zu, und sie setzten sich in Bewegung, auf dem Weg zum Kurhaus.

Der Kurs, zu dem man mir die Wertpapiere berechnen wollte, war so unverschämt, daß ich mich nicht entschließen konnte und zur Babuschka zurückkehrte, um mir weitere Instruktionen zu erbitten.

»Oh, diese Räuber!« rief sie und schlug die Hände zusammen. »Nun, gleichviel! Mach's!« rief sie entschlossen. »Moment, ruf mir doch mal diesen Bankier heraus!«

»Vielleicht einen seiner Clerks, Babuschka?«

»Dann eben einen dieser Clerks. Diese Räuber!«

Der Clerk erklärte sich bereit, meiner Bitte zu folgen, nachdem ich ihm gesagt hatte, daß es sich um eine betagte, kranke, gehbehinderte Gräfin handele. Babuschka überhäufte ihn lange, zornig und laut mit Vorwürfen über seine Machenschaften und versuchte mit ihm zu handeln, in einem Gemisch von Russisch, Französisch und Deutsch, wobei ich bei der Übersetzung nachhelfen mußte. Der ernsthaft dreinblickende Clerk musterte uns beide und schüttelte schweigend den Kopf. Babuschka betrachtete er mit einem völlig unverhohlenen Interesse, das sogar die Grenzen der Höflichkeit überschritt; endlich begann er zu lächeln.

»Schluß, pack dich!« schrie die Großmutter ihn an. »Krepieren sollst du an meinem Geld! Wechsle bei ihm, Alexej Iwanowitsch, wir haben keine Zeit, sonst würden wir zu einem anderen fahren ...«

»Der Clerk sagt, andere würden noch weniger geben.«

Ich kann mich nicht genau an den Kurs erinnern, aber er war furchtbar. Ich erhielt etwa zwölftausend Florin in Gold und Banknoten, ich nahm Rechnung und Geld und übergab alles Babuschka.

»Nu! Nu! Nu! Schon gut, nicht nachzählen«, rief sie und winkte mit beiden Händen ab, »schneller, schneller, schneller!«

»Nie mehr werde ich auf dieses verflixte Zéro setzen und auch nicht auf Rot«, murmelte sie, als wir uns dem Casino näherten.

Diesmal versuchte ich mit größter Mühe, sie zu möglichst geringen Einsätzen zu überreden, indem ich versicherte, daß sie, sobald die Chancen günstiger würden, immer noch rechtzeitig große Einsätze wagen könne. Aber sie war so ungeduldig, daß sie zwar anfangs einwilligte, aber während des Spiels sich nicht mehr zurückhalten ließ. Kaum begannen ihre kleinen Einsätze von etwa zehn bis zwanzig Friedrichsdor zu gewinnen, boxte sie mich – »Siehst du, siehst du, jetzt haben wir gewonnen, hätten wir vier statt zehn gesetzt, hätten wir jetzt viertausend bekommen, und was ist jetzt? Das ist alles deine Schuld, nur deine Schuld!«

Wie sehr ich mich über sie auch ärgerte, blieb ich am Ende meinem Entschluß treu, zu schweigen und nichts mehr zu raten.

Plötzlich war des Grieux mit einem Satz an ihrer Seite. Alle drei hielten sich in ihrer Nähe auf; mir war aufgefallen, daß Mademoiselle Blanche mit ihrer Maman etwas abseits stehengeblieben war und sich liebenswürdig mit dem Miniaturfürsten unterhielt. Der General war offensichtlich in Ungnade gefallen. Blanche würdigte ihn nicht einmal eines Blicks, obwohl er sich die erdenklichste Mühe gab, ihre Aufmerksamkeit auf sich zu lenken. Der arme General! Der wurde bald bleich, bald puterrot, er zitterte geradezu und beachtete nicht einmal das Spiel der Babuschka. Schließlich verließen Blanche und der Miniaturfürst den Saal; der General eilte ihnen nach.

»Madame, Madame«, flüsterte des Grieux, der sich bis an ihr Ohr durchgedrängt hatte, mit honigsüßer Stimme. »Madame, so setzen nicht gut ... non, non, nix gut ...« Er radebrechte sogar auf russisch, »njet!«

»Wie denn? Sag doch mal!« wandte sich Babuschka ihm zu.

Darauf schwatzte des Grieux plötzlich französisch, erklärte, überschlug sich vor Eifer, redete von einer Chance, die man erwarten solle, rechnete, nannte Zahlen ... Babuschka verstand gar nichts. Er wandte sich immer wieder an mich, ich solle übersetzen; er klopfte fortwährend mit einem Finger auf den Tisch, um seinen Worten Nachdruck zu verschaffen; griff zum Schluß hastig nach einem Bleistift und rechnete irgendwelche Zahlen auf dem Papier zusammen. Der Großmutter riß endlich die Geduld.

»So, fort mit dir, fort! Nichts wie dummes Zeug! ›Madame, Madame‹, aber von der Sache keine Ahnung. Fort mit dir!«

»Mais, madame«, zwitscherte des Grieux und wollte schon wieder auf den Tisch klopfen und etwas zeigen. Er fieberte regelrecht.

»Nun, also setz mal nach seinem Gusto«, befahl mir Babuschka, »mal sehen, vielleicht kommt wirklich etwas dabei heraus.«

Des Grieux versuchte sie lediglich von großen Einsätzen abzubringen; empfahl kleinere Einsätze, und zwar auf Zahlen, einzeln oder in bestimmten Kombinationen. Ich setzte, nach seiner Anweisung, je einen Friedrichsdor auf die Ungeraden der ersten zwölf und je fünf Friedrichsdor auf die Gruppe von zwölf bis achtzehn und von achtzehn bis vierundzwanzig: Insgesamt setzten wir sechzehn Friedrichsdor.

Das Rad drehte sich. »Zéro«, verkündete der Croupier. Wir hatten alles verloren.

»So ein Dummkopf!« Der Ausruf der Großmutter galt des Grieux. »Du bist ja ein ekliger französischer Schimmelpilz! Und dann erdreistet sich dieser Unmensch auch noch, Ratschläge zu erteilen! Fort, fort mit dir! Selbst ahnungslos, will aber mitmischen!«

Des Grieux, tief gekränkt, zuckte die Achseln, warf Babuschka einen verächtlichen Blick zu und zog sich zurück. Es war ihm offensichtlich peinlich, daß er sich auf eine Verständigung mit ihr eingelassen hatte, seine Selbstbeherrschung war überfordert.

Nach einer Stunde hatten wir, trotz aller Versuche – alles verspielt.

»Nach Hause!« befahl die Großmutter.

Sie sprach kein einziges Wort, bis wir die Allee erreicht hatten. In der Allee, und zwar kurz vor dem Hotel, brach es aus ihr heraus:

»So eine Närrin! So eine Erznärrin! So eine alte, alte Erznärrin!«

Kaum hatten wir das Appartement betreten: »Tee!« kommandierte die Großmutter. »Sofort einpacken! Wir fahren!«

»Wohin möchten Gnädige fahren?« Marfa riskierte eine Frage.

»Was geht dich das an? Schuster, bleib bei deinen Leisten! Potapytsch, alles einpacken, die gesamte Bagage. Wir fahren zurück, nach Moskau! Fünfzehntausend von mir bleiben hier!«

»Fünfzehntausend, Gnädige! Mein Gott!« rief dienstwillig Potapytsch und schlug überwältigt die Hände zusammen, wahrscheinlich, um seinem Mitgefühl Ausdruck zu verleihen.

»Schon gut, schon gut, Dummkopf! Brauchst nicht zu flennen! Halt den Mund! Einpacken! Und die Rechnung sofort, sofort!«

»Der nächste Zug geht um halb zehn, Babuschka«, meldete ich, um ihren Furor zu besänftigen.

»Und wie spät ist es jetzt?«

»Halb acht.«

»Wie dumm! Egal! Alexej Iwanowitsch, ich habe nicht eine Kopeke bei mir. Hier, noch zwei Wertpapiere, lauf noch mal hin und verkauf sie auch. Sonst hab' ich kein Geld für die Reise.«

Ich machte mich auf den Weg. Als ich eine halbe Stunde später das Hotel wieder betrat, traf ich all die Unsrigen bei Babuschka an. Als sie erfahren hatten, daß die Großmutter endgültig nach Moskau abreisen wollte, waren sie, glaube ich, tiefer getroffen als von ihrem Spielverlust. Freilich, die Abreise rettete ihr Vermögen, aber – was würde jetzt aus dem General? Wer würde seine Schulden bei des Grieux begleichen? Mademoiselle Blanche würde selbstverständlich nicht so lange warten, bis Babuschka das Zeitliche segnete, und sich gewiß mit dem Miniaturfürsten oder einem anderen aus dem Staub machen. Man umringte sie, tröstete und suchte sie zu beruhigen. Polina fehlte abermals. Babuschka fuhr sie alle wütend an.

»Laßt mich in Ruhe, ihr Satansbrut! Was geht euch das an? Was will dieser Ziegenbart von mir?« Sie meinte des Grieux. »Und du, Kiebitz?« wandte sie sich an Mademoiselle Blanche. »Warum scharwenzelst du um mich herum?«

»Diantre!« flüsterte Mademoiselle Blanche, funkelte wütend mit den Augen, lachte aber plötzlich aus vollem Hals und ging hinaus.

»Elle vivra cent ans!« rief sie, schon in der Tür, dem General zu.

»Aha, du rechnest also mit meinem Tod?« schrie Babuschka dem General zu. »Raus mit dir! Schmeiß sie alle raus, Alexej Iwanowitsch! Was geht euch das an? Es war mein Geld, das ich verschleudert habe, und nicht eures!«

Der General zuckte mit den Schultern, zog den Kopf ein und verließ das Zimmer. Des Grieux folgte ihm.

»Holt mir die Praskowja her«, befahl Babuschka.

Fünf Minuten später war Marfa mit Polina wieder da. Die ganze Zeit hatte Polina in ihrem Zimmer mit den Kindern verbracht und schien entschlossen, den ganzen Tag dort zu bleiben. Ihre Miene war ernst, traurig und besorgt.

»Praskowja«, begann die Großmutter, »stimmt das, was ich gestern zufällig erfahren habe, daß dieser Dummkopf, dein Stiefvater, die Absicht hat, dieses alberne Flittchen, die Französin, zu ehelichen? Diese Schauspielerin oder vielleicht etwas noch Schlimmeres? Sprich, ist das wahr?«

»Genaueres weiß ich nicht, Babuschka«, antwortete Polina. »Aber aus den Worten der Mademoiselle Blanche persönlich, die daraus kein Geheimnis macht, glaube ich schließen zu können …«

»Das reicht!« unterbrach sie Babuschka energisch. »Ich verstehe alles! Ihm habe ich schon immer alles zugetraut und ihn schon immer für den einfältigsten und leichtsinnigsten Menschen gehalten. Bildet sich wer weiß was auf seinen Generalstitel ein und trägt die Nase hoch, ist aber als Oberst nur bei seinem Abschied befördert worden. Ich weiß, meine Liebe, ich weiß alles, wie ihr ein Telegramm nach dem anderen nach Moskau geschickt habt: ›Geht es noch lange, bis die Alte den Geist aufgibt?‹ Man wartete aufs Erbe; ohne Geld würde ihn dieses vulgäre Frauenzimmer, wie heißt sie doch – de Cominges –, nicht mal als Lakaien dulden, zumal mit seinem Gebiß. Sie soll, sagt man, eigenes Geld haben und es gegen Prozente ausleihen, ein feines Gewerbe. Dir, Praskowja, dir geb' ich keine Schuld; du warst es nicht, die die Telegramme geschickt hat; und auch an dem Vergangenen möchte ich nicht rütteln. Ich weiß, daß du keinen einfachen Charakter hast – wie eine Wespe! Jeder Stich schwillt an, aber es tut mir leid um dich, und weißt du, warum: weil ich Katerina, deine Mutter, Gott hab sie selig, sehr gern gehabt habe. Willst du, dann lass hier alles liegen und stehen und komm mit mir. Du weißt ja doch nicht, wohin; und es schickt sich für dich auch nicht, mit denen hier zu bleiben. Moment!« winkte Babuschka ab, als Polina sich anschickte, ihr zu antworten. »Ich bin noch nicht fertig. Ich werde von dir nichts verlangen. Mein Moskauer Haus, du weißt es ja, ist ein Palais, du könntest eine ganze Etage für dich bewohnen und mich unten wochenlang nicht besuchen, wenn mein Charakter dir nicht behagt. Nun, willst du, oder willst du nicht?«

»Gestatten Sie mir zuerst die Frage: Haben Sie wirklich vor, sogleich abzureisen?«

»Seh' ich etwa so aus, als würde ich scherzen, meine Liebe? Ich habe es gesagt, und ich werde abreisen, gesagt – getan. Ich habe heute fünfzehntausend Rubelchen bei eurem verdammten Roulette verloren. Vor fünf Jahren hatte ich auf meinem Gut bei Moskau das Versprechen gegeben, die Holzkirche durch eine aus Stein zu ersetzen, und habe nun statt dessen hier das Geld durchgebracht. Jetzt, meine Liebe, fahr' ich hin, um die Kirche zu bauen.«

»Und die Heilquellen, Babuschka? Sind Sie nicht gekommen, um eine Kur zu machen?«

»Geh mir mit deiner Kur. Reiz mich nicht, Praskowja; oder tust du es mit Absicht? Antworte: Kommst du mit oder nicht?«

»Ich danke Ihnen sehr, Babuschka, sehr«, begann Polina mit tiefem Ernst, »für die Zuflucht, die Sie mir bieten. Sie erkennen meine Lage weitgehend richtig. Ich bin Ihnen so dankbar, daß ich, versichere ich Ihnen, möglicherweise sogar sehr bald kommen werde; aber jetzt gibt es Gründe ... wichtige Gründe; ... die es mir unmöglich machen, auf der Stelle, in diesem Augenblick, mich dazu zu entscheiden. Wenn Sie wenigstens noch zwei Wochen hier blieben ...«

»Das heißt also, du willst nicht?«

»Das heißt also, ich kann nicht. Zumal ich unter keinen Umständen meinen Bruder und meine Schwester hier verlassen könnte, und da ... da ... da es tatsächlich so weit kommen könnte, daß sie völlig verlassen zurückbleiben müßten, so ... wenn Sie mich mit den Kleinen aufnehmen würden, werde ich selbstverständlich zu Ihnen, Babuschka, kommen und alles dafür tun, um Ihren Großmut zu verdienen!« fügte sie mit Wärme hinzu. »Aber ohne die Kinder kann ich es nicht, Babuschka.«

»Nur nicht flennen!« (Polina dachte nicht im entferntesten daran, zu flennen, sie weinte überhaupt nie.) »Auch für die Küken wird sich Platz finden, der Hühnerstall ist groß genug. Übrigens, es wird für sie bald Zeit, in die Schule zu gehen. Nun, dann kommst du also jetzt nicht mit? Aber paß auf, Praskowja! Ich meine es gut mit dir, aber ich weiß, warum du jetzt nicht mitkommst. Alles weiß ich, Praskowja! Von diesem Franzmann hast du nichts Gutes zu erwarten.«

Polina wurde feuerrot. Ich zuckte förmlich zusammen. (Alle wußten es! Ich war also der einzige, der nichts wußte!)

»Schon gut, schon gut, du brauchst nicht die Stirn zu runzeln. Ich werde nichts breittreten. Aber nimm dich in acht, damit es kein Unglück gibt, verstehst du? Du bist ein gescheites Mädchen; du tätest mir leid. Und jetzt genug, am besten kommt ihr mir jetzt aus den Augen! Geh! Leb wohl!«

»Ich möchte Sie noch weiter begleiten, Großmutter«, sagte Polina.

»Nicht nötig; du störst, und außerdem hab' ich euch alle satt.« Polina küßte Babuschka die Hand, aber diese zog die Hand zurück und küßte sie auf die Wange.

Als Polina an mir vorüberging, streifte sie mich mit einem Blick und sah sofort wieder zur Seite.

»So, und leb wohl auch du, Alexej Iwanowitsch! Mir bleibt nur noch eine Stunde bis zur Abfahrt. Und auch du bist meiner müde geworden, glaube ich. Hier, nimm diese fünfzig Goldstücke.«

»Ergebensten Dank, Babuschka, aber es ist mir peinlich ...«

»Schon gut, schon gut«, schrie mich Babuschka an, aber so energisch und drohend, daß ich mich nicht zu weigern wagte und das Geld annahm.

»Wenn du in Moskau stellenlos herumläufst – dann komm

zu mir. Ich werde dich irgendwo empfehlen. Aber jetzt pack dich!«

Ich ging in mein Zimmer und streckte mich auf dem Bett aus. Ich glaube, ich lag eine gute halbe Stunde auf dem Rükken, die Hände unter dem Kopf verschränkt. Die Katastrophe war bereits da, es gab genug zu überlegen. Ich beschloß, am nächsten Tag Polina mit aller Entschiedenheit anzusprechen. "Aha! Der Franzose? Also ist es doch die Wahrheit! Aber worum konnte es sich dabei handeln? Polina und des Grieux! Mein Gott, was für eine Kombination!"

All das war einfach unwahrscheinlich. Plötzlich fuhr ich aus dem Bett, völlig außer mir, um auf der Stelle Mister Astley aufzusuchen und ihn um jeden Preis zum Reden zu bringen. Natürlich wußte er auch in diesem Fall mehr als ich. Mister Astley? Ein weiteres Rätsel für mich.

Plötzlich klopfte es an meiner Tür. Ich öffnete – Potapytsch.

»Väterchen, Alexej Iwanowitsch: Zur Gnädigen, sie verlangen nach Ihnen!«

»Was ist denn los? Fährt sie schon, oder? Noch zwanzig Minuten bis zur Abfahrt des Zuges.«

»Sie sind sehr unruhig, sie halten es kaum in ihrem Stuhl aus, ›schneller, schneller!‹, Sie sind dabei gemeint, Alexej Iwanowitsch; zögern Sie nicht, um Christi willen.«

Ich eilte sofort hinunter. Babuschka hatte sich bereits in den Gang fahren lassen. In den Händen hielt sie ihre Brieftasche.

»Alexej Iwanowitsch, geh voran, lass uns gehen.«

»Wohin, Babuschka?«

»Ich will mein Geld zurückhaben, und koste es mein Leben! Also, marsch, keine Fragen! Es wird doch bis Mitternacht gespielt, oder?«

Ich war erstarrt, überlegte, aber mein Entschluß stand sofort fest.

»Ihr Wille geschehe, Antonida Wassiljewna, aber ich komme nicht mit.«

»Warum denn das? Was ist los? Ihr seid ja alle übergeschnappt!«

»Ihr Wille geschehe: aber ich würde mir später Vorwürfe machen; ich will nicht! Ich will weder Zeuge sein noch Teilnehmer; muten Sie mir das nicht zu, Antonida Wassiljewna. Hier, Ihre fünfzig Friedrichsdor, die gebe ich zurück; leben Sie wohl!« Ich ging, nachdem ich mich verbeugt und die Rolle mit den Friedrichsdor auf ein Tischchen gelegt hatte, das zufällig neben dem Rollstuhl der Großmutter stand.

»Was für ein Quatsch!« rief mir die Großmutter nach. »Dann bleibst du eben da, bitte schön, ich finde den Weg auch alleine. Potapytsch, du kommst mit! So, und jetzt vorwärts, packt an!«

Mister Astley habe ich nicht angetroffen und kehrte in mein Hotel zurück. Es war schon spät, nach Mitternacht, als ich von Potapytsch erfuhr, wie dieser Tag für Babuschka geendet hatte. Sie hatte alles verspielt, auch das, was ich vorhin gewechselt hatte, das heißt nach unserem Geld weitere zehntausend Rubel. Derselbe Pole, dem sie vor kurzem zwei Friedrichsdor geschenkt hatte, drängte sich auf und leistete ihr Beistand. Anfangs, bevor sich der Pole dazugesellt hatte, mußte Potapytsch die Einsätze machen, aber bald wurde sie seiner überdrüssig und schickte ihn weg; und diese Chance nutzte der Pole. Fatalerweise verstand er ein wenig Russisch und konnte sich sogar in einem Gemisch von drei Sprachen einigermaßen mit ihr verständigen. Babuschka beschimpfte ihn unbarmherzig, und »obwohl er immer wieder sich unter die ›stopki panjski‹ warf, ging sie mit ihm ganz anders um als mit

Ihnen, Alexej Iwanowitsch«, erzählte Potapytsch, »mit Ihnen ging sie doch *ganz wie mit einem Herrn um,* jener aber, ich hab's mit eigenen Augen gesehen, hat sie gleich am Spieltisch bestohlen, Gott straf mich, wenn ich lüge! Sie selbst hat ihn ein paar Mal dabei erwischt, hat ihn darauf unbarmherzig beschimpft und sogar an den Haaren gezaust, ungelogen, bei Gott, so daß man sich ringsum vor Lachen die Bäuche hielt. Alles, mein Guter, hat sie verspielt, alles, was da war, alles, was Sie eingewechselt hatten. Als wir sie, die Gnädige, hierherbrachten, verlangten sie nur einen Schluck Wasser, bekreuzten sich, und nichts wie ins Bett. Abgequält hatten sie sich und sind auf der Stelle eingeschlafen. Möge ihnen der Herr Engelsträume geschickt haben! O je, o je, dieses Ausland!« schloß Potapytsch, »ich hab's ja gleich gesagt, daß es zu nichts Gutem führen wird. Wären wir doch bald in unserem Moskau! Was haben wir nicht alles zu Hause? Einen Garten, Blumen, wie sie hier gar nicht vorkommen, und Wohlgeruch und Äpfelchen, die an den Bäumen reifen, und die Weite – aber nein: nichts wie ins Ausland! Och-och-och! …«

KAPITEL XIII

Nun ist fast ein ganzer Monat vergangen, seit ich diese meine Aufzeichnungen, die ich unter dem Einfluß von Eindrücken, die zwar konfus, aber sehr stark waren, begonnen hatte, nicht mehr angefaßt habe. Die Katastrophe, deren Nahen ich damals geahnt hatte, war wirklich eingetreten, wenn auch hundertmal heftiger und unvorhersehbarer als gedacht. Alles Geschehene war eigentümlich, chaotisch und sogar tragisch, jedenfalls soweit es mich betraf. Ich habe einige Vorfälle erlebt, beinahe Wunder – jedenfalls fasse ich sie heute als solche auf –, die man andererseits, denkt man an den Strudel, der mich damals mitgerissen hat, höchstens nicht ganz alltäglich nennen könnte. Aber am wunderbarsten ist mir mein eigenes Verhalten zu all jenen Ereignissen. Heute noch verstehe ich mich selber nicht! Und all das ist vergangen wie ein Traum – sogar meine Leidenschaft, dabei war sie doch stark und wahr … aber wo ist sie denn jetzt? Wirklich: Hin und wieder taucht jetzt in meinem Kopf der flüchtige Gedanke auf: "Habe ich damals nicht den Verstand verloren und die ganze Zeit in einem Irrenhaus gesessen, in dem ich vielleicht immer noch sitze – so daß mir all das nur so *schien* und auch jetzt immer noch nur so *scheint* …"

Ich ordnete mein Geschriebenes und las es durch. (Wer weiß, vielleicht um mich zu vergewissern, ob es nicht doch in einer Irrenanstalt geschrieben wurde?) Jetzt bin ich mutterseelenallein. Es kommt der Herbst, das Laub wird gelb. Ich sitze in diesem tristen Städtchen (oh, wie trist sind Deutschlands kleine Städte) und lebe, statt mir einen notwendigen nächsten Schritt zu überlegen, unter der Wirkung soeben vergangener Gefühle, unter der Wirkung frischer Erinnerungen, unter der Wirkung jenes Wirbelsturms, der mich kürzlich in einen Strudel gerissen und irgendwohin verschlagen hat. Immer wieder scheint es mir, daß ich in diesem Wirbel weiter kreise, daß im nächsten Augenblick derselbe Sturmwind heranbraust, mich mit seinem Flügel streift und mitreißt, einmal mehr aus der Ordnung und dem Gefühl von Maß, und ich weiter kreise, kreise, kreise …

Übrigens könnte dieser Zustand vielleicht aufhören, wenn ich irgendwie Boden unter den Füßen bekäme und mich nicht mehr im Kreise drehen würde, und zwar indem ich, nach Möglichkeit präzise, Rechenschaft über die Geschehnisse dieses Monats ablegte. Es zieht mich wieder zur Feder; und gelegentlich werden die Abende allzu lang. Sonderbarerweise hole ich mir, um mir wenigstens eine Beschäftigung zu verschaffen, zur Lektüre aus der hiesigen kümmerlichen öffentlichen Bibliothek Romane von Paul de Kock (in deutscher Übersetzung), die ich eigentlich nicht ausstehen kann – und wundere mich über mich selbst: als fürchtete ich, mit einer seriösen Lektüre oder einer seriösen Beschäftigung den Bann der jüngsten Vergangenheit zu brechen. Als wären dieser chaotische Traum und alle von ihm hinterlassenen Eindrücke so teuer, daß ich mich geradezu scheue, ihn mit etwas Neuem auch nur zu berühren, damit er sich nicht in Rauch auflöst! Ist mir denn all das so teuer? Ja, natürlich, es ist mir teuer; vielleicht werde ich auch noch in vierzig Jahren daran denken …

Also, jetzt ans Schreiben. Übrigens läßt sich jetzt alles zum Teil auch kürzer erzählen: Der unmittelbare Eindruck ist eben etwas ganz anderes …

Erstens gilt es, die Geschichte Babuschkas abzuschließen. Am nächsten Tag hatte sie endgültig alles verspielt. Das konnte nicht anders kommen: Wenn jemand ihres Schlages auf diesen Weg gerät, dann – dann rast er auf dem Schlitten einen Schneehang hinab, schneller und schneller. Sie hatte den ganzen Tag gespielt, bis acht Uhr abends; ich war, während sie spielte, nicht anwesend und habe mir alles später erzählen lassen.

Potapytsch wich den ganzen Tag im Casino nicht von ihrer Seite. Die Polacken, die die Babuschka betreuten, wechselten an diesem Tag mehrmals. Sie begann damit, daß sie den gestrigen Polen, den sie an den Haaren gerissen, davongejagt und sich für einen anderen entschlossen hatte, aber der zweite erwies sich als fast noch schlimmer. Nachdem sie auch diesen fortgejagt und den ersten, der sich wohlweislich nicht retiriert, sondern für die ganze Zeit der Verbannung unmittelbar hinter ihrem Rollstuhl ausgeharrt und jeden Augenblick den Kopf raunend vorgestreckt hatte, wieder befördert hatte – geriet sie endlich in wirkliche Verzweiflung. Der davongejagte zweite Polacke weigerte sich ebenfalls, das Feld zu räumen; der eine behauptete sich an ihrer rechten, der andere an ihrer linken Seite. Die ganze Zeit stritten sie miteinander und schimpften über die Einsätze und die Strategie, betitelten einander mit »łájdak« und ähnlichen polnischen Komplimenten, versöhnten sich darauf, setzten völlig bedenkenlos, wie es ihnen gerade einfiel. Hatten sie gerade Streit, setzten sie separat, der eine auf Rot, der andere, gleichzeitig, auf Schwarz. Es endete damit, daß die Babuschka die Übersicht völlig verlor und in ihrer Verzweifelung, beinahe mit Tränen in den Augen, sich an den alten Croupier mit der Bitte wandte, er möge sie von den beiden befreien. Sie wurden tatsächlich auf der Stelle aus dem Saal gewiesen, ungeachtet ihres lauten Geschreis und ihrer Proteste: Beide beschwerten sich lauthals und suchten zu beweisen, daß die Babuschka in ihrer Schuld stünde, daß sie sie betrogen und an ihnen ehrlos und gemein gehandelt habe. Der arme Potapytsch erzählte mir all das unter Tränen am selben Abend, nach der Katastrophe, und beteuerte, die beiden hätten ihre Taschen mit Geld vollgestopft, und er hätte mit eigenen Augen gesehen, wie sie schamlos das Geld hätten verschwinden lassen. Sie hätten, einer wie der andere, Babuschka um fünf Friedrichsdor angebettelt, um sie sofort, unmittelbar nach Babuschkas Einsatz, ebenfalls zu setzen. Babuschka hätte gewonnen, er aber gerufen, er habe gewonnen, und Babuschka – verloren. Als sie aus dem Spielsaal gewiesen wurden, war der Potapytsch vorgetreten und hatte gemeldet, daß ihre Taschen mit Gold gefüllt seien. Babuschka hatte sogleich den Croupier um Beistand gebeten; wie laut sich die Polacken auch wehrten (wie zwei gefangene Hähne), aber die Polizei erschien, und ihre Taschen wurden sofort zu Babuschkas Gunsten entleert. Solange sie noch nicht alles verspielt hatte, erfreute sie sich diesen ganzen Tag sowohl bei den Croupiers als auch bei der Leitung des Casinos sichtlich einer Autorität. Nach und nach verbreitete sich ihr Ruf in der ganzen Stadt. Sämtliche Badegäste, Vertreter aller Nationen, geringes und vornehmes Volk, strömten herzu, um die »vieille comtesse russe tombée en enfance« in Augenschein zu nehmen, die bereits »mehrere Millionen« verloren hätte.

Aber Babuschka hatte herzlich, herzlich wenig damit gewonnen, daß man sie von den beiden Polacken erlöst hatte. An ihrer Stelle meldete sich unverzüglich zu ihren Diensten ein dritter Pole, der eines makellosen Russisch mächtig und als Gentleman gekleidet war und trotzdem etwas von einem Lakaien an sich hatte, mit mächtigem Schnurrbart und stolzer »honoriger« Haltung. Er war ebenfalls bereit, der Gnädigen

»Füße zu küssen« und »unter der Gnädigen Füße sich flach zu legen«, behandelte aber die ganze Umgebung hochmütig und despotisch, mit einem Wort – er spielte sich sogleich nicht als Diener, sondern als Gebieter Babuschkas auf. Jeden Augenblick, mit jedem Einsatz wandte er sich an sie und beteuerte unter den fürchterlichsten Schwüren, er selbst sei »honorowyj pan« und würde von ihr keine Kopeke annehmen. Er wiederholte seine Schwüre so oft, daß Babuschka zu guter Letzt endgültig eingeschüchtert war. Da aber dieser Pan tatsächlich eine gewisse Ordnung in ihr Spiel brachte und anfangs zu gewinnen schien, war es schließlich sie selbst, die nicht von ihm lassen konnte. Eine Stunde später erschienen die beiden Polacken, die man aus dem Casino herauskomplimentiert hatte, bezogen von neuem ihre Positionen hinter dem Rollstuhl Babuschkas und boten von neuem ihre Dienste an, und sei es nur als Laufburschen. Potapytsch rief Gott zum Zeugen an, daß der »honorowyj pan« ihnen zugezwinkert und sogar etwas in die Hand gedrückt habe. Da Babuschka nicht zu Mittag gespeist und ihren Rollstuhl so gut wie gar nicht verlassen hatte, wurde einer der Polen mit einer Aufgabe betreut: Er wurde ins Restaurant des Kurhauses geschickt und brachte von dort eine Tasse Bouillon und dann einen Tee für sie. Dafür waren, übrigens, beide unterwegs. Gegen Abend aber, als es allen klar wurde, daß sie ihren letzten Bankscheck verspielte, drängten sich hinter ihrem Stuhl bereits sechs Polacken, die völlig unbekannt und niemals gesehen worden waren. Als endlich Babuschka ihre letzten Münzen setzte, erkundigten sie sich alle nicht nach ihren Wünschen, sie beachteten sie überhaupt nicht mehr, drängten sich sogar an ihr vorbei an den Tisch, griffen nach ihrem Geld, setzten nach eigenem Willen, stritten und schrien, behandelten den honorigen Pan wie ihresgleichen, und der honorige Pan schien die Existenz Babuschkas einfach vergessen zu haben. Selbst dann, als Babuschka, nachdem sie alles verspielt hatte, abends gegen acht Uhr ins Hotel zurückrollte, selbst dann konnten drei oder vier Polen sich immer noch nicht entschließen, sie zu verlassen, liefen laut schreiend neben ihrem Rollstuhl, zu beiden Seiten, klagten in ihrem Kauderwelsch, Babuschka habe sie irgendwie übers Ohr gehauen und müsse ihre Schulden begleichen. Sie kamen bis ans Hotel, wo man sie endlich ohne viel Federlesens verjagte.

Nach Potapytschs Berechnung muß Babuschka an diesem Tag fast neunzigtausend Rubel verspielt haben, außer der tags zuvor verlorenen Summe. Alle ihre Wertpapiere und die fünfprozentigen Anleihen, die sie mitgenommen hatte, ließ sie eins nach dem anderen, eine nach der anderen wechseln. Ich wunderte mich, wie sie diese sieben oder acht Stunden im Rollstuhl fast ohne Unterbrechung am Tisch überstanden hatte, aber Potapytsch erzählte, daß sie ganze drei Mal wirklich Glück gehabt hätte; und, von neuer Hoffnung erfüllt, nicht mehr imstande gewesen wäre, ihren Platz zu verlassen. Übrigens weiß der Spieler, daß ein Mensch fast vierundzwanzig Stunden auf demselben Platz ausharren kann, ohne den Blick nach rechts und nach links schweifen zu lassen.

Währenddessen war auch heute bei uns im Hotel ebenfalls sehr Entscheidendes vorgefallen. Schon morgens, noch vor elf Uhr, bevor Babuschka das Haus verließ, hatten sich die Unsrigen, das heißt der General und des Grieux, zum letzten Schritt entschlossen. Als sie erfuhren, daß Babuschka nicht einmal im Schlaf daran denke, abzureisen, sondern, im Gegenteil, das Casino aufzusuchen entschlossen sei, begab sich das ganze Konklave (außer Polina) in Babuschkas Gemächer, um sich endgültig, sogar *aufrichtig* mit ihr auszusprechen. Der General, zitternd und stockenden Herzens angesichts der drohenden furchtbaren Folgen, tat sogar des Guten zuviel:

Nachdem er eine gute halbe Stunde lang sie angefleht und angebettelt, sich sogar in einem aufrichtigen Geständnis, das heißt, all seiner Schulden und sogar seiner Leidenschaft zu Mademoiselle Blanche (offenbar völlig kopflos), hinreißen ließ, schlug er plötzlich einen drohenden Ton an, brüllte Babuschka sogar an und stampfte mit den Füßen; er schrie, daß sie ihre Familie kompromittiere, als skandalöse Erscheinung die ganze Stadt beschäftige und schließlich ... schließlich: »Sie bringen den russischen Namen in Verruf!« schrie der General. »Und dafür gibt es endlich die Polizei!« Babuschka jagte ihn schließlich mit einem Stock hinaus (einem veritablen Stock). Der General und des Grieux berieten noch ein- oder zweimal an diesem Vormittag, namentlich darüber: Wäre es in der Tat nicht möglich, auf irgendeine Weise die Polizei einzuschalten? Es gehe ganz einfach, könnte man sagen, um eine unglückliche, aber ehrbare alte Dame, die plötzlich den Verstand verloren habe und ihr letztes Geld verspiele und so weiter. Mit einem Wort, ob es irgendwie möglich wäre, sie gesetzlich unter Kuratel zu stellen oder ein Verbot zu verhängen? ... Des Grieux zuckte bloß die Achseln und lachte den General, der inzwischen völlig aus dem Konzept gekommen war und ruhelos in seinem Kabinett auf und ab lief, unverblümt aus. Endlich gab des Grieux die Sache auf und zog sich zurück. Am Abend erfuhr man, daß er das Hotel verlassen habe, nach einem vertraulichen und offenbar entscheidenden Gespräch mit Mademoiselle Blanche. Was nun Mademoiselle Blanche betrifft, so hatte sie bereits am frühen Morgen die endgültigen Maßnahmen getroffen: Sie kündigte dem General die Freundschaft auf und weigerte sich, ihn überhaupt zu empfangen. Als der General ihr auf dem Fuß ins Kurhaus folgte und sie dort am Arm des Miniaturfürsten antraf, erkannten ihn weder sie noch Madame de Cominges. Der Miniaturfürst grüßte ihn ebenfalls nicht. Diesen ganzen Tag scheute Mademoiselle Blanche keine Mühe, um den Miniaturfürsten endlich zu einer eindeutigen Erklärung zu bewegen. O weh! Sie hatte sich in ihren Plänen hinsichtlich des Miniaturfürsten grausam verrechnet! Diese kleine Katastrophe ereignete sich gleich am Abend: Plötzlich stellte sich heraus, daß der Miniaturfürst bettelarm war und sogar vorhatte, sich bei ihr Geld gegen Wechsel zu verschaffen, um Roulette zu spielen. Blanche setzte ihn empört vor die Tür und schloß sich in ihren Räumen ein.

Am Vormittag desselben Tages begab ich mich zu Mister Astley, oder besser gesagt, ich suchte ihn an diesem Vormittag, aber ich suchte vergeblich. Weder in seinem Hotel noch im Casino oder im Park war er anzutreffen. In seinem Hotel hatte er diesmal nicht gespeist. Es war bereits nach vier Uhr nachmittags, als ich ihn plötzlich entdeckte, auf dem Weg vom Bahnhof zum Hotel d'Angleterre. Er war in Eile und sehr besorgt, obwohl es kaum möglich war, in seinem Gesicht Sorge von Verlegenheit zu unterscheiden. Er streckte mir freundlich die Rechte entgegen, mit dem gewöhnlichen Ausruf: »Aha«, aber ohne stehenzubleiben oder auch nur den Schritt zu verlangsamen. Ich folgte ihm; aber er brachte es irgendwie fertig, mir so zu antworten, daß ich keine Gelegenheit fand, ihn etwas Bestimmtes zu fragen, zumal es mir aus irgendeinem Grunde entsetzlich peinlich war, mich nach Polina zu erkundigen; auch er hatte sie mit keinem Wort erwähnt. Ich erzählte ihm von Babuschka; er hörte aufmerksam und ernsthaft zu und zuckte mit den Schultern.

»Sie wird alles verspielen«, bemerkte ich.

»O ja«, antwortete er. »Sie hatte sich schon vorhin zum Spielen begeben, als ich im Begriff war zu verreisen, deshalb wußte ich ganz sicher, daß sie alles verspielen würde. Wenn die Zeit reicht, werde ich hingehen, um es mir anzusehen, weil es sehr interessant ist ...«

»Wo waren Sie denn?« rief ich aus, ganz verwundert, daß ich bis jetzt nicht danach gefragt hatte.

»Ich war in Frankfurt.«

»Geschäftlich?«

»Ja, geschäftlich.«

Nun, was gab es da weiter zu fragen? Übrigens schritt ich immer noch neben ihm her, aber plötzlich bog er zum Hotel De quatre saisons ab, an dem wir gerade vorbeigingen, nickte mir zum Abschied zu und verschwand. Auf dem Weg nach Hause kam ich langsam zu der Einsicht, daß ich, selbst wenn ich geschlagene zwei Stunden mit ihm geredet hätte, rein gar nichts erfahren hätte, weil ... weil es nichts gab, wonach ich ihn fragen mochte! Ja, so war es, natürlich! Es war für mich jetzt völlig unmöglich, meine Frage zu formulieren.

Diesen ganzen Tag promenierte Polina mit den Kindern und der Kinderfrau entweder im Park, oder sie blieben zu Hause. Dem General ging sie schon lange aus dem Weg und vermied, mit ihm zu sprechen, jedenfalls von ernsten Angelegenheiten. Das war mir schon seit langem aufgefallen. Aber da ich nun wußte, in welcher Lage sich der General damals befand, lag die Annahme nahe, daß er sie bei einer, und das bedeutet offenen, Aussprache über wesentliche, die ganze Familie betreffende Erklärungen unmöglich umgehen konnte. Aber als ich nach meiner Unterhaltung mit Mister Astley ins Hotel zurückkehrte und Polina in Begleitung der Kinder über den Weg lief, drückte ihr Gesicht so viel Ruhe und Gleichmut aus, als hätten sämtliche Familienstürme sie als einzige verschont. Meine Verneigung beantwortete sie mit einem Nikken. Ich war wütend, als ich mein Zimmer erreichte.

Natürlich, ich war ihr nach der Geschichte mit den Wurmerhelms aus dem Wege gegangen und hatte jedes Gespräch vermieden. Allerdings war es meinerseits Angabe und Wichtigtuerei; aber die Zeit verging, und in mir siedete immer heftiger echter Zorn. Selbst wenn sie mich überhaupt nicht liebte, hätte sie, wie mir scheint, meine Gefühle nicht auf diese Weise mit Füßen treten und meine Geständnisse mit solcher Geringschätzung entgegennehmen dürfen. Wußte sie doch, daß ich sie wirklich liebe; hatte sie doch zugelassen, hatte sie mir doch erlaubt, mit ihr darüber zu sprechen! Zugegeben, alles zwischen uns hatte einen irgendwie seltsamen Anfang genommen. Vor einiger Zeit, es ist schon lange her, etwa vor zwei Monaten, fiel mir hin und wieder auf, daß sie mich zu ihrem Freund machen wollte, zu ihrem Vertrauten, und dies sogar beinahe versuchte. Aber aus irgendeinem Grunde ist daraus nichts geworden; und statt dessen haben sich eben diese gegenwärtig eigentümlichen Beziehungen eingespielt; deswegen war es schließlich zu diesem Ton zwischen uns gekommen. Aber wenn meine Liebe ihr derart zuwider ist, weshalb verbietet sie mir dann nicht kurzerhand, davon zu sprechen?

Nein, es ist mir nicht verboten; sie forderte mich sogar manchmal dazu auf und ... tat es, um sich über mich lustig zu machen. Ich weiß es mit Bestimmtheit, ich habe es mir ganz genau gemerkt – es tat ihr wohl, mich plötzlich, nachdem sie mir zugehört und mich fast schmerzlich gereizt hatte, mit tiefster Verachtung und Gleichgültigkeit zu überraschen. Dabei weiß sie doch, daß ich ohne sie nicht leben kann. Jetzt, zum Beispiel, sind drei Tage nach der Geschichte mit dem Baron vergangen, und ich kann unsere *Entfremdung* schon nicht mehr ertragen. Als ich ihr vorhin am Kurhaus begegnete, klopfte mein Herz so heftig, daß ich erbleichte. Aber sie wird es doch ohne mich nicht aushalten! Sie braucht mich auch und – gewiß, gewiß nicht nur als den Hofnarren Balakirew?

Sie hat ein Geheimnis – das ist klar! Ihr Gespräch mit Babuschka war für mich ein schmerzlicher Stich ins Herz. Ich hatte sie bereits tausend Mal aufgefordert, offen und aufrichtig mir gegenüber zu sein, und sie wußte, daß ich tatsächlich bereit bin, meinen Kopf für sie hinzuhalten. Aber sie fertigte mich fast jedes Mal verächtlich ab und forderte von mir statt meines Lebens, das ich bereit war, ihr zu opfern, ähnliche Streiche wie damals den mit dem Baron! Ist das nicht empörend? Liegt die ganze Welt für sie in diesem Franzosen? Und Mister Astley? Aber hier wird die Sache entschieden unbegreiflich, indessen – mein Gott, wie quäle ich mich!

Sobald ich in meinem Zimmer war, griff ich voller Wut zur Feder und kritzelte an sie folgendes:

> Polina Alexandrowna, ich sehe deutlich, daß die Katastrophe, die natürlich auch Sie betreffen wird, eingetreten ist. Ich wiederhole zum letzten Mal: Brauchen Sie meinen Kopf, ja oder nein? Wenn ich Ihnen, wie auch immer, *irgendwie* nützlich sein kann – verfügen Sie über mich, einstweilen bleibe ich in meinem Zimmer, wenigstens meistens, und werde nicht verreisen. Wenn Sie mich brauchen, schreiben Sie mir oder rufen Sie mich.

Ich versiegelte dieses Briefchen und übergab es dem Hoteldiener mit der Weisung, es persönlich auszuhändigen. Mit einer Antwort rechnete ich nicht, aber nach kaum drei Minuten kam der Diener zurück und richtete aus: »Das Fräulein lassen grüßen.«

Es war bereits nach sechs, als ich zum General gerufen wurde.

Er war in seinem Kabinett und schien zum Ausgehen bereit zu sein. Hut und Stock lagen auf dem Diwan. Ich hatte den Eindruck, daß er, als ich das Zimmer betrat, mitten im Raume stand, breitbeinig, mit gesenktem Kopf, und laut vor sich hin redete. Aber kaum hatte er mich bemerkt, als er fast schreiend auf mich zustürzte, so daß ich unwillkürlich zurückwich und schon die Flucht ergreifen wollte; aber er packte mich an beiden Händen und zog mich zum Diwan, ließ sich selbst auf den Diwan fallen, drückte mich ohne Federlesens in den gegenüberstehenden Sessel und sprach, immer noch mich an beiden Händen haltend, mit zitternden Lippen und plötzlich auf seinen Wimpern glitzernden Tränen, mit flehentlicher Stimme:

»Alexej Iwanowitsch, retten Sie, retten Sie, Erbarmen!«

Ich konnte lange gar nichts verstehen; er redete, redete, redete und wiederholte immerfort: »Erbarmen, Erbarmen!« Endlich erriet ich, daß er von mir so etwas wie einen Ratschlag erwartete; oder vielmehr, er hatte sich in seiner Verlassenheit, in seinem Kummer und in seiner Erregung an mich erinnert und mich rufen lassen, nur um zu reden, reden, reden.

Er war geistesgestört, jedenfalls in höchstem Maße verwirrt. Er faltete die Hände auf der Brust und wäre bereit gewesen, mir zu Füßen zu fallen, damit (was sollte man davon halten?), damit ich augenblicklich Mademoiselle Blanche aufsuche und sie anflehe, ihr ins Gewissen rede, sich seiner wieder anzunehmen und ihn zu heiraten.

»Ich bitte Sie, General«, rief ich, »aber Mademoiselle Blanche hat mich möglicherweise bis jetzt gar nicht wahrgenommen! Was kann ich tun?«

Aber zu widersprechen war einfach unmöglich: Er verstand einfach nicht, was man ihm sagte. Er redete auch von der Babuschka, aber völlig zusammenhanglos; er war immer noch fixiert auf den Gedanken an die Polizei.

»Bei uns, bei uns«, begann er in einem plötzlichen Zornesausbruch, »kurz gesagt, bei uns, in einem wohlgeordneten Staate, mit einer Obrigkeit, würde man solche alten Weiber unter Kuratel stellen! Jawohl, mein Herr, jawohl!« fuhr er in einem plötzlich belehrenden Ton fort, sprang dabei auf und marschierte im Zimmer auf und ab. »Sie haben davon keine Kenntnis genommen, mein Herr.« Dabei richtete er sich an einen imaginären Gesprächspartner in der Ecke. »Aber Sie werden davon Kenntnis nehmen müssen ... jawohl ... bei uns springt man mit solchen alten Weibern ganz anders um, ganz anders, jawohl, ganz anders ... oh, hol sie der Teufel!«

Und er ließ sich wieder auf den Diwan fallen, um eine Minute darauf, unter lautem Schluchzen, atemlos, mir wieder zu erzählen, daß Mademoiselle Blanche ihn nur deshalb nicht heiraten wolle, weil statt einer Depesche Babuschka in Person eingetroffen und es jetzt klar sei, daß er nichts mehr erben werde. Er glaubte, daß ich noch nichts davon wüßte. Ich erwähnte auch des Grieux; er winkte nur ab: »Verreist! Mein ganzes Hab und Gut ist ihm verpfändet; ich bin bettelarm! Das Geld, das Sie für mich geholt haben, dieses Geld – ich weiß nicht, wieviel davon noch da ist ... siebenhundert Francs vielleicht, und dann ist Schluß, dann ist alles aus, und weiter – weiter weiß ich nicht, weiß ich nicht! ...«

»Aber wie wollen Sie die Hotelrechnung bezahlen?« rief ich erschrocken, »und ... wie soll es weitergehen?«

Er sah mich nachdenklich an, schien aber nicht zu verstehen und nicht einmal zu hören. Ich versuchte ihn an Polina Alexandrowna und an die Kinder zu erinnern; er antwortete flüchtig: »Jawohl! Jawohl!«, um im gleichen Atemzug wieder von dem Fürsten zu sprechen, von Mademoiselle Blanche, die nun mit ihm verreisen würde, und dann ... und dann ... »Was soll ich dann tun, Alexej Iwanowitsch?« Plötzlich sprach er mich an: »Bei Gott! Was soll ich tun, sagen Sie doch, das ist doch undankbar! Ist das nicht undankbar?«

Schließlich brach er in bittere Tränen aus.

Diesem Mann war nicht mehr zu helfen, aber ihn allein zu lassen war auch nicht ungefährlich; er könnte sich durchaus etwas antun. Dennoch verabschiedete ich mich, bat allerdings die Kinderfrau, möglichst oft nach ihm zu sehen, und verständigte außerdem den Etagendiener, einen sehr anstelligen Burschen, der mir gleichfalls versprach, sich seinerseits um den General zu kümmern.

Ich hatte mich gerade von dem General verabschiedet, als Potapytsch bei mir mit einer Botschaft von der Babuschka erschien. Es war acht Uhr, und sie war soeben aus dem Casino zurückgekommen, nachdem sie endgültig verloren hatte. Ich begab mich unverzüglich zu ihr; die alte Dame saß in ihrem Rollstuhl, völlig erschöpft und sichtlich unwohl. Marfa hatte ihr gerade eine Tasse Tee gereicht und mußte sie beinahe zwingen zu trinken. Stimme und Tonfall Babuschkas waren deutlich verändert.

»Seien Sie gegrüßt, lieber Alexej Iwanowitsch«, sagte sie und neigte langsam und würdevoll den Kopf. »Entschuldigen Sie, daß ich Sie noch einmal belästige, haben Sie Nachsicht mit einer alten Frau. Ich, mein Guter, habe alles dort gelassen, an die hunderttausend Rubel. Recht hattest du, daß du gestern nicht mitgegangen bist. Jetzt habe ich kein Geld mehr, keine Kopeke in der Tasche. Ich werde nicht eine Minute zögern und reise um halb zehn. Ich habe nach deinem Engländer, nach diesem Astley geschickt und will ihn um dreitausend Francs auf eine Woche bitten. Du mußt es ihm vielleicht klarmachen, daß er nicht auf irgendwelche Gedanken kommt und es mir abschlägt. Ich bin, mein Guter, immer noch ziemlich wohlhabend, drei Güter und zwei Häuser sind mein. Und

Geld wird sich auch noch finden, ich habe nicht alles mitgebracht. Ich sage es, damit er keinerlei Bedenken haben muß ... Aha, da kommt er ja! Der gute Mensch gibt sich gleich zu erkennen.«

Mister Astley war auf das erste Zeichen der Großmutter unverzüglich herbeigeeilt. Ohne das leiseste Bedenken, wortlos, zählte er ihr dreitausend Francs hin, gegen einen Wechsel, den die Großmutter unterschrieb. Nachdem die Angelegenheit abgeschlossen war, verabschiedete er sich sofort und ging.

»Und jetzt sollst auch du gehen, Alexej Iwanowitsch. Mir bleibt noch etwas über eine Stunde – da möchte ich mich ausruhen, die Knochen tun mir weh. Nimm's mir, der alten Närrin, nicht allzu übel. Künftig werde ich es den jungen Leuten nicht mehr anstreichen, wenn sie leichtsinnig sind, auch diesem Unglückseligen, eurem General, nicht mehr, das wäre Sünde von mir. Geld aber kriegt er von mir trotzdem nicht, wie sehr er es auch wünscht, weil – weil er, meiner Ansicht nach, strohdumm ist, mag auch ich, alte Närrin, nicht klüger sein als er. Wahrlich wahr ist es, daß Gott der Herr auch im Alter den Menschen heimsucht und seinen Hochmut straft. Also, leb wohl. Marfuscha, los, auf.«

Allerdings hatte ich mir vorgenommen, Babuschka noch zur Bahn zu bringen. Außerdem fieberte ich vor Erwartung, daß jeden Augenblick, sogleich etwas eintreffen müsse. Es war mir unmöglich, in meinem Zimmer zu bleiben. Ich trat immer wieder in den Korridor hinaus und machte sogar ein paar Schritte in der Allee. Mein Brief an sie war unmißverständlich und entschieden, und die heutige Katastrophe – bestimmt endgültig. Im Hotel hörte ich, daß des Grieux abgereist war. Und überhaupt, auch wenn ich ihr nicht als Freund genügte, könnte ich ihr durchaus als Lakai genügen. Ich habe mich doch als Laufbursche bewährt; vielleicht bewähre ich mich auch weiterhin, warum denn nicht!

Zur Abfahrt des Zuges war ich auf dem Bahnsteig und half Babuschka beim Einsteigen. Sie stiegen alle zusammen in einen speziellen Familienwaggon. »Hab Dank, mein Lieber, für deine uneigennützige Teilnahme«, sagte sie mir zum Abschied, »und richte Praskowja aus, daß meine Worte von gestern gelten – ich erwarte sie.«

Ich ging nach Hause. Als ich an dem Appartement des Generals vorbeiging und die Kinderfrau mir entgegenkam, erkundigte ich mich nach dem General. »Ach, es geht«, antwortete sie melancholisch. Ich wollte trotzdem nach ihm sehen, aber vor der Tür des Kabinetts blieb ich stehen, starr vor Staunen. Mademoiselle Blanche und der General lachten um die Wette. La veuve de Cominges saß ebenfalls auf dem Diwan. Der General war offensichtlich vor Freude außer sich, redete wirr durcheinander und brach immer wieder in ein nervöses anhaltendes Gelächter aus, wobei sein Gesicht sich mit unzähligen feinen Runzeln bedeckte und die Augen irgendwie völlig verschwanden. Später habe ich von Blanche persönlich gehört, daß sie, nachdem sie den Miniaturfürsten vor die Tür gesetzt und von der tränenreichen Verzweiflung des Generals gehört hatte, die Laune ankam, ihn zu trösten und ein Weilchen bei ihm zu bleiben. Aber der bedauernswerte General ahnte natürlich nicht, daß in diesem Augenblick sein Schicksal entschieden und Blanche bereits mit dem Einpacken beschäftigt war, um schon morgen, mit dem ersten Zug, nach Paris zu eilen.

Ich hielt auf der Schwelle des Kabinetts inne, zog es schließlich vor, nicht einzutreten und mich unbemerkt zu entfernen. Als ich oben angelangt war und die Tür zu meinem Zimmer öffnete, erblickte ich im Halbdunkel plötzlich eine

Gestalt, die in der Ecke vor dem Fenster auf einem Stuhl saß. Sie rührte sich nicht bei meinem Erscheinen. Ich ging rasch auf sie zu, sah – und mein Atem stockte: Es war Polina!

KAPITEL XIV

Ich schrie förmlich auf.

»Was ist? Was ist?« fragte sie eigentümlich. Sie war blaß, ihr Blick war düster.

»Was heißt: ›Was ist?‹ Sie? Hier, bei mir!«

»Wenn ich komme, dann komme ich auch *ganz*. Das ist so meine Art. Sie werden es gleich sehen; zünden Sie eine Kerze an.«

Ich zündete die Kerze an. Sie erhob sich, trat an den Tisch und legte einen entsiegelten Brief vor mich hin.

»Lesen Sie«, befahl sie.

»Das ist – das ist die Handschrift von des Grieux!« rief ich, als ich den Brief aufnahm. Meine Hände zitterten, die Zeilen hüpften vor meinen Augen. Den genauen Wortlaut des Briefes habe ich vergessen, aber hier ist er – wenn nicht wortwörtlich, so doch wenigstens dem Sinn nach genau.

> Mademoiselle – schrieb des Grieux –, widrige Umstände zwingen mich zur unverzüglichen Abreise. Sie werden natürlich gemerkt haben, daß ich mit Bedacht einer endgültigen Aussprache mit Ihnen aus dem Weg gegangen bin, bis alle Umstände geklärt wären. Die Ankunft Ihrer betagten (de la vieille dame) Verwandten und ihr absurdes Verhalten haben allen meinen Bedenken ein Ende gesetzt. Meine eigenen zerrütteten Verhältnisse verbieten mir unwiderruflich, mich künftig in den süßesten Hoffnungen zu wiegen, wie ich es mir eine Zeitlang gestattet hatte. Ich bedauere das

Geschehene, gebe mich aber der Hoffnung hin, daß Sie in meinem Verhalten nichts werden entdecken können, was eines Ehrenmannes (gentilhomme et honnête homme) unwürdig wäre. Nachdem ich Ihrem Stiefvater fast mein gesamtes Vermögen geborgt und somit verloren habe, sehe ich mich vor die dringendste Notwendigkeit gestellt, das wenige zu retten, was mir blieb: Ich habe meine Freunde in Petersburg bereits damit beauftragt, unverzüglich zu der Veräußerung der mir verpfändeten Besitztümer zu schreiten; jedoch wohl davon unterrichtet, daß Ihr leichtsinniger Stiefvater auch Ihr persönliches Vermögen vergeudet hat, entschloß ich mich, ihm die Summe von fünfzigtausend Francs zu erlassen und sie ihm in Form von entsprechenden Schuldscheinen zu retournieren, um Ihnen damit die Möglichkeit zu geben, alles zurückzugewinnen, was Sie eingebüßt haben, so daß Sie Ihre Ansprüche an Ihren Stiefvater auf gerichtlichem Wege geltend machen können. Ich hoffe, Mademoiselle, daß angesichts der gegenwärtigen Verhältnisse mein Verhalten für Sie äußerst vorteilhaft sein wird. Ferner hoffe ich, mit meinem Verhalten die Pflichten eines ehrenhaften und edel gesinnten Mannes in Gänze erfüllt zu haben. Seien Sie versichert, daß ich die Erinnerung an Sie ewig in meinem Herzen tragen werde.

»Na ja, klar«, sagte ich, mich an Polina wendend. »Sie werden doch nicht etwas anderes erwartet haben?« fügte ich empört hinzu.

»Gar nichts habe ich erwartet«, antwortete sie scheinbar gelassen, aber ihre Stimme hatte einen irgendwie zitternden Klang. »Für mich stand schon seit langem alles fest; ich habe in seinen Gedanken gelesen und wußte, was er denkt. Er dachte, ich suchte … ich würde darauf bestehen, daß …«

(Sie stockte, biß sich auf die Lippe und verstummte.) »Ich habe ihn absichtlich doppelt verächtlich behandelt«, fuhr sie fort, »und gewartet, wie er wohl darauf reagiert. Wenn das Telegramm von der Erbschaft gekommen wäre, hätte ich ihm die Schulden dieses Idioten, meines Stiefvaters, an den Kopf geworfen und ihn davongejagt. Er war mir schon lange, schon lange verhaßt. Oh, früher war er ein ganz anderer Mensch, tausendmal anders, aber jetzt, jetzt! ... Oh, mit welcher Wonne hätte ich ihm jetzt diese fünfzigtausend in sein gemeines Gesicht geschmissen, einen Fußtritt gegeben und gespuckt! ...«

»Aber der Schein – dieser von ihm retournierte Schuldschein auf fünfzigtausend, den hat doch immer noch der General? Holen Sie ihn doch, und geben Sie ihn des Grieux zurück.«

»O nein, das ist es nicht! Das ist es nicht!«

»Ja, ja, richtig, richtig, das ist es nicht! Und wozu ist der General jetzt überhaupt noch fähig? Und Babuschka?« rief ich plötzlich.

Polina warf mir einen zerstreuten und ungeduldigen Blick zu.

»Aber was heißt ›Babuschka‹?« sagte Polina ärgerlich. »Sie kann ich nicht ansprechen ... und auch keinen anderen Menschen um Vergebung bitten«, fügte sie gereizt hinzu.

»Aber was denn dann!« rief ich. »Wie konnten Sie, wie konnten Sie diesen des Grieux lieben? Oh, dieser Schuft, dieser Schuft! Sie brauchen es nur zu sagen, und ich werde ihn im Duell niederknallen! Wo steckt er jetzt?«

»Er ist in Frankfurt und wird dort drei Tage bleiben.«

»Sie brauchen nur ein Wort zu sagen, und ich fahre, morgen, schon morgen, mit dem ersten Zug!« sagte ich im törichten Enthusiasmus.

Sie lachte.

»Na und? Er könnte unter Umständen sagen: ›Zuerst müssen Sie mir fünfzigtausend auf den Tisch blättern.‹ Und wofür sollte er sich eigentlich schlagen? … Was für ein Unsinn!«

»Aber woher, woher soll man diese fünfzigtausend Francs nehmen«, wiederholte ich zähneknirschend, als hielte ich es tatsächlich für möglich, sie plötzlich vom Boden aufzulesen. »Hören Sie: Mister Astley?« wandte ich mich an sie, mit einer aufblitzenden eigentümlichen Idee.

Auf einmal funkelten ihre Augen.

»Wie, willst *du es denn selbst,* daß ich von dir zu diesem Engländer gehe?« sagte sie, sah mit einem durchdringenden Blick in mein Gesicht und lächelte bitter. Zum ersten Mal, seit wir uns kannten, hatte sie mich mit *du* angesprochen.

Wahrscheinlich wurde ihr in dieser Minute schwindlig, und sie ließ sich plötzlich auf das Sofa nieder, wie vor Erschöpfung.

Ein Blitz schien mich zu versengen; ich stand da und traute meinen Augen, traute meinen Ohren nicht! Also, dann liebte sie mich doch! Sie kam zu *mir* und nicht zu Mister Astley! Sie, mutterseelenallein, ein junges Mädchen, kam auf mein Zimmer, in einem Hotel, kompromittiert vor aller Welt – und ich, ich stehe vor ihr und begreife immer noch nichts!

Ein verrückter Gedanke fuhr mir durch den Kopf.

»Polina! Gib mir nur eine Stunde Zeit! Warte hier nur eine Stunde und … ich bin gleich wieder da! Es ist … es ist unumgänglich! Du wirst schon sehen! Bleib hier, bleib hier!«

Und ich stürzte aus dem Zimmer, ohne auf ihren verblüfften, fragenden Blick zu antworten; sie rief etwas hinter mir her, aber ich kehrte nicht um.

Ja, bisweilen setzt sich der verrückteste Gedanke in unserem Kopfe so fest, daß man ihn schließlich für ausführbar hält ... Mehr noch: Wenn eine Idee sich mit einem starken leidenschaftlichen Willen verbindet, gilt sie manchmal zu guter Letzt als etwas Schicksalhaftes, Unausweichliches, Vorbestimmtes, als etwas, das nicht mehr wegzudenken ist und unbedingt geschehen muß! Vielleicht handelt es sich dabei um noch etwas anderes, eine Art Kombination von Ahnungen! Um eine außerordentliche Willensanspannung, eine Autointoxikation durch die eigene Phantasie oder um noch anderes – ich weiß es nicht; aber mir geschah an diesem Abend (den ich bis an mein Lebensende nicht vergessen werde) ein Wunder. Wiewohl es vollständig durch Arithmetik erklärt werden könnte, ist es für mich bis auf den heutigen Tag ein Wunder geblieben. Und warum, warum hatte diese Sicherheit damals so tiefe, so feste Wurzeln in mir geschlagen, damals, schon vor so langer Zeit? Wahrscheinlich hatte ich es – ich wiederhole – schon damals keineswegs als beiläufigen Vorfall erlebt, einen unter anderen (folglich auswechselbaren, der ebensogut auch nicht hätte eintreten können), sondern als ein Faktum, dessen Ausbleiben absolut ausgeschlossen war!

Es war Viertel nach zehn; ich betrat den Spielsaal so hoffnungsvoll und gleichzeitig in einer solchen Erregung, wie ich sie noch nie erlebt hatte. In den Spielsälen bewegte sich noch ziemlich viel Publikum, wenn auch nur halb soviel wie am Vormittag.

Nach zehn Uhr bleiben an den Spieltischen nur die echten, eingeschworenen Spieler, diejenigen, für die in den Bädern nichts existiert außer Roulette, die einzig seinetwillen angereist sind, die kaum darauf achten, was um sie her geschieht, und sich während der ganzen Saison für nichts Weiteres interessieren, als nur vom Vormittag bis in die Nacht hinein zu spielen, sogar die ganze Nacht hindurch bis zum Morgengrauen, wenn es erlaubt wäre. In der Regel ziehen sie unwillig von dannen, wenn das Roulette um Mitternacht geschlossen wird. Und wenn der älteste Croupier, kurz vor Schluß, gegen Mitternacht verkündet: »Les trois derniers coups, messieurs!«, sind sie gelegentlich bereit, bei diesen letzten drei Coups das letzte zu setzen, was sie in den Taschen haben – und verlieren gerade dann am häufigsten. Ich begab mich zu demselben Tisch, an dem kürzlich Babuschka gesessen hatte. Es war kein großes Gedränge, so daß ich sehr bald an dem Tisch einen Stehplatz bekam. Unmittelbar vor mir, auf dem grünen Tuch, stand ein Wort: »Passe«. »Passe« – das ist die Zahlenreihe von neunzehn bis sechsunddreißig einschließlich. Die erste Reihe, von eins bis achtzehn einschließlich, heißt »Manque«: Aber was ging mich das an? Ich überlegte nicht und habe nicht einmal gehört, welche Zahl vorher gekommen war, erkundigte mich nicht einmal danach, bevor ich zu spielen begann, was jeder einigermaßen erfahrene Spieler tut. Ich zog meine zwanzig Friedrichsdor aus der Tasche und warf sie auf das vor mir stehende »Passe«.

»Vingt-deux!« rief der Croupier.

Ich hatte gewonnen – und setzte wieder, alles: den früheren Einsatz und den Gewinn.

»Trente et un!« rief der Croupier. Wieder gewonnen! Alles in allem besaß ich also achtzig Friedrichsdor! Ich schob diese achtzig auf die zwölf mittleren Zahlen (dreifacher Gewinn, allerdings zwei Chancen, zu verlieren) – das Rad drehte sich, es kam vierundzwanzig. Man reichte mir drei Rollen zu fünfzig Friedrichsdor und zehn Goldmünzen; zusammen mit dem früheren Gewinn verfügte ich jetzt über zweihundert Friedrichsdor.

Ich war wie in Trance, schob diesen ganzen Haufen Geld auf Rot – und kam plötzlich zu mir! Nur ein einziges Mal an diesem ganzen Abend, solange ich spielte, hauchte mich die

Angst eiskalt an und ließ meine Arme und Beine zittern. Entsetzt fühlte ich, und es wurde mir blitzartig bewußt: Was würde es bedeuten, jetzt zu verlieren! Mein ganzes Leben stand auf dem Spiel!

»Rouge!« rief der Croupier, und ich holte Atem; mein ganzer Körper glühte wie im Fieber. Man zahlte mich in Banknoten aus; alles zusammen viertausend Florin und achtzig Friedrichsdor! (Ich war damals noch imstande zu zählen.)

Darauf setzte ich, soweit ich mich erinnere, zweitausend Florin abermals auf die zwölf mittleren Zahlen und verlor; ich setzte meine Goldmünzen und achtzig Friedrichsdor und verlor. Eine maßlose Wut bemächtigte sich meiner: Ich packte meine letzten gebliebenen Florin und setzte auf die zwölf ersten – einfach so, blindlings, ohne zu überlegen! Es gab, übrigens, den Augenblick einer Erwartung, eines Eindrucks, der möglicherweise dem Eindruck der Mme Blanchard ähnlich war, als sie in Paris aus dem Luftballon auf die Erde zuflog.

»Quatre!« rief der Croupier. Im ganzen, zusammen mit dem früheren Einsatz, besaß ich wieder sechstausend Florin. Ich fühlte mich nun als Sieger, ich fürchtete nun nichts, gar nichts mehr und warf viertausend Florin auf Schwarz. Es waren ungefähr neun Menschen, die eilig meinem Beispiel folgend auf Schwarz setzten. Die Croupiers warfen einander bedeutungsvolle Blicke zu und raunten sich etwas ins Ohr. Es wurde rundum geflüstert und gewartet.

Es kam Schwarz. Von nun an weiß ich nichts mehr von der Höhe und der Reihenfolge meiner Einsätze. Ich weiß nur noch, wie im Traum, daß ich bereits an die sechzehntausend Florin gewann; wie ich plötzlich durch drei unglückliche Einsätze zwölftausend verlor; wie ich die letzten viertausend auf »Passe« schob (aber beinahe empfindungslos; ich habe nur gewartet, irgendwie mechanisch gewartet, ohne zu denken) –

und wieder gewann; darauf gewann ich noch viermal hintereinander. Ich erinnere mich nur noch, daß ich das Geld zu Tausenden zusammenscharrte; ich erinnere mich auch noch, daß am häufigsten die mittleren zwölf gewannen, bei denen ich nun fortlaufend blieb. Sie tauchten irgendwie regelmäßig auf – wiederholten sich drei- oder viermal hintereinander, um anschließend zweimal zu verschwinden, um abermals drei- oder viermal hintereinander wiederzukommen. Eine solche verblüffende Regelmäßigkeit tritt manchmal serienmäßig auf – und gerade dies verunsichert die eingefleischten Spieler, die ihre Chancen mit dem Bleistift in der Hand berechnen. Welch grauenhaften Spott treibt mit ihnen das Schicksal!

Ich glaube, seit meiner Ankunft mochte wohl eine halbe Stunde vergangen sein. Plötzlich ließ mich der Croupier wissen, daß ich dreißigtausend Florin gewonnen habe, und da die Bank für eine größere Summe auf einmal nicht aufkomme, müsse das Roulette bis zum nächsten Vormittag geschlossen bleiben. Ich sammelte mein Gold ein, verstaute es in den Taschen, raffte die Banknoten zusammen und zog dann an einen anderen Spieltisch, in einem anderen Spielsaal, wo sich ein anderes Roulette befand; die Menschenmenge drängte mir nach; dort wurde mir sofort Platz gemacht, und ich begann von neuem zu setzen, ohne zu zählen und ohne zu rechnen. Es ist mir unfaßlich, was mich rettete!

Hin und wieder blitzte übrigens in meinem Kopf etwas wie Überlegung auf. Ich hielt mich an irgendwelchen Zahlen und Chancen fest, um sie bald wieder fallenzulassen, und setzte abermals fast besinnungslos. Ich muß wohl sehr zerstreut gewesen sein; ich erinnere mich, daß die Croupiers meine Einsätze korrigierten. Mir unterliefen grobe Fehler. Meine Schläfen waren schweißnaß, und meine Hände zitterten. Gelegentlich tauchten die dienstbeflissenen Polen auf, aber ich nahm niemand wahr. Das Glück nahm kein Ende! Plötzlich erhoben sich laute Stimmen und Lachen. »Bravo, bravo!« rief man und klatschte sogar in die Hände. Ich hatte auch hier dreißigtausend gewonnen, und das Roulette mußte bis zum nächsten Tag ebenfalls geschlossen werden.

»Gehen Sie, gehen Sie«, flüsterte mir eine Stimme von rechts zu. Es war ein Frankfurter Jude, er hatte die ganze Zeit an meiner Seite gestanden und mir, glaube ich, gelegentlich beim Spiel geholfen.

»Gehen Sie, um Gottes willen, gehen Sie«, flüsterte eine andere Stimme an meinem linken Ohr. Ich sah flüchtig hin. Es war eine sehr bescheiden und anständig gekleidete Dame, um die Dreißig, mit einem krankhaft blassen und müden Gesicht, das immer noch Spuren einer einstigen Schönheit trug. In diesem Moment stopfte ich gerade die zusammengeknüllten Banknoten in die Taschen und sammelte die herumliegenden Goldmünzen ein. Ich griff nach der letzten Rolle mit fünfzig Friedrichsdor und drückte sie ganz unauffällig der blassen Dame in die Hand; ich folgte damals einem unwiderstehlichen Wunsch, und ihre schmalen, mageren Fingerchen, ich weiß es noch, drückten zum Zeichen lebhaftester Dankbarkeit fest meine Hand. Das alles geschah in einem Augenblick.

Nachdem ich alles eingesammelt hatte, begab ich mich rasch zu trente et quarante.

Bei trente et quarante trifft sich das aristokratische Publikum. Das ist nicht Roulette, es sind Karten. Hier garantiert die Bank hunderttausend Taler auf einen Schlag. Der höchste Einsatz ist gleichfalls viertausend Florin. Ich hatte von dem Spiel keine Ahnung und wußte nur, daß man auch hier auf Rot und Schwarz setzen konnte. Und danach richtete ich mich. Die Besucher des Saals versammelten sich um mich. Ich weiß nicht mehr, ob ich während dieser Zeit auch nur ein einziges Mal an Polina gedacht habe. Ich empfand damals eine unstillbare Lust beim Packen und Bündeln der Banknoten, die sich immer höher vor mir aufhäuften.

In der Tat, es schien eine Fügung des Schicksals. Dieses Mal, ausgerechnet dieses Mal, wiederholte sich ein Umstand, der beim Spiel übrigens gar nicht einmal selten ist. Das Glück, zum Beispiel, kann sich an das Rot heften und ihm zehn-, ja sogar fünfzehn Mal die Treue halten. Ich habe erst vorgestern gehört, daß das Rot in der letzten Woche zweiundzwanzig Mal hintereinander gekommen ist, an einen solchen Fall konnte man sich beim Roulette nicht einmal erinnern und erzählte voller Staunen davon. Selbstverständlich verzichtet man sofort auf Rot, schon nach dem zehnten Mal traut sich keiner mehr, darauf zu setzen. Aber auch auf Schwarz, das Gegenteil von Rot, traut sich von den erfahrenen Spielern keiner, auch nur einmal zu setzen. Der erfahrene Spieler weiß, was eine solche »Hartnäckigkeit des Schicksals« bedeutet. Man kann, wie es scheint, nach sechzehn Mal Rot annehmen, das siebzehnte Mal müsse unbedingt Schwarz bringen. Neulinge fallen darauf scharenweise herein. Sie verdoppeln und verdreifachen die Einsätze auf Schwarz und verlieren fürchterlich.

Ich aber, aus irgendeiner sonderbaren Hartnäckigkeit, hatte mich, sobald ich merkte, daß Rot sieben Mal nacheinander gekommen war, absichtlich darauf kapriziert. Ich bin überzeugt, daß es halb aus Ehrgeiz geschah; es ging mir darum, die Zuschauer durch rasenden Wagemut zum Staunen zu bringen – oh, diese eigentümliche Empfindung –, und ich weiß es noch ganz deutlich, daß mich plötzlich tatsächlich, ohne den herausfordernden Ehrgeiz, ein unstillbarer Durst nach einem Risiko gepackt hatte. Vielleicht war dieser Durst, nachdem die Seele so viele Empfindungen ausgekostet hatte, nicht gestillt, sondern nur gereizt und verlangte weitere Empfindungen, immer heftigere und heftigere, bis zur vollständigen Erschöpfung. Und wirklich, ich übertreibe nicht, wenn die Spielregel es erlaubt hätte, fünfzehntausend Florin auf einmal zu setzen – ich hätte sie gesetzt. Ringsum erregtes Rufen, es sei Wahnsinn, Rot sei bereits dreizehn Mal gewesen!

»Monsieur a gagné déjà cent mille florins«, hörte ich eine Stimme in meiner Nähe.

Plötzlich kam ich zu mir. Wie? Ich hatte an diesem Abend hunderttausend Florin gewonnen! Brauchte ich denn etwa mehr? Ich raffte die Banknoten zusammen, zerknüllte sie, füllte damit, ohne zu zählen, die Taschen, schob mein ganzes Gold zusammen, sämtliche Rollen, verstaute es und rannte aus dem Casino. Man lachte, als ich durch die Säle ging, über meine abstehenden Taschen und meinen unter der Goldlast schwankenden Gang. Ich glaube, sie wog wesentlich mehr als ein halbes Pud. Einige Hände streckten sich mir entgegen; ich gab jeweils so viel, wie die Hand in der Tasche faßte. Zwei Juden sprachen mich beim Ausgang an.

»Sie sind mutig! Sie sind sehr mutig!« sagten sie zu mir. »Aber reisen Sie morgen früh ab, so früh als möglich, sonst werden Sie alles, alles verspielen ...«

Ich beachtete sie nicht. Die Allee war so dunkel, daß man die Hand vor den Augen nicht sah. Das Hotel war etwa eine halbe Werst entfernt. Ich hatte mich nie vor Dieben oder vor Räubern gefürchtet, nicht einmal als kleiner Junge; und so auch jetzt nicht. Übrigens weiß ich nicht mehr, was ich unterwegs dachte; ich hatte überhaupt keinen einzigen Gedanken. Es war nur der grenzenlose Taumel aus Lust am Erfolg, am Sieg, an der Macht – ich weiß nicht, wie ich das ausdrücken soll. Auch Polinas Bild tauchte immer wieder vor mir auf; ich erinnerte mich und war mir dessen bewußt, daß ich mich auf dem Weg zu ihr befand, im nächsten Augenblick bei ihr sein und erzählen, ihr zeigen werde ... aber ich wußte inzwischen kaum noch, was sie mir vorhin gesagt hatte, warum ich aufgebrochen war, und all die Empfindungen, die mich erst vor kurzem, vor höchstens anderthalb Stunden, erfüllt hatten, kamen mir nun als längst vergangen, überholt, überlebt vor – zwischen uns nicht mehr erwähnenswert, weil jetzt alles von neuem beginnen würde. Schon am Ende der Allee packte mich plötzlich die Angst: »Wie, wenn man mich jetzt überfällt, umbringt und beraubt?« Mit jedem Schritt verdoppelte sich meine Angst. Beinahe rannte ich. Plötzlich strahlte am Ende der Allee unser ganzes Hotel auf, im Glanz seiner zahllosen Lichter – Gott sei Dank: Ich war zu Hause!

Ich stürmte die Treppe hinauf und stieß die Tür auf. Polina war da, sie saß auf meinem Sofa, vor einer brennenden Kerze, und hielt die Arme auf der Brust verschränkt. Sie sah mich bestürzt an, ich muß in diesem Moment seltsam genug ausgesehen haben. Ich blieb vor ihr stehen und begann, meine schwere Geldlast auf dem Tisch aufzuhäufen.

KAPITEL XV

Ich weiß noch, daß sie mir furchtbar aufmerksam ins Gesicht sah, ohne sich zu rühren oder auch nur die Haltung zu verändern.

»Ich habe zweihunderttausend Francs gewonnen«, rief ich, als ich die letzte Rolle auf den Tisch warf. Ein riesiger Haufen Banknoten und Goldrollen erhob sich auf dem Tisch, ich konnte meine Augen kaum abwenden; minutenlang vergaß ich Polinas Gegenwart ganz und gar. Bald ordnete ich die Stöße der Banknoten, die ich zusammensuchte, bald versuchte ich, das Gold zu sortieren, bald ließ ich alles liegen und nahm eine Wanderung durch das Zimmer auf, gedankenverloren, um plötzlich von neuem an den Tisch zu treten und von neuem das Geld zu zählen. Plötzlich stürzte ich zur Tür, als käme ich zur Besinnung, und schloß sie eilig ab, indem ich den Schlüssel zweimal umdrehte. Dann blieb ich nachdenklich vor meinem kleinen Koffer stehen.

»Sollte ich es vielleicht bis morgen in den Koffer legen?« fragte ich, indem ich mich plötzlich Polina zuwandte, plötzlich erinnerte ich mich an sie. Sie saß immer noch regungslos auf demselben Platz, beobachtete mich aber unentwegt. Ihr Gesichtsausdruck war irgendwie eigenartig; dieser Ausdruck gefiel mir nicht! Ich täusche mich nicht, wenn ich behaupte, daß es etwas wie Haß war.

Ich trat schnell auf sie zu. »Polina, hier, fünfundzwanzigtausend Florin – das sind fünfzigtausend Francs, sogar mehr. Nehmen Sie sie, und werfen Sie sie ihm morgen ins Gesicht.«

Sie antwortete nicht.

»Wenn Sie wünschen, bringe ich es hin, morgen früh. Ja?«

Sie lachte plötzlich. Sie lachte lange.

Ich sah sie erstaunt und leidvoll an. Dieses Lachen klang ähnlich wie das erst vor kurzem von mir häufig vernommene spöttische Lachen, das ich stets während meiner leidenschaftlichsten Liebeserklärungen zu hören bekam. Endlich verstummte sie und runzelte die Brauen; sie musterte mich streng unter der gesenkten Stirn hervor.

»Ich werde Ihr Geld nicht nehmen«, sagte sie verächtlich.

»Wieso? Was soll das?« stieß ich hervor. »Polina, warum denn?«

»Ich lasse mir kein Geld schenken.«

»Ich biete es Ihnen als Freund an; ich biete Ihnen mein Leben an.«

Sie warf mir einen langen, forschenden Blick zu, als wollte sie mein Innerstes durchschauen.

»Sie bieten zu viel«, sagte sie lächelnd; »die Geliebte von des Grieux ist keine fünfzigtausend Francs wert.«

»Polina, wie kann man so mit mir sprechen!« rief ich vorwurfsvoll. »Bin ich denn des Grieux?«

»Ich hasse Sie! Ja! ... Ja! ... Ich liebe Sie kein bißchen mehr als des Grieux«, rief sie mit plötzlich funkelnden Augen.

Dann schlug sie plötzlich die Hände vors Gesicht und brach in hysterisches Schluchzen aus. Ich stürzte zu ihr.

Ich begriff, daß etwas während meiner Abwesenheit mit ihr geschehen sein mußte. Sie schien völlig außer sich.

»Kauf mich! Willst du! Willst du! Für fünfzigtausend Francs, wie des Grieux?« stieß sie unter krampfhaftem Schluchzen hervor. Ich hielt sie fest in den Armen, küßte ihre Hände, ihre Füße und warf mich vor ihr auf die Knie.

Das hysterische Schluchzen ließ nach. Sie legte beide

Hände auf meine Schultern und betrachtete mich aufmerksam. Es schien, als wolle sie in meinem Gesicht lesen. Sie hörte mir zu, aber offenbar ohne wahrzunehmen, was ich ihr sagte. Nun war ihr Gesicht besorgt und nachdenklich, ich hatte Angst um sie; es schien, als ob sich ihr Geist verwirrte. Bald umarmte sie mich und zog mich plötzlich an ihre Brust; ein hingebungsvolles Lächeln spielte bereits auf ihrem Gesicht; aber plötzlich stieß sie mich wieder zurück und starrte mich wieder mit düsterem Blick an.

Plötzlich umarmte sie mich stürmisch.

»Du liebst mich doch, du liebst mich doch?« fragte sie. »Du hattest doch vor … dich meinetwillen mit dem Baron zu duellieren!« Und plötzlich lachte sie laut, als wäre ihr etwas Komisches und Reizendes plötzlich eingefallen. Sie weinte und lachte – gleichzeitig. Was sollte ich tun? Ich war ja selbst wie im Fieber. Ich weiß noch, daß sie mir etwas erzählen wollte, aber ich habe fast gar nichts verstanden. Es war wie ein Delirium, wie ein Lallen – sie schien mir etwas so schnell wie möglich anvertrauen zu wollen – ein Fieberwahn, der hin und wieder von dem ausgelassensten Gelächter unterbrochen wurde, das mich inzwischen zu ängstigen begann. »Nein, nein, du bist lieb, lieb!« wiederholte sie. »Du bist mein Treuer!« Dabei legte sie wieder die Hände auf meine Schultern, starrte mich wieder an und wiederholte: »Du liebst mich … du liebst mich … du wirst mich doch lieben?« Ich konnte die Augen nicht von ihr wenden; ich hatte sie noch nie in einem solchen Anfall von Zärtlichkeit und Liebe erlebt; natürlich, es war ein Fieberwahn, aber … als sie meinen leidenschaftlichen Blick bemerkte, begann sie plötzlich listig zu lächeln; und plötzlich, völlig unvermittelt, von Mister Astley zu sprechen.

Übrigens war sie immer wieder auf Mister Astley zu sprechen gekommen (besonders als sie mir vorhin etwas zu erzählen versuchte), aber was sie gemeint hatte, war mir dabei entgangen; es schien, sie hatte sich sogar über ihn lustig gemacht und pausenlos wiederholt, daß er warte ... und immer wieder gefragt, ob ich wisse, daß er jetzt bestimmt unter dem Fenster stehe? »Doch, doch, unter dem Fenster, mach es doch auf, sieh nach, sieh nach, er ist hier, hier!« Sie stieß mich zum Fenster, aber bei meiner ersten Bewegung dahin brach sie in Gelächter aus, worauf ich bei ihr blieb und sie mich stürmisch umarmte.

»Werden wir abreisen? Wir werden doch morgen abreisen?« Diese plötzliche Frage beunruhigte sie immer wieder. »Nun ...«, (sie überlegte), »nun ... könnten wir Babuschka noch einholen? In Berlin, glaube ich, werden wir sie einholen. Was meinst du, was wird sie sagen, wenn wir da sind und sie uns sieht? Und Mister Astley? ... Na ja, der wird sich nicht den Schlangenberg hinabstürzen, was meinst du?« (Sie lachte.) »Aber weißt du, weißt du, wohin er im nächsten Sommer fahren wird? Er will zum Nordpol, um wissenschaftlich zu forschen, und hat mich eingeladen, mitzufahren, ha-ha-ha! Er behauptete, daß wir, die Russen, ohne die Europäer ahnungslos wären und völlig unfähig ... aber er ist auch ein guter Mensch! Weißt du, er nimmt den ›General‹ in Schutz, er sagt, daß Blanche ... daß die Leidenschaft – ich weiß nicht mehr, ich weiß nicht mehr«, wiederholte sie plötzlich, als hätte sie den Faden verloren. »Sie sind arm, sie tun mir alle so leid, auch Babuschka ... Aber hör mal, hör mal, wie wolltest du denn des Grieux niederschießen? Wie konntest du bloß, wie konntest du dir einbilden, du könntest ihn umbringen? Oh, wie dumm bist du! Wie konntest du dir bloß einbilden, ich würde dich gegen des Grieux ins Duell schicken? Du könntest nicht einmal den Baron niederknallen«, fügte sie hinzu und lachte plötzlich. »Oh, wie sahst du damals komisch mit dem Baron aus; ich habe euch damals von meiner Bank aus beobachtet; und wie ungern bist du damals gegangen, als ich dich hinschickte. Wie hab' ich damals gelacht, oh, hab' ich damals gelacht«, wiederholte sie unter Lachen.

Und plötzlich umarmte und küßte sie mich wieder und schmiegte leidenschaftlich und zärtlich ihr Gesicht an das meine. Ich aber dachte nun nichts mehr und hörte auch nichts mehr. Mir schwindelte ...

Ich glaube, es war gegen sieben Uhr früh, als ich zu mir kam; die Sonne schien ins Zimmer. Polina saß neben mir, sah sich befremdet um, als trete sie aus einem Dunkel ans Licht und sammele nun ihre Erinnerungen. Sie war ebenfalls gerade erwacht und starrte den Tisch und das Geld an. Mein Kopf war schwer und schmerzte. Ich wollte Polinas Hand nehmen, aber sie stieß mich plötzlich zurück und sprang vom Sofa auf. Der beginnende Tag war trübe; vor Sonnenaufgang mußte es geregnet haben. Sie trat ans Fenster, stieß es auf, lehnte sich weit hinaus, mit Kopf und Brust, und blieb eine Weile so stehen, die Unterarme auf das Fensterbrett gestützt, unbeweglich, etwa drei Minuten, ohne sich nach mir umzuwenden und ohne darauf zu achten, was ich sagte. Voller Angst fragte ich mich: Was soll jetzt werden, und wie wird es enden? Plötzlich erhob sie sich vom Fenster, trat an den Tisch, sah mich mit dem Ausdruck unendlichen Hasses an und sagte mit vor Bosheit zitternden Lippen:

»So, und jetzt gib mir meine fünfzigtausend Francs!«

»Polina, schon wieder, schon wieder!« begann ich beschwichtigend.

»Oder hast du es dir anders überlegt, ha-ha-ha! Vielleicht bedauerst du es inzwischen?«

Die fünfundzwanzigtausend Florin lagen seit gestern abend abgezählt auf dem Tisch; ich nahm sie und reichte sie ihr.

»Inzwischen gehören sie mir? Nicht wahr? Das stimmt doch?« fragte sie boshaft mit dem Geld in der Hand.

»Aber es gehörte schon immer dir«, sagte ich.

»Also, hier hast du deine fünfzigtausend!« Sie holte aus und schleuderte sie mir ins Gesicht. Das Bündel traf mich schmerzhaft, und die Scheine flatterten auf den Boden. Darauf stürzte Polina aus dem Zimmer.

Ich weiß, sie war in diesem Augenblick zweifellos nicht bei sich, auch wenn ich dieses zeitweilige Irresein nicht nachvollziehen kann. Freilich, sie ist auch jetzt, nach einem ganzen Monat, immer noch krank. Aber was war der eigentliche Grund dieses Zustands und vor allem dieses Ausfalls? Gekränkter Stolz? Oder Verzweiflung darüber, daß sie bereit gewesen war, sogar mich aufzusuchen? Oder sollte ich den Eindruck erweckt haben, daß ich mich mit meinem Glück brüste, ebenso wie des Grieux, und ebenso wie des Grieux mich von ihr mit dem Geschenk von fünfzigtausend Francs loskaufe? Aber das war nicht der Fall, ich schwöre es bei meinem Gewissen. Ich denke, es lag zum Teil auch an ihrem Hochmut: Ihr Hochmut hatte ihr eingeflüstert, an mir zu zweifeln und mich zu kränken, auch wenn ihr selbst die Zusammenhänge vielleicht nicht ganz klar waren. In diesem Fall hätte ich, vielleicht, für des Grieux geradegestanden, und meine eigene Schuld wäre nicht besonders groß gewesen. Freilich, das Ganze war nur eine Art Fieberwahn; freilich, ich habe auch gewußt, daß es ein Fieberwahn war und ... und habe diesen Umstand nicht berücksichtigt. Vielleicht kann sie auch heute noch gerade dies nicht verzeihen? Ja, heute, aber damals, damals? Damals waren doch der Fieberwahn und ihre Krankheit nicht so überwältigend, daß sie nicht völlig vergessen konnte, was sie tat, indem sie zu mir kam, mit dem Brief von des Grieux? Folglich hatte sie gewußt, was sie tat.

Irgendwie, flüchtig, steckte ich meine Banknoten und den Goldhaufen in mein Bett, deckte alles zu und folgte ungefähr zehn Minuten später Polina. Ich war überzeugt, daß sie in ihr Zimmer zurückgekehrt war, und wollte mich möglichst unauffällig bei der Kinderfrau im Vorraum nach dem Befinden des Fräuleins erkundigen. Aber wie groß war meine Verblüffung, als ich die Kinderfrau bereits im Treppenhaus traf und von ihr erfuhr, daß Polina noch nicht zurückgekehrt war und daß die Kinderfrau sich auf dem Wege zu mir befand, um sie abzuholen.

»Aber sie hat mich gerade eben verlassen«, sagte ich. »Vor höchstens zehn Minuten, wo könnte sie sein?«

Die Kinderfrau sah mich vorwurfsvoll an.

Unterdessen hatte sich eine ganze Geschichte abgespielt, die bereits überall im Hotel kursierte. Beim Portier und beim Oberkellner wurde geflüstert, daß das »Fräulein« in aller Frühe, etwa um sechs Uhr morgens, aus dem Hotel gestürzt und im Regen in Richtung Hotel d'Angleterre weitergelaufen sei. Ihren Worten und Anspielungen konnte ich entnehmen, daß sie bereits wußten, daß sie die Nacht in meinem Zimmer verbracht hatte. Übrigens redete man über die ganze Familie des Generals: Es war bekannt, daß der General außer sich geraten sei und dermaßen geschluchzt habe, daß es im ganzen Hotel zu hören war. Es wurde ebenfalls erzählt, daß die abgereiste alte Dame seine Mutter sei, die sich aus Rußland auf den weiten Weg gemacht habe, um ihrem Sohn die Eheschließung mit Mademoiselle de Cominges ausdrücklich zu verbieten und ihn im Falle seines Ungehorsams zu enterben, und da er sich tatsächlich als ungehorsam gezeigt hätte, hätte es der Gräfin gefallen, vor seinen Augen mit vollstem Bedacht ihr gesamtes Vermögen zu verspielen und ihm keinen Heller übrigzulassen. »Diese Russen!« wiederholte der Oberkellner empört und schüttelte den Kopf. Andere lachten. Der Oberkellner schrieb die Rechnung. Von meinem Gewinn war man auch schon unterrichtet; Karl, der Diener auf unserem Stockwerk, gratulierte mir als erster. Aber ich hatte anderes im Kopf. Ich eilte ins Hotel d'Angleterre.

Es war noch früh am Morgen; Mister Astley war für niemand zu sprechen; als er jedoch hörte, daß ich es sei, trat er hinaus in den Korridor, blieb vor mir stehen, fixierte mich mit seinem bleiernen Blick und wartete: Was hätte ich zu sagen? Ich fragte sofort nach Polina.

»Sie ist krank«, antwortete Mister Astley, ohne eine Miene zu verziehen oder den Blick von mir abzuwenden.

»Dann ist sie tatsächlich bei Ihnen?«

»Oh, ja, bei mir.«

»Aber wie wollen Sie … haben Sie denn die Absicht, sie bei sich zu behalten?«

»Oh, ja. Ich habe diese Absicht.«

»Mister Astley, das wird zu einem Skandal führen; das geht nicht. Außerdem ist sie ernstlich krank; das haben Sie vielleicht gar nicht bemerkt?«

»Oh, ja, ich habe das bemerkt, und habe Ihnen bereits gesagt, daß sie krank ist. Wenn sie nicht krank wäre, hätte sie nicht die Nacht bei Ihnen verbracht.«

»Auch das wissen Sie?«

»Ich weiß das. Sie wollte gestern hierherkommen, und ich hätte sie zu meiner Verwandten begleitet, aber da sie krank war, verfehlte sie den Weg und kam zu Ihnen.«

»Man stelle sich das vor! Also, meine Gratulation, Mister Astley. Übrigens, Sie bringen mich auf eine Idee: Haben Sie nicht die ganze Nacht unter unserem Fenster verbracht? Miss Polina wünschte die ganze Nacht immer wieder, ich möge das Fenster öffnen und hinausspähen, ob Sie nicht unter dem Fenster ständen, und amüsierte sich dabei ganz fürchterlich.«

»Wirklich? Nein, ich habe nicht unter dem Fenster gestanden; aber ich habe im Korridor gewartet und bin ums Hotel gelaufen.«

»Aber sie muß behandelt werden, Mister Astley.«

»Oh, ja, ich habe bereits einen Arzt kommen lassen, und wenn sie stirbt, werde ich von Ihnen Rechenschaft verlangen.«

Ich war erstaunt:

»Ich bitte Sie, Mister Astley, wie stellen Sie sich das vor?«

»Und ist das wahr, daß Sie gestern zweihunderttausend Taler gewonnen haben?«

»Nur hunderttausend Florin.«

»Na also! Dann fahren Sie doch heute vormittag nach Paris!«

»Wozu?«

»Alle Russen, die Geld haben, reisen nach Paris«, erklärte Mister Astley mit einer Stimme und in einem Tonfall, als läse er aus einem Buch.

»Was soll ich jetzt, im Sommer, in Paris? Ich liebe sie, Mister Astley! Das wissen Sie doch.«

»Wirklich? Ich bin überzeugt, daß es nicht stimmt. Außerdem werden Sie, sollten Sie hierbleiben, bestimmt alles verspielen und gar nichts mehr haben, womit Sie nach Paris reisen können. Leben Sie wohl, ich bin fest überzeugt, daß Sie heute nach Paris abreisen.«

»Meinetwegen, leben Sie wohl, aber nach Paris werde ich bestimmt nicht reisen. Überlegen Sie doch, Mister Astley, was jetzt aus uns werden soll! Der General, kurz gesagt, ist … und jetzt noch das Abenteuer mit Miss Polina – das wird doch ein einziges Stadtgespräch.«

»Oh, ja, ein einziges Stadtgespräch. Aber der General

macht sich darüber keine Gedanken, wie mir scheint, er hat andere Sorgen. Außerdem hat Miss Polina das volle Recht, dort zu wohnen, wo sie wünscht. Und was diese Familie betrifft, so kann man zutreffend sagen, daß diese Familie nicht mehr existiert.«

Ich ging und grinste über die merkwürdige Sicherheit dieses Engländers, daß ich nach Paris reisen würde. "Allerdings hat er vor, mich im Duell niederzuknallen, falls Mademoiselle Polina stirbt", dachte ich, "eine schöne Bescherung!" Ich schwöre, daß ich Polina bedauerte, aber seltsam, seit jenem Augenblick, da ich gestern an den Spieltisch trat und die Banknoten sich bündelweise um mich häuften, schien meine Liebe gleichsam in den Hintergrund zu treten. Das kann ich jetzt sagen; aber damals bemerkte ich es noch nicht mit aller Deutlichkeit. Sollte ich in der Tat ein Spieler sein, sollte ich in der Tat ... Polina so eigentümlich geliebt haben? Nein, ich liebe sie heute noch, weiß Gott! Und damals, als ich Mister Astley verließ und in mein Zimmer zurückging, litt ich aufrichtig und machte mir die größten Vorwürfe. Aber ... aber da wurde ich von einem außerordentlich seltsamen und dummen Zufall erfaßt.

Ich eilte zum General, als plötzlich eine Tür in der Nähe seines Appartements geöffnet und ich beim Namen gerufen wurde. Es war Madame la veuve de Cominges, die mich auf Wunsch von Mademoiselle Blanche ansprach. Ich betrat das Appartement von Mademoiselle Blanche.

Die beiden bewohnten ein kleines Appartement, bestehend aus zwei Zimmern. Man hörte das Lachen und die Stimme von Mademoiselle Blanche aus ihrem Schlafzimmer. Sie schickte sich offenbar an, das Bett zu verlassen.

»Ah, c'est lui! Viens donc, bêta! Ist das wahr, que tu as gagné une montagne d'or et d'argent? J'aimerais mieux l'or.«

»Es ist wahr«, antwortete ich lachend.

»Wieviel?«

»Hunderttausend Florin.«

»Bibi, comme tu es bête. Aber herein, komm her, ich kann ja nichts hören. Nous ferons bombance, n'est-ce pas?«

Ich trat in ihr Zimmer. Sie lag unter einer rosa Atlasdecke, die ihre makellosen, gesunden, bewundernswerten Schultern frei ließ – Schultern, wie man sie allenfalls im Traum sieht –, die spärlich von schneeweißen Spitzen eines Batisthemdes bedeckt waren, das ihre makellose Haut erst recht zur Geltung brachte.

»Mon fils, as-tu du coeur?« rief sie bei meinem Anblick und lachte. Sie lachte stets ansteckend und mitunter sogar aufrichtig.

»Tout autre ...«, begann ich, Corneille paraphrasierend.

»Na, siehst du, vois-tu«, fing sie plötzlich zu plappern an. »Erstens, du mußt meine Strümpfe suchen und mir die Schuhe anziehen, und, zweitens, si tu n'est pas trop bête, je te prends à Paris. Du weißt doch, ich reise gleich ab.«

»Gleich?«

»In einer halben Stunde.«

Tatsächlich, es war bereits gepackt. Sämtliche Koffer und anderes Gepäck standen reisebereit. Das Frühstück war schon längst serviert.

»Eh bien, willst du, tu verras Paris. Dis donc, qu'est ce que c'est qu'un outchitel? Tu étais bien bête, quand tu étais un outchitel. Wo sind denn meine Strümpfe? Zieh sie mir an, los!«

Und sie streckte mir ein wirklich entzückendes Füßchen entgegen, zart und klein, nicht im geringsten deformiert wie sonst alle diese Füßchen, die in ihren Schuhen so reizend aussehen. Ich lachte und begann, ein Seidenstrümpfchen überzuziehen. Blanche saß indessen auf ihrem Bett und plauderte.

»Eh bien, que feras-tu, je te prends avec? Zweitens, je veux cinquante mille francs. Du gibst sie mir in Frankfurt. Nous allons à Paris; dort bleiben wir zusammen et je te ferai voir des étoiles en plein jour. Du wirst dort solche Frauen sehen, wie du sie noch nie gesehen hast. Hör mal ...«

»Warte, ich soll dir also fünfzigtausend Francs auf die Hand geben, und was bleibt mir dann noch übrig?«

»Et cent cinquante mille francs, die du vergessen hast, und außerdem bin ich bereit, in deiner Wohnung zu wohnen, einen oder zwei Monate, que sais-je! Wir werden in diesen zwei Monaten diese hundertfünfzigtausend verleben, das versteht sich. Du siehst, je suis bonne enfant und sage dir alles im voraus, mais tu verras des étoiles.«

»Wie, alles in zwei Monaten?«

»Wie! Du bist entsetzt! Ah, vil esclave! Weißt du denn nicht, daß ein einziger Monat eines solchen Lebens wertvoller ist als dein ganzes Dasein. Ein einziger Monat – et après le déluge! Mais tu ne peux comprendre, va! Hinaus mit dir, hinaus, du bist es nicht wert! Eh, que fais-tu?«

In diesem Augenblick streifte ich den Strumpf über das andere Füßchen, konnte mich aber nicht beherrschen und küßte es. Sie zog es zurück und schlug mir die Fußspitze ins Gesicht. Schließlich schickte sie mich endgültig weg. »Eh bien, mon outchitel, je t'attends, si tu veux; in einer Viertelstunde reise ich ab!« rief sie mir nach.

Als ich in mein Zimmer zurückkehrte, war ich schon wie von einem Wirbel erfaßt. Na ja, es war doch nicht meine Schuld, daß Mademoiselle Polina mir ein ganzes Paket Banknoten ins Gesicht geschleudert und bereits gestern Mister Astley mir vorgezogen hat. Einige Banknoten lagen immer noch auf dem Fußboden; ich hob sie auf. In diesem Augenblick ging die Tür auf, und der Oberkellner (der mich bis dahin keines Blickes gewürdigt hatte) erschien höchstpersönlich mit dem Vorschlag: Ich könnte, falls es mir gefiele, nach unten übersiedeln, in das exklusive Appartement, in dem zuletzt Graf W. logiert habe.

Ich blieb einen Moment stehen und überlegte.

»Die Rechnung, bitte!« rief ich. »Ich reise sofort ab, in zehn Minuten.«

“Wenn nach Paris, dann nach Paris!” dachte ich. “Das ist eben mein Los!”

Eine Viertelstunde später saßen wir tatsächlich zu dritt in einem Familiencoupé – ich, Mademoiselle Blanche und Madame la veuve Cominges. Mademoiselle Blanche lachte Tränen bei meinem Anblick. La veuve Cominges lachte mit; ich kann nicht behaupten, daß ich besonders fröhlich war. Mein Leben zerbrach, aber seit gestern hatte ich mich schon daran gewöhnt, alles auf eine Karte zu setzen. Vielleicht traf das wirklich zu, daß ich dem Geld nicht gewachsen und nun von einem Wirbel erfaßt wurde. Peut-être, je ne demandais pas mieux. Es schien mir, daß vorübergehend – aber nur vorübergehend – die Kulissen gewechselt würden. “Aber in einem Monat bin ich wieder hier, und dann ... dann werden wir noch einmal unsere Kräfte messen, Mister Astley!” Nein, jetzt erinnere ich mich doch, ich war schon damals unsäglich traurig, auch wenn ich mit diesem Dummchen Blanche um die Wette gelacht habe.

»Aber was willst du mehr! Wie dumm du bist! Oh, wie dumm du bist!« rief Blanche in einer Lachpause mit ernsthaftem Vorwurf. »Nun ja, nun ja, wir werden deine zweihunderttausend verprassen, mais dafür, dafür tu seras heureux, comme un petit roi, ich werde dir eigenhändig die Krawatte binden und dich mit Hortense bekannt machen. Und wenn wir unser ganzes Geld durchgebracht haben, wirst du hierherkommen und noch einmal die Bank sprengen. Was haben dir die Juden gesagt? Die Hauptsache ist der Mut, und den hast du, und du wirst mir noch mehr als einmal Geld nach Paris bringen. Quant à moi, je veux cinquante mille francs de rente et alors …«

»Und der General?« fragte ich sie.

»Und der General, das weißt du selbst, geht jedes Mal um diese Zeit aus, um mir das Bouquet zu besorgen. Diesmal habe ich absichtlich um besonders seltene Blumen gebeten. Der Ärmste kommt zurück, und das Vögelchen ist ausgeflogen. Er wird uns nachfliegen, du wirst sehen. Ha-ha-ha! Ich werde mich darüber sehr freuen. In Paris ist er gut zu gebrauchen; und hier wird Mister Astley seine Rechnung bezahlen …«

Auf diese Art bin ich damals nach Paris abgereist.

KAPITEL XVI

Was kann ich von Paris sagen? All das war, natürlich, sowohl Delirium als auch Narretei. Ich verbrachte alles in allem nur etwas mehr als drei Wochen in Paris, und in dieser Zeit wurden meine hunderttausend Francs restlos ausgegeben. Ich rede nur von einem Hunderttausend; das andere Hunderttausend habe ich Mademoiselle Blanche auf die Hand ausgezahlt – fünfzigtausend in Frankfurt, und drei Tage später in Paris als Wechsel auf fünfzigtausend, für dessen Tilgung sie eine Woche später abermals Geld verlangte, »et les cent mille francs qui nous restent, tu les mangeras avec moi, mon outchitel«. Sie nannte mich ständig »outchitel«. Man kann sich kaum etwas Berechnenderes, Geizigeres und Knauserigeres vorstellen als die Artgenossinnen von Mademoiselle Blanche. Jedenfalls was ihr eigenes Geld betrifft. Was meine hunderttausend angeht, so hat sie mir später unverblümt erklärt, daß sie das Geld für ihre ersten Schritte in Paris unbedingt gebraucht habe. »Jetzt habe ich ein für allemal eine solide Position angenommen, aus der mich kaum jemand verdrängen wird, jedenfalls nach den von mir getroffenen Vorkehrungen«, fügte sie hinzu.

Übrigens habe ich diese hundertfünfzigtausend kaum je zu Gesicht bekommen. Sie verwahrte das Geld die ganze Zeit selbst, und in meinem Geldbeutel, den sie täglich kontrollierte, befanden sich nie mehr als hundert Francs, fast immer sogar weniger.

»Aber wozu brauchst du Geld?« fragte sie gelegentlich mit der unbefangensten Miene, und ich widersprach ihr nicht.

Dafür richtete sie ihre Wohnung keineswegs, wirklich keineswegs übel ein, und als sie mir später, nach dem Umzug, alle Räume präsentierte, sagte sie: »Jetzt siehst du, was man mit den dürftigsten Mitteln machen kann, wenn man sparsam ist und Geschmack hat.« Die Dürftigkeit jedoch belief sich ganz genau auf fünfzigtausend.

Für die anderen fünfzigtausend schaffte sie eine Equipage und Pferde an, außerdem gaben wir zwei Bälle, das heißt zwei Abendgesellschaften, zu denen auch Hortense und Lisette und Cléopâtre gebeten wurden – Frauen, die in vielen, sogar sehr vielen Beziehungen bemerkenswert und durchaus nicht übel waren. Bei diesen beiden Abendgesellschaften war ich genötigt, die absolut alberne Rolle des Gastgebers zu übernehmen, die Gäste zu begrüßen und zu unterhalten, das heißt neureiche stumpfsinnigste Geschäftsleute, irgendwelche unvergleichlich unwissende und unkultivierte Leutnants unterschiedlicher Couleurs, jämmerliche Autoren und journalistisches Ungeziefer, alle in nach neuester Mode geschneiderten Fräcken und strohfarbenen Handschuhen und von einer solchen Eitelkeit und Selbstherrlichkeit, die selbst bei uns in Petersburg undenkbar wäre – und das will nicht wenig heißen. Sie kamen sogar auf die Idee, sich über mich lustig zu machen, aber ich leerte eine Flasche Champagner und machte es mir in dem hintersten Zimmer bequem. All das ekelte mich im höchsten Grade an. »C'est un outchitel«, pflegte Blanche mich vorzustellen. »Il a gagné deux cent mille francs und hätte ohne mich nicht gewußt, wie er sie ausgeben sollte. Und dann wird er wieder die Stellung eines Lehrers annehmen; weiß nicht jemand eine Vakanz? Man muß etwas für ihn tun.« Ich nahm immer öfter meine Zuflucht zum Champagner, weil ich andauernd traurig war und mich furchtbar langweilte. Ich lebte im spießbürgerlichen, rein merkantilen Milieu, in dem jeder

Sou berechnet und hochgehalten wird. Blanche konnte mich in den ersten zwei Wochen überhaupt nicht ausstehen, das hatte ich gemerkt; es stimmt, sie kleidete mich exquisit ein und band mir täglich eigenhändig die Krawatte, aber im Grunde ihrer Seele empfand sie für mich nur aufrichtige Mißachtung. All das war mir völlig gleichgültig.

Gelangweilt und niedergeschlagen, wie ich war, gewöhnte ich mich nach und nach daran, mich ins »Château des Fleurs« zu begeben, wo ich mich jeden Abend betrank und mir die Kenntnis des Cancan (der dort übrigens ganz abscheulich getanzt wird) aneignete, so daß ich im Laufe der Zeit darin eine gewisse Berühmtheit erlangte. Endlich aber ging Blanche das Licht auf: Sie hatte sich von Anfang an auf die Idee versteift, daß ich während unseres Zusammenseins nichts anderes zu tun hätte, als ihr mit Bleistift und Papier in der Hand auf Schritt und Tritt zu folgen und zu notieren, wieviel sie ausgegeben, wieviel sie gestohlen hatte und wieviel sie künftig ausgeben und stehlen würde. Und selbstverständlich rechnete sie damit, daß wir uns jedesmal wegen zehn Francs in den Haaren liegen würden. Sie hatte sich im voraus auf jeden von ihr erwarteten Angriff meinerseits rechzeitig gewappnet; aber da meinerseits jeglicher Angriff ausblieb, begann sie selbst zu widersprechen. Manchmal, nach einem hitzigen Vorgefecht – meistens lag ich auf der Couchette und starrte unbeweglich zur Decke hinauf –, bemerkte sie plötzlich mein Schweigen und verstummte schließlich erstaunt. Zuerst glaubte sie, ich sei einfach dumm, »un outchitel« und gab ihren Widerspruch auf, vermutlich in der Meinung: "Er ist eben dumm; wozu ihn auf etwas bringen, wenn er es selbst nicht begreift." Sie verließ in solchen Fällen den Raum, um etwa nach zehn Minuten wieder zurückzukehren (das geschah bei ihren ungeheuerlichsten Ausgaben, Ausgaben, die unsere Mittel hoffnungslos überschritten: zum Beispiel hatte sie die Pferde gewechselt und für sechzehntausend ein neues Paar gekauft).

»Also, Bibi, du bist mir nicht böse?« Mit diesen Worten trat sie auf mich zu.

»Ne-ei-n! Ich bin es lei-eid!« antwortete ich und schob sie mit der Hand fort, doch das war für sie so interessant, daß sie sich sofort neben mich setzte:

»Siehst du, ich habe mich nämlich entschlossen, soviel zu zahlen, weil es ein Gelegenheitskauf war. Man kann sie für zwanzigtausend weiterverkaufen.«

»Ich glaub's, ich glaub's; die Pferde sind wunderbar, und du hast jetzt ein prächtiges Gespann, das kannst du gut gebrauchen; und damit Schluß.«

»Du bist mir also nicht böse?«

»Aber warum denn? Das ist sehr klug von dir, daß du dich mit eigenen, für dich nötigen Dingen versorgst. All das wirst du später gut gebrauchen können. Ich sehe ein, daß du dir in der Tat eine Position auf großem Fuß schaffen mußt; anders läßt sich eine Million nicht zusammenbringen. Da sind unsere hunderttausend nur der Anfang, ein Tropfen im Meer.«

Blanche, die nichts weniger als solche Überlegungen erwartet hatte (statt Gebrüll und Vorwürfe!), fiel aus allen Wolken.

»Also bist du ... also so einer bist du! Mais tu as l'esprit pour comprendre. Sais-tu, mon garçon, auch wenn du nur ein Lehrer bist, du hättest als Prinz geboren werden sollen! Du bedauerst also nicht, daß unser Geld so schnell verschwindet?«

»Weg damit, je schneller, desto lieber!«

»Mais ... sais-tu ... mais dis donc, bist du denn reich? Mais sais-tu, du verachtest das Geld schon viel zu sehr. Qu'est ce que tu feras après, dis donc?«

»Après, fahre ich nach Homburg und gewinne weitere hunderttausend.«

»Oui, oui, c'est ça, c'est magnifique! Und ich weiß, daß du wirklich gewinnst und Geld hierherbringst. Dis donc, weißt du, daß du es noch erreichen wirst, daß ich dich wirklich liebe. Eh bien, weil du so einer bist, werde ich dich die ganze Zeit lieben und dir kein einziges Mal untreu sein. Siehst du, in dieser Zeit habe ich dich zwar nicht geliebt, parce que je croyais, que tu n'es qu'un outchitel (quelque chose comme un laquais, n'est-ce pas?), aber dennoch blieb ich dir treu, parce que je suis bonne fille.«

»Jetzt aber schwindelst du! Was ist mit diesem Albert, diesem brünetten Offizier, hab' ich euch nicht beim letzten Mal erwischt?«

»Oh, oh, mais tu es ...«

»Schon gut, alles Schwindel, alles Schwindel; du glaubst doch nicht etwa, daß ich dir böse bin? Das ist mir doch egal; il faut que jeunesse se passe. Du kannst ihn doch nicht vor die Tür setzen, wenn du ihn schon vor mir hattest und ihn liebst. Aber Geld darfst du ihm keines geben, hörst du?«

»Dann nimmst du mir also auch das nicht übel? Mais tu es un vrai philosophe, sais-tu? Un vrai philosophe!« rief sie entzückt. »Eh bien, je t'aimerai, je t'aimerai, je t'aimerai – tu verras, tu seras content.«

Und in der Tat: Seitdem schien sie sogar irgendwie anhänglich, sogar freundschaftlich, und so vergingen unsere letzten zehn Tage. Die verheißenen »Sterne« habe ich zwar nicht gesehen, aber in einigen anderen Beziehungen hat sie tatsächlich Wort gehalten. Darüber hinaus hat sie mich sogar mit Hortense bekannt gemacht, die in unserem Kreise Thérèse-Philosophe genannt wurde und eine in ihrer Art sogar ausgesprochen bemerkenswerte Frau war ...

Übrigens lohnt es keineswegs, sich darüber zu verbreiten: All das könnte durchaus Stoff zu einer besonderen Geschichte werden, mit eigenem Kolorit, die ich in diese Erzählung nicht einfügen möchte. Es ging nämlich darum, daß ich keinen sehnlicheren Wunsch hatte als das baldigste Ende dieser ganzen Geschichte. Aber unsere hunderttausend Francs hatten, wie ich bereits erwähnte, fast einen ganzen Monat gereicht, worüber ich aufrichtig erstaunt war: Für mindestens achtzigtausend Francs hatte Blanche verschiedene Einkäufe getätigt, verlebt haben wir ganz gewiß nicht mehr als zwanzigtausend – und es hatte gereicht. Blanche, schließlich sogar beinahe aufrichtig gegen mich (jedenfalls gab es inzwischen Dinge, bei denen sie mich nicht beschwindelte), erklärte, daß ich mindestens vor jenen Schulden verschont bleiben sollte, die sie gezwungenermaßen machen mußte. »Ich habe dir keine Rechnungen und Wechsel untergeschoben«, sagte sie mehrmals – »weil du mir leid tust: Eine andere hätte es bestimmt getan und dich damit hinter Gitter gebracht. Siehst du, siehst du, wie lieb ich dich hatte und wie gutherzig ich bin! Wieviel wird mich diese verflixte Hochzeit kosten!«

Wir hatten tatsächlich eine Hochzeit gefeiert. Und zwar ganz am Ende unseres Monats, so daß es anzunehmen ist, daß sie den letzten Bodensatz meiner hunderttausend verschlungen hat; damit war das Ganze zu Ende, das heißt, dann war unser Monat zu Ende, und ich wurde in aller Form verabschiedet.

Das ging so vor sich: Eine Woche nach unserer Ankunft in Paris traf auch der General ein. Er ließ sich direkt zu Blanche fahren und blieb von diesem ersten Besuch an fast ständig bei uns. Er muß irgendwo auch eine eigene Bleibe gehabt haben. Blanche empfing ihn erfreut, kreischend und lachend, und sprang ihm sogar an den Hals; sein Leben entwickelte sich derart, daß sie ihn kaum noch fortließ, und er sie überallhin begleiten mußte: auf den Boulevards, bei Ausfahrten, im Theater und bei Bekannten. Für diese Verwendung eignete sich der General noch uneingeschränkt: Er war recht imposant und würdevoll – fast auffallend hochgewachsen, der Backenbart und der immense Schnurrbart gefärbt (er hatte einst bei den Kürassieren gedient), mit ansehnlichem Gesicht, das gerade erst ein wenig schwammig wurde. Sein Auftreten war exzellent, sein Frack saß ausgezeichnet. In Paris steckte er nun wieder alle seine Orden an. Die Begleitung eines solchen Herrn beim Promenieren auf dem Boulevard war nicht nur möglich, sondern sogar, wenn man es so ausdrücken will, *repräsentierlich*. Der gutmütige und beschränkte General war mit seiner Situation furchtbar zufrieden; er hatte mit etwas ganz anderem gerechnet, als er nach seiner Ankunft in Paris bei uns erschienen war. Als er damals erschien, bibberte er beinahe vor Angst, er fürchtete, Blanche würde ihn anfahren und vor die Tür setzen lassen; und deshalb machte ihn eine derart unerwartete Wendung einfach selig, und in dieser töricht entzückten Stimmung blieb er einen ganzen Monat; und so habe ich ihn damals auch verlassen. Hier erst habe ich im einzelnen erfahren, wie unsere plötzliche Abreise aus Roulettenburg auf ihn damals gewirkt hat, an diesem Vormittag soll er zusammengebrochen sein. Er habe das Bewußtsein verloren und während einer ganzen Woche danach sich wie ein Geisteskranker benommen und geredet. Er sei ärztlich behandelt worden, habe sich aber plötzlich davongemacht, sei in den Zug gestiegen und schließlich in Paris aufgetaucht. Selbstverständlich war der Empfang, den Blanche ihm bereitete, das beste Heilmittel für ihn; dennoch blieben die Folgen seiner Krankheit noch lange Zeit bemerkbar, ungeachtet seiner frohen, ja sogar begeisterten Stimmung. Eine ernsthafte Überlegung oder auch ein nur wenig anspruchsvolles Gespräch war für ihn nicht möglich; dann räusperte er sich nach jedem Satz mit einem »Hm« und nickte mit dem Kopf – sein einziger Beitrag. Er lachte oft, aber sein Lachen klang krankhaft, nervös, krampfartig; manchmal saß er stundenlang da, finster wie die Nacht, und seine dichten Augenbrauen blieben gerunzelt. Vieles war offenbar seinem Gedächtnis entschwunden; seine Zerrissenheit wirkte nahezu absurd, und er hatte sich angewöhnt, Selbstgespräche zu führen. Blanche war der einzige Mensch, der ihn aufzuheitern vermochte; und auch die Anfälle der schlechten und düsteren Laune, wenn er sich in eine Ecke zurückzog, bedeuteten nichts anderes, als daß er Blanche lange nicht mehr gesehen hatte, oder daß Blanche ausgefahren war, ohne ihn mitzunehmen oder ohne sich zärtlich von ihm zu verabschieden. In solcher Verfassung wäre er nicht imstande gewesen zu äußern, was ihm fehlte, er wußte nicht einmal, warum er so düster und traurig war. Nachdem er eine oder zwei Stunden gewartet hatte (ich habe es ein paar Mal beobachtet, als Blanche den ganzen Tag abwesend war, wahrscheinlich verbrachte sie die Zeit bei Albert), wurde er plötzlich unruhig, spähte nach allen Seiten, suchte mit dem Blick, schien sich erinnern zu wollen oder auf jemand zu warten; aber als er niemand fand und sich nicht erinnern konnte, wonach er fragen wollte, versackte er wieder in sein dumpfes Brüten, bis plötzlich Blanche wieder erschien, heiter, ausgelassen, in großer Toilette und mit ihrem hellen Lachen; sie lief lachend auf ihn zu, schüttelte ihn förmlich und küßte ihn sogar – eine Gnade, die ihm übrigens selten zuteil wurde. Einmal war der General so selig, als sie wiederkam, daß er in Tränen ausbrach – ich konnte vor Verwunderung nur den Kopf schütteln.

Von Anfang an spielte Blanche, nachdem der General bei uns erschienen war, sich vor mir als seine Verteidigerin auf.

Mit großer Eloquenz erinnerte sie mich, daß sie dem General meinetwegen die Treue gebrochen habe; daß sie bereits beinahe seine Braut gewesen sei und ihm ihr Jawort gegeben habe; daß er bereit gewesen sei, ihretwegen seine Familie zu verlassen; und daß ich in seinen Diensten gestanden habe und daß ich dies nicht unberücksichtigt lassen dürfe und daß ich mich schämen solle ... Ich schwieg unentwegt, und sie redete und redete. Endlich konnte ich ein Lachen nicht unterdrükken, und damit war die Sache erledigt, das heißt, zuerst glaubte sie, ich sei ein Tölpel, blieb aber schließlich bei der Meinung, ich sei ein sehr anständiger und umgänglicher Mensch. Mit einem Wort, ich hatte das Glück, in den letzten Tagen das uneingeschränkte Wohlwollen dieser ehrenwerten jungen Dame zu gewinnen (Blanche war übrigens in der Tat ein herzensgutes junges Mädchen – nur von besonderer Art, versteht sich; ich hatte sie anfangs nicht richtig eingeschätzt). »Du bist ein gescheiter und guter Mensch«, pflegte sie mir in den letzten Tagen zu sagen – »aber es ist schade, daß du so ein Tölpel bist! Du wirst es zu nichts, zu gar nichts bringen!«

»Un vrai russe, un calmouk!« – Sie hat mich mehrmals mit dem General spazieren geschickt – genauso wie einen Diener mit ihrem Windspiel. Ich führte ihn allerdings ins Theater, ins Bal-Mabille und in Restaurants. Dafür zahlte Blanche persönlich, wiewohl der General auch eigenes Geld besaß und sogar mit besonderer Vorliebe seine Brieftasche hervorzog. Einmal mußte ich beinahe gewalttätig werden, um ihn daran zu hindern, eine Brosche für siebenhundert Francs zu erstehen, die er im Palais Royal entdeckt und unbedingt Blanche schenken wollte. Nun, aber was war für eine Blanche eine Brosche für siebenhundert Francs, während der General über kaum mehr als tausend Francs verfügte. Ich habe nie erfahren, woher er sie hatte. Ich nehme an, von Mister Astley, da dieser seine Hotelrechnungen beglichen hatte. Was aber die Ansichten des Generals über meine Person betrifft, so scheint es mir, daß er von meinen Beziehungen zu Blanche nicht die geringste Ahnung hatte. Er hatte wohl irgendwann einmal gehört, daß ich ein ganzes Kapital gewonnen hätte, hatte aber wahrscheinlich angenommen, daß ich bei Blanche angestellt wäre, etwa als Privatsekretär oder vielleicht sogar als Diener. Jedenfalls sprach er mit mir stets wie ehedem herablassend, im Kommandoton, und wies mich sogar gelegentlich zurecht. Einmal hatte er uns, mich und Blanche, richtig zum Lachen gebracht, morgens beim Frühstückskaffee. Er fühlte sich sonst nicht so schnell beleidigt; damals aber plötzlich von mir gekränkt; wodurch? – das kann ich heute noch nicht verstehen. Aber natürlich verstand er es damals ebensowenig.

Kurz, er hielt eine Rede ohne Anfang und Ende, à bâtons-rompus, brüllte, ich sei ein Bengel, er wolle mich lehren ... er werde mir beibringen und klarmachen, daß ... und so weiter und so weiter. Keiner von uns verstand auch nur ein Wort. Blanche schüttelte sich vor Lachen. Endlich ließ er sich einigermaßen beruhigen und zu einem Spaziergang abführen. Mir fiel öfter auf, daß er trotz allem hin und wieder melancholisch wurde, daß ihm irgend jemand oder irgendwas leid tat, daß ihm jemand fehlte, sogar in Gegenwart von Blanche. In solchen Minuten versuchte er, sogar mich anzusprechen, zwei Mal, aber es gelang ihm nicht, sich verständlich zu machen, er erinnerte sich an seinen Dienst, an seine verstorbene Frau, an sein Gut, an seinen Hausstand. Ihm fiel unvermittelt ein beliebiges Wort ein, an dem er sich freute und das er hundert Mal am Tag wiederholte, obwohl es weder seinen Gefühlen noch seinen Gedanken entsprach. Ich versuchte, mit ihm über seine Kinder zu sprechen. Aber das paßte ihm nicht, und er wechselte augenblicklich das Thema: »Ja-ja! Kinder, Kinder,

Sie haben so recht! Die Kinder!« Nur ein einziges Mal reagierte er gefühlvoll – wir waren gerade auf dem Weg ins Theater: »Das sind unglückliche Kinder!« brach es plötzlich aus ihm heraus – »Jawohl, mein Herr, jawohl, das sind un-glückli-che Kinder!« Und im Laufe dieses Abends wiederholte er mehrmals die Worte: »Unglückliche Kinder!« Als ich einmal Polina erwähnte, wurde er sogar wütend. »Eine undankbare Frau!« rief er aus, »bösartig und undankbar! Sie hat Schande über die ganze Familie gebracht! Gäbe es hier Gesetze, hätte ich es ihr schon gezeigt! Jawohl, jawohl!« Was aber des Grieux betraf, so wollte er nicht einmal den Namen hören. »Er hat mich zugrunde gerichtet«, sagte er, »er hat mich bestohlen, er hat mich umgebracht! Ein Albdruck, der ganze zwei Jahre dauerte! Ich habe monatelang jede Nacht von ihm geträumt! Er ist – er ist, er ist ... Sie dürfen mich nie mehr an diesen Menschen erinnern!«

Ich bemerkte, daß die beiden sich einig geworden waren, schwieg aber nach meiner Gewohnheit. Blanche weihte mich als erste ein: Es war genau eine Woche, bevor wir uns trennten.

»Il a de la chance«, sprudelte sie, »Babuschka ist jetzt wirklich krank und wird ganz bestimmt sterben. Mister Astley hat ein Telegramm geschickt; du mußt zugeben, er ist immerhin ihr Erbe. Und selbst wenn er es nicht wäre, wird er niemals stören. Erstens hat er seine Pension und zweitens wird er im Hinterzimmer leben und vollkommen glücklich sein. Und ich werde ›madame la générale‹ sein und in höheren Kreisen verkehren«, (Blanche träumte unaufhörlich davon), »und später russische Gutsbesitzerin, j'aurai toujours un château, des moujiks, et puis j'aurai toujours mon million.«

»Na ja, aber auf einmal ist er eifersüchtig und verlangt ... Gott weiß was alles, verstehst du?«

»O nein, non, non, non! Wie sollte er das wagen! Ich habe bereits meine Maßnahmen getroffen, du kannst ganz ruhig sein. Ich habe ihn bereits einige Wechsel auf Alberts Namen unterzeichnen lassen. Sollte er je – wird er auf der Stelle bestraft; aber er wird es auch nicht wagen!«

»Na ja, dann heirate ihn …«

Die Hochzeit wurde ohne besonderen Pomp, en famille und still gefeiert. Zu den Gästen zählten Albert und nur wenige nahe Bekannte. Hortense, Cléopâtre und so weiter waren unerbittlich ausgeschlossen. Der Bräutigam war seiner neuen Würde bewußt. Blanche hatte ihm eigenhändig die Krawatte gebunden, eigenhändig Pomade in das Haar getan, und schließlich sah er im Frack und mit weißer Weste très comme il faut aus.

»Il est pourtant très comme il faut«, verkündete Blanche, als sie aus dem Zimmer des Generals trat, wie wenn die Idee, der General sei très comme il faut, sie selbst tief überrascht hätte. Ich habe mich so wenig für die Details interessiert und mich so sehr auf die Rolle eines trägen Zuschauers beschränkt, daß ich vieles von dem, was sich damals zutrug, einfach vergessen habe. Ich erinnere mich nur noch, daß Blanche sich keineswegs als eine de Cominges erwies, ebensowenig wie ihre Mutter als eine veuve de Cominges, sondern – als eine du-Placet. Warum die beiden bislang de Cominges waren – das blieb mir unbekannt. Aber der General war auch damit durchaus zufrieden, und du-Placet gefiel ihm sogar besser als de Cominges. Am Hochzeitsmorgen schritt er bereits festlich gekleidet im Salon auf und ab und repetierte für sich mit ungewöhnlich ernster und bedeutender Mine: »Mademoiselle Blanche du-Placet! Blanche du-Placet! Du-Placet! Mademoiselle Blanche du-Placet! …«, und strahlte vor Selbstzufriedenheit über das ganze Gesicht. In der Kirche, bei dem Maire und zu Hause beim Gabelfrühstück war er nicht nur fröhlich und zufrieden, sondern sogar stolz. Mit den beiden war etwas Besonderes geschehen. Blanche gab sich ebenfalls ausgesprochen würdevoll.

»Ich muß mich jetzt ganz anders benehmen«, sagte sie mir vollkommen ernst, »mais vois-tu, ich habe etwas Abscheuliches vergessen: Stell dir vor, ich bringe es bis jetzt noch nicht fertig, meinen neuen Familiennamen auszusprechen: Zagorjanskij, Zagorsjanskij, ... madame la générale de Sago-Sago, ces diables des noms russes, enfin madame la générale à quatorze consonnes! Comme c'est agréable, n'est-ce pas?«

Endlich nahmen wir Abschied voneinander, und Blanche, dieser törichten Blanche, kamen dabei sogar die Tränen. »Tu étais bon enfant«, sagte sie weinerlich. »Je te croyais bête et tu en avais l'air, aber das steht dir gut.« Und auf einmal, als wir uns zum letzten Mal die Hand drückten, rief sie plötzlich »Attends!«, rannte in ihr Boudoir und kam eine Minute später mit zwei Tausend-Francs-Scheinen zurück. Das hätte ich niemals für möglich gehalten! »Du wirst sie gut brauchen können, du bist vielleicht ein sehr gelehrter outchitel, aber ein grauenhaft törichter Mensch. Mehr als zweitausend gebe ich dir auf keinen Fall, weil du sie sowieso verspielen wirst. Also leb wohl! Nous serons toujours bons amis, und wenn du wieder einmal gewinnen wirst, mußt du unbedingt zu mir kommen, et tu seras heureux!«

Ich hatte selbst noch etwa fünfhundert Francs; außerdem besaß ich eine prächtige Uhr im Wert von etwa tausend Francs, ein Paar Manschettenknöpfe mit Brillanten und ähnliches mehr, so daß ich noch eine ganze Weile sorglos leben konnte. Ich habe absichtlich meine Zelte in dieser Kleinstadt aufgeschlagen, um meine Pläne zu schmieden und vor allem, das ist die Hauptsache, auf Mister Astley zu warten. Ich habe die sichere Nachricht erhalten, daß Mister Astley sich hier einen Tag aufhalten wird, in Geschäften. Ich möchte von ihm alles erfahren … und dann – dann geht es direkt nach Homburg. Nach Roulettenburg möchte ich nicht, höchstens erst im nächsten Jahr. Es heißt ja, daß es ungünstig ist, sein Glück zweimal hintereinander am selben Spieltisch zu versuchen, und außerdem ist Homburg der beste, der richtige Ort für das Spiel.

KAPITEL XVII

Nun sind bereits ein ganzes Jahr und acht Monate vergangen, seit ich diese Aufzeichnung auch nur eines Blickes gewürdigt habe, und erst jetzt, in meinem Elend und meiner Sehnsucht nach Zerstreuung, habe ich sie überflogen. Damals bin ich bei meinem Vorsatz stehengeblieben, Homburg aufzusuchen. Mein Gott! Mit welch einem vergleichsweise leichten Herzen hatte ich diese letzten Zeilen damals niedergeschrieben! Das heißt, weniger mit leichtem Herzen – als vielmehr mit welcher Selbstsicherheit, mit welch unerschütterlichen Hoffnungen! Habe ich denn damals im geringsten an mir gezweifelt? Nun sind bereits mehr als eineinhalb Jahre vergangen, und ich bin schlimmer dran als ein Bettler! Aber was heißt Bettler! Was kümmert mich Armut! Ich habe mich schlicht und einfach zugrunde gerichtet! Übrigens gibt es dafür gar keine Worte, und es hat schon gar keinen Sinn, Moralpredigten zu halten! Es gibt nichts Absurderes als eine Moralpredigt in einem solchen Augenblick! Oh, ihr selbstzufriedenen Menschen: Mit welch stolzer Selbstzufriedenheit sind diese Schwätzer bereit, bei jeder Gelegenheit ihre Sentenzen vorzutragen! Wüßten sie, wie ich selbst hier das Widerwärtige meines jetzigen Zustandes erkenne, würde die Zunge ihnen den Dienst versagen, mich weiter zu belehren. Und was, was könnte sie mir Neues sagen, was ich nicht selber wüßte? Und geht es überhaupt darum? Eigentlich geht es darum, daß eine einzige Drehung des Rades alles verändern kann und daß dieselben Moralisten (dessen bin ich mir sicher) als erste mich mit freundschaftlichen Scherzen umringen und mir gratulieren werden, statt mir wie jetzt die kalte Schulter zu zeigen. Aber was gehen sie mich alle an! Was bin ich jetzt? Zéro. Was kann ich morgen sein? Morgen kann ich von den Toten auferstehen und ein neues Leben beginnen! Den Menschen in mir kann ich wiedererlangen, solange er noch nicht verloren ist!

Ich war damals tatsächlich nach Homburg gefahren, war aber … anschließend auch wieder in Roulettenburg, in Spa … Ich war sogar in Baden-Baden, nämlich in meiner Eigenschaft als Kammerdiener des Herrn Hintze, eines Widerlings und meines damaligen deutschen Brotherrn. Jawohl, ich fungierte auch als Lakai, und zwar ganze fünf Monate! Das war unmittelbar nach dem Gefängnis. (Ich hatte wegen einer Schuld von zweihundert Talern in Roulettenburg im Gefängnis gesessen. Ein Unbekannter hat mich freigekauft – wer war das wohl? Mister Astley? Polina? Ich weiß es nicht. Aber meine Schuld wurde bezahlt – alles in allem zweihundert Taler –, und ich war frei.) Wohin mit mir? Darauf habe ich die Stelle bei diesem Hintze angenommen. Er ist jung, ein Windbeutel, ein Faulpelz, und ich spreche und schreibe drei Sprachen. Ich bin bei ihm zuerst als eine Art Privatsekretär angetreten, mit einem Gehalt von monatlich dreißig Gulden; aber zum Schluß war ich ein richtiger Diener: Das Gehalt eines Privatsekretärs überschritt seine Möglichkeiten, und er kürzte mein monatliches Salär; ich wußte aber immer noch nicht, wohin, ich blieb – und verwandelte mich auf diese Weise ganz von selbst in einen Lakaien, ich sparte mir Essen und Trinken vom Munde ab und hatte auf diese Weise in fünf Monaten siebzig Gulden zusammen. Eines schönen Abends, in Baden, kündigte ich. Und noch am selben Abend ging ich zum Roulette. Oh, dieses Herzklopfen! Nein, es ging mir nicht um Geld! Damals hatte ich nur den einzigen Wunsch, daß am nächsten

Morgen sämtliche Hintzes, sämtliche Oberkellner, sämtliche prachtvollen Baden-Badener Damen – daß sie alle, alle von nichts anderem sprächen als von mir, sich meine Geschichte erzählten, mich bestaunten, mich hochpriesen und meinen neuen Gewinn bewunderten. Das alles sind Kindereien und Kindersorgen, aber ... wer weiß: Vielleicht hätte ich dort Polina getroffen, und ich hätte ihr alles erzählt, und sie hätte erkannt, daß ich über all diese absurden Schicksalsschläge erhaben bin ... Oh, es ging mir nicht ums Geld! Ich bin überzeugt, daß ich es abermals irgendeiner Blanche vor die Füße werfen und abermals in Paris drei Wochen mit eigenem Gespann für sechzehntausend Francs kutschieren würde. Ich bin mir sicher, daß ich kein Geizhals bin; eher verschwenderisch, wie ich glaube – indessen höre ich dennoch bebend, stockenden Herzens dem Ruf der Croupiers zu: »trente et un, rouge, impaire et passe« oder: »quatre, noir, pair et manque!« Mit welcher Begehrlichkeit starre ich den Spieltisch an, der mit Louisdors, Friedrichsdors und Talern übersät ist, auf die kleinen Goldsäulen, die unter den Schaufeln der Croupiers in glühende Häufchen zerfallen, oder auf die bis zu einem Arschin langen Silberrollen, die sich um das Rad reihen. Noch bevor ich den Spielsaal betrete, schon zwei Säle vorher, ich brauche nur das Klingeln der ständig bewegten Münzen zu hören – und ich bekomme krampfartige Zustände.

Oh, auch jener Abend, als ich meine siebzig Gulden zum Spieltisch getragen hatte, war auf seine Weise wunderbar gewesen. Ich begann mit zehn Gulden und wieder mit »Passe«. Für »Passe« habe ich eine echte Vorliebe. Ich verlor. Mir blieben sechzig Gulden in Silber; ich überlegte – und setzte auf »Zéro«. Ich setzte auf »Zéro« wiederholt fünf Gulden; beim dritten Mal kam plötzlich »Zéro«, und ich verging beinahe vor Freude, als ich hundertfünfundsiebzig Gulden gewonnen hatte; die einst gewonnenen hunderttausend hatten mich nicht so froh gemacht. Unmittelbar darauf setzte ich hundert auf »Rouge« – und gewann; alle zweihundert auf »Rouge« – und gewann; alle vierhundert auf »Noir« – und gewann; alle achthundert auf »Manque« – und gewann; alles zusammen waren es eintausendsiebenhundert Gulden, und dies in weniger als fünf Minuten! Ja, und in solchen Augenblicken vergißt man alles frühere Mißgeschick! Denn für diesen Erfolg hatte ich mehr als mein Leben riskiert, mehr als mein Leben zu riskieren gewagt und – gehörte nun wieder zu den Menschen!

Ich nahm ein Hotelzimmer, schloß mich ein, blieb bis drei Uhr nachts wach und zählte mein Geld. Als ich am Morgen erwachte, war ich kein Lakai mehr. Ich beschloß, noch am selben Tag nach Homburg zu fahren: Dort hatte ich weder als Diener gedient noch hinter Gittern gesessen. Eine halbe Stunde vor Abfahrt des Zuges genehmigte ich mir noch zwei Sätze, keinen mehr, und verlor eineinhalbtausend Florin. Dennoch, ich zog um, nach Homburg, und halte mich hier nun schon einen ganzen Monat auf …

Ich lebe natürlich in einer dauernden Spannung, spiele nur ganz kleine Sätze und warte ab, rechne, verbringe ganze Tage stehend am Spieltisch und *beobachte* das Spiel, sehe sogar im Schlaf nur das Spiel, aber bei alldem scheint es mir, als sei ich irgendwie gefühllos, unempfindlich geworden, als steckte ich bis über die Ohren in einer Art Schlamm. Ich schließe das aus dem Eindruck, den die Begegnung mit Mister Astley auf mich gemacht hat. Wir hatten uns seit damals nicht gesehen und trafen uns völlig unverhofft wieder; das war so: Ich ging durch den Garten und überlegte, daß ich kaum noch Geld hatte, bis auf immerhin fünfzig, und außerdem im Hotel die Rechnung für mein Kämmerchen vorgestern bezahlt hatte. Also durfte ich nur noch ein einziges Mal zum Roulette, und – sollte ich gewinnen – weiterspielen; sollte ich verlieren – müßte ich mich abermals um eine Stelle als Lakai bemühen, es sei denn, ich begegnete irgendwelchen Russen, die einen Hauslehrer suchten. In diese Gedanken versunken, schlug ich meinen gewohnten Weg durch den Park und durch den Wald ein, bis in das benachbarte Fürstentum. Manchmal war ich auf diese Weise bis zu vier Stunden unterwegs und kehrte müde und hungrig nach Homburg zurück. Kaum war ich aus dem Garten in den Park gelangt, als ich plötzlich auf einer Bank Mister Astley sah. Er hatte mich bereits entdeckt und meinen Namen gerufen. Ich nahm neben ihm Platz. Er bewahrte einen gewissen Ernst, und sobald ich dies bemerkte, mäßigte ich sofort meine freudige Überraschung; ich hatte mich nämlich furchtbar über ihn gefreut.

»Aha, Sie sind also hier! Ich habe schon gedacht, daß ich Sie hier treffen werde«, sagte er. »Machen Sie sich nicht die Mühe, mir etwas zu erzählen: Ich weiß alles; Ihre sämtlichen Lebensumstände in diesem Jahr und den acht Monaten sind mir bekannt.«

»Oho! Sie lassen Ihre alten Freunde also nicht aus den Augen!« antwortete ich darauf. »Sehr schön von Ihnen, daß Sie sie nicht vergessen! Warten Sie, Sie bringen mich auf einen Gedanken – haben nicht Sie mich aus dem Roulettenburger Gefängnis freigekauft, wo ich wegen der Schuld von zweihundert Gulden sitzen mußte? Ein Unbekannter hat mich freigekauft.«

»Nein, o nein; ich habe Sie aus dem Roulettenburger Gefängnis, wo Sie wegen einer Schuld von zweihundert Gulden einsaßen, nicht freigekauft, aber ich habe gewußt, daß Sie wegen einer Schuld von zweihundert Gulden einsaßen …«

»Das heißt, Sie wissen, wer mich freigekauft hat?«

»Oh, nein, ich kann nicht behaupten, daß ich weiß, wer Sie freigekauft hat.«

»Eigentümlich; unter unseren Russen bin ich völlig unbekannt; und die Russen würden hier vermutlich niemanden freikaufen; es ist ja nur dort, in Rußland, üblich, daß Rechtgläubige die Rechtgläubigen freikaufen. Ich habe schon gedacht, es müßte schon ein englischer Sonderling sein, aus einer originellen Laune.«

Mister Astley hörte mir mit einigem Erstaunen zu. Es schien, als hätte er damit gerechnet, mich niedergeschlagen und mutlos zu finden.

»Ich bin jedoch sehr erfreut, daß Sie Ihre souveräne Geisteshaltung und sogar Ihre Heiterkeit unvermindert bewahrt haben«, sagte er mit einer ziemlich säuerlichen Miene.

»Das heißt, Sie knirschen innerlich mit den Zähnen vor lauter Enttäuschung darüber, daß ich nicht niedergeschlagen und gedemütigt bin«, sagte ich lächelnd.

Er brauchte eine Weile, um mich zu verstehen, aber er lächelte, sobald er es verstanden hatte.

»Ihre Bemerkungen gefallen mir. Ich erkenne in diesen Worten meinen früheren gescheiten, begeisterten und zugleich zynischen alten Freund wieder; nur Russen bringen es fertig, so viele Gegensätze zu gleicher Zeit in sich zu vereinen. Es stimmt, daß der Mensch seinen besten Freund nicht ungern vor sich erniedrigt sieht; meistenteils ist der Grund einer Freundschaft eine solche Erniedrigung; das ist eine uralte, allen klugen Menschen bekannte Wahrheit. Aber in diesem Fall, ich versichere Sie, freue ich mich aufrichtig, daß Sie den Mut nicht verlieren. Sagen Sie, haben Sie nicht die Absicht, das Spiel aufzugeben?«

»Oh! Zum Teufel damit! Ich gebe es sofort auf, sobald ich …«

»... Sobald ich das Verlorene wiedergewonnen habe? Das dachte ich mir; Sie brauchen den Satz nicht zu vollenden – ich weiß, er ist Ihnen unbedacht entschlüpft, folglich haben Sie die Wahrheit gesagt. Sagen Sie, beschäftigen Sie sich nur mit dem Spiel und mit nichts anderem sonst?«

»Ja, mit nichts anderem sonst ...«

Darauf begann er mich zu examinieren. Ich wußte nichts, ich hatte kaum einen Blick in eine Zeitung geworfen und bestimmt während dieser ganzen Zeit kein Buch aufgeschlagen.

»Ihr Kopf ist holzig geworden«, bemerkte er, »Sie haben nicht nur auf das Leben verzichtet, auf Ihre eigenen und die öffentlichen Interessen, auf die Pflichterfüllung des Bürgers und des Menschen, auf den Umgang mit Ihren Freunden (immerhin haben Sie welche gehabt), Sie haben nicht nur auf jedes Ziel, welches auch immer, außer dem Gewinn, Sie haben sogar auf Ihre Erinnerungen verzichtet. Ich kenne Sie noch in einem glühendheißen und intensiven Augenblick Ihres Lebens; aber ich bin sicher, daß Sie alle Ihre besten Empfindungen von damals vergessen haben; Ihre Träume, Ihre jetzigen glühendsten Wünsche gehen nicht über ›Pair‹ und ›Impair‹, ›Rouge et Noir‹, über die ›Zwölf in der Mitte‹ und so weiter und so weiter hinaus, davon bin ich überzeugt!«

»Genug, Mister Astley! Ich bitte, ich bitte Sie! Erinnern Sie mich nicht daran«, rief ich aufgebracht, fast wütend aus. »Sie müssen wissen, daß ich rein gar nichts vergessen habe; ich habe nur vorübergehend dies alles aus meinem Kopf verbannt, alles, sogar Erinnerungen – solange ich meine Lebensumstände nicht radikal verbessert habe; dann ... dann werden Sie sehen, dann werde ich von den Toten auferstehen!«

»Sie werden hier noch zehn Jahre zu finden sein«, sagte er. »Ich möchte wetten, daß ich Sie an meine Worte erinnern werde, wenn ich noch lebe, hier, auf dieser Bank.«

»Genug davon!« fiel ich ihm ungeduldig ins Wort, »und um Ihnen zu beweisen, daß ich keineswegs besonders vergeßlich bin, wenn es um die Vergangenheit geht, erlauben Sie mir die Frage: Wo befindet sich Miss Polina jetzt? Wenn schon nicht Sie mich freigekauft haben, so war es bestimmt Miss Polina. Seit jener Zeit habe ich von ihr gar nichts gehört.«

»Nein, o nein! Ich denke nicht, daß Miss Polina Sie freigekauft hat. Sie befindet sich jetzt in der Schweiz, und Sie würden mir einen großen Gefallen tun, wenn Sie mich nicht weiter nach ihr fragen würden«, sagte er mit Nachdruck und sogar sichtlich verstimmt.

»Das bedeutet, daß auch Sie von ihr ziemlich heftig verwundet wurden!« Ich konnte mir das Lachen einfach nicht verbeißen.

»Miss Polina ist das beste Wesen von allen verehrungswürdigen Menschen, aber Sie würden mir, ich wiederhole, den größten Gefallen erweisen, wenn Sie nicht weiter nach Miss Polina fragen würden. Sie haben sie überhaupt nicht verstanden. Und ihren Namen aus Ihrem Munde empfinde ich als Kränkung meiner moralischen Empfindung.«

»So ist es also! Übrigens haben Sie unrecht; wovon könnte ich denn mit Ihnen sprechen, wenn nicht davon, nicht wahr? Unsere gemeinsamen Erinnerungen bestehen ja nur daraus. Übrigens, machen Sie sich keine Sorgen, ich habe keinerlei Interesse für Ihre inneren, geheimen Angelegenheiten ... Ich interessiere mich sozusagen nur für die äußeren Umstände von Miss Polina, einzig und allein für die Bedingungen, in denen sie heute lebt. Und das läßt sich in ein paar Worten sagen.«

»Bitte sehr, aber nur, daß es mit diesen paar Worten sein Bewenden hat. Miss Polina war lange krank; sie ist auch heute noch krank; eine Zeitlang lebte sie mit meiner Mutter und meiner Schwester in Nordengland. Vor einem halben Jahr starb ihre Großtante – Sie erinnern sich an diese verrückte Frau –, sie starb und hinterließ ihr persönlich siebentausend Pfund Sterling. Jetzt reist Miss Polina mit der Familie meiner inzwischen verheirateten Schwester. Ihr kleiner Bruder und ihre Schwester sind gleichfalls durch das Testament der Großtante versorgt und lernen in einem Londoner Internat. Der General, ihr Stiefvater, ist vor einem Monat in Paris nach einem Schlaganfall verschieden. Mademoiselle Blanche hat ihn gut behandelt, aber rechtzeitig alles kassiert, was er von der Großtante geerbt hatte … So, das scheint alles zu sein.«

»Und des Grieux? Reist er nicht ebenfalls in der Schweiz?«

»Nein, des Grieux reist nicht in der Schweiz, und ich weiß nicht, wo des Grieux sich aufhält; außerdem möchte ich Sie ein für allemal vor ähnlichen Andeutungen und niederträchtigen Kombinationen warnen, andernfalls werden Sie es unbedingt mit mir zu tun haben.«

»Wie? Ungeachtet unserer früheren freundschaftlichen Beziehungen?«

»Ja, ungeachtet unserer früheren freundschaftlichen Beziehungen.«

»Ich bitte tausendmal um Entschuldigung, Mister Astley. Aber gestatten Sie trotzdem: Es war nichts Kränkendes oder Niederträchtiges; ich werfe Miss Polina doch nichts vor. Ein Franzose und eine russische junge Dame sind – im allgemeinen – das ist eine Kombination, Mister Astley, die zu beurteilen oder auch nur zu begreifen wir beide außerstande sind.«

»Wenn Sie den Namen des Grieux gar nicht in einem Atemzug mit jenem anderen Namen nennen wollten, würde ich Sie bitten, mir zu erklären, was Sie unter der Kombination ›ein Franzose und eine russische junge Dame‹ verstehen. Was ist das für eine Kombination? Warum muß es ein Franzose und unbedingt eine russische junge Dame sein?«

»Sehen Sie – Ihr Interesse ist schon erwacht. Aber das ist eine lange Geschichte, Mister Astley. Eigentlich müßte man über gewisse Vorkenntnisse verfügen. Übrigens ist es ja eine sehr wichtige Frage – wie lächerlich sie auch auf den ersten Blick scheinen mag. Ein Franzose, Mister Astley – ist eine perfekte schöne Form. Sie als Brite brauchen sich damit nicht einverstanden zu erklären. Ich als Russe – ebensowenig, vielleicht aus Neid, meinetwegen; aber unsere jungen Damen könnten völlig anderer Meinung sein. Sie können, mit Recht, Racine gewollt, unnatürlich und parfümiert finden und werden ihn sogar nicht einmal aufschlagen, bestimmt nicht. Auch ich finde ihn gespreizt, unnatürlich und parfümiert, von einem bestimmten Standpunkt aus vielleicht sogar komisch; aber er ist zauberhaft, Mister Astley, und vor allem ein großer Dichter, ob es uns beiden paßt oder nicht. Die nationale Form des Franzosen, das heißt des Bürgers von Paris, war eine elegante Form, als wir noch Bären waren; die Revolution trat das Erbe des Adels an; und heutzutage kann der vulgärste Franzmann über Manieren, Haltung, Ausdrucksweise und sogar Ideen von größter Eleganz verfügen, über vollendete Form, wobei er an dieser Form weder durch eigenen Willen noch eigene Seele oder sein eigenes Herz beteiligt ist; all das gehört zu seinem Erbgut. Selbstverständlich kann so jemand hohler als hohl und gemeiner als gemein sein. Und nun, Mister Astley, kann ich Ihnen anvertrauen, daß es auf der ganzen Welt kein Wesen gibt, das vertrauensvoller und aufrichtiger ist als eine gutherzige, gescheite und nicht allzusehr verbildete russische junge Dame. Ein des Grieux, der vor ihr in einer bestimmten Rolle und unter einer bestimmten Maske auftritt, vermag ihr Herz mit außerordentlicher Leichtigkeit zu gewinnen; er ist die elegante Form, Mister Astley, und die junge Dame hält diese Form für seine innerste Seele, für die natürliche Form seines Geistes, seines Herzens, und nicht für ein Gewand, das ihm durch Vererbung zugefallen ist. Leider, das muß ich Ihnen bedauerlicherweise gestehen, treten die Engländer meistens eckig und unelegant auf, die Russen aber sind ziemlich feinfühlig, wenn es um Schönheit geht, und lassen sich durch sie am leichtesten ködern. Aber um die Schönheit der Seele und die Originalität der Persönlichkeit zu erahnen, braucht man eine unvergleichlich größere Selbständigkeit und Freiheit, als sie unseren Frauen, und erst recht unseren jungen Damen, eigen ist – auf jeden Fall eine größere Erfahrung. Miss Polina jedoch – ich bitte um Nachsicht, gesagt ist gesagt, Miss Polina brauchte sehr, sehr viel Zeit, um sich zu entschließen und Sie dem Schuft des Grieux vorzuziehen. Sie wird Sie schätzenlernen, sie wird mit Ihnen Freundschaft schließen, sie wird vor Ihnen ihr ganzes Herz öffnen, aber dennoch wird in diesem Herzen der abscheuliche Schuft, der üble kleine Wucherer des Grieux herrschen. Und so wird es bleiben, aus bloßem Eigensinn und Ehrgeiz, weil ebendieser des Grieux ihr einmal in der Aureole des eleganten Marquis, des enttäuschten Liberalen erschienen ist, der sich (angeblich) zugunsten ihrer Familie und des leichtsinnigen Generals ruiniert hat. Alle seine Finten wurden entlarvt. Aber was tut es schon, daß sie nun entlarvt sind: Sie wünscht sich immer noch den einstigen des Grieux – das ist es, was sie will! Und je glühender sie den jetzigen des Grieux haßt, desto mehr sehnt sie sich nach dem einstigen, auch wenn dieser einstige nur in ihrer Phantasie existiert hat. Sie sind Zuckerfabrikant, Mister Astley?«

»Ja. Ich bin Gesellschafter der bekannten Zuckerfabrik Lowel und Co.«

»Na ja, Sie sehen doch selbst, Mister Astley: hier ein Zukkerfabrikant und dort der Apollo von Belvedere; das paßt irgendwie nicht zusammen. Und ich bin nicht einmal ein Zuckerfabrikant; ich bin nur ein kleiner Roulettespieler und habe sogar als Lakai gedient, was Miss Polina gewiß nicht unbekannt ist, weil ihre Polizei sehr gut zu funktionieren scheint.«

»Sie sind erbost, und deshalb kommen Sie auf diese Ungereimtheiten«, sagte Mister Astley nach einigem Überlegen kaltblütig. »Außerdem entbehren Ihre Reden jeglicher Originalität.«

»Zugegeben! Aber gerade darin liegt das Schlimme, mein edler Freund, daß alle meine Schuldzuweisungen, mögen sie noch so überholt, noch so banal wie im Vaudeville sein – nichts als Wahrheit sind. Wir haben eben beide doch nichts zustande gebracht.«

»Diese Ungereimtheit ist abscheulich, weil ... weil ... Sie müssen es wissen!« sprach Mister Astley mit zitternder Stimme und blitzenden Augen. »Sie sollen wissen, Sie undankbarer und unwürdiger, kleiner und unglücklicher Mensch, daß ich nach Homburg in ihrem Auftrag gekommen bin, um Sie zu sehen, mich mit Ihnen lange und herzlich zu unterhalten und ihr alles zu berichten – von Ihren Gefühlen, Gedanken, Hoffnungen und ... Erinnerungen!«

»Ist das möglich? Ist das möglich?« rief ich aus, ohne meiner Tränen Herr zu werden. Ich konnte sie nicht unterdrükken, zum ersten Mal in meinem Leben, glaube ich.

»Ja, Sie unglücklicher Mensch, sie liebte Sie, und das kann ich Ihnen sagen, weil Sie – ein verlorener Mensch sind! Nicht genug damit, sogar wenn ich Ihnen sagen würde, daß Sie immer noch von ihr geliebt werden, auch dann – auch dann werden Sie dessenungeachtet hierbleiben! Ja, Sie haben sich zugrunde gerichtet. Sie hatten gewisse Fähigkeiten, Sie besaßen einen lebhaften Charakter und waren kein schlechter Mensch;

Sie hätten sogar Ihrem Vaterland, das eine solche Not an Menschen leidet, nützlich sein können, aber – Sie werden hierbleiben, und Ihr Leben ist zu Ende. Es ist nicht Ihre Schuld. In meinen Augen sind alle Russen so oder haben dieselbe Anlage. Wenn nicht das Roulettespiel – dann etwas anderes, Ähnliches. Ausnahmen sind allzu selten. Sie sind nicht der erste, der nicht weiß, was Arbeit ist (Ihr Volk meine ich nicht). Das Roulette ist vorwiegend ein russisches Spiel. Bis jetzt hielten Sie auf Ehre und waren bereit, eher die Stellung eines Lakaien anzunehmen als zu stehlen, aber mir graut vor dem Gedanken, was alles in Zukunft geschehen kann. Genug, leben Sie wohl! Brauchen Sie Geld? Hier, nehmen Sie von mir zehn Louisdor, mehr gebe ich nicht, Sie werden sowieso alles verspielen. Nehmen Sie und leben Sie wohl. Nehmen Sie doch!«

»Nein, Mister Astley, nach allem, was Sie gerade gesagt haben ...«

»Ne-ehmen Sie!« fuhr er mich an. »Ich bin überzeugt, daß Sie noch anständig sind, und gebe es Ihnen wie ein Freund seinem wahren Freund. Könnte ich sicher sein, daß Sie das Spiel aufgeben, Homburg verlassen und in Ihr Vaterland zurückkehren, wäre ich bereit, Ihnen auf der Stelle tausend Pfund für den Anfang einer neuen Karriere zu geben. Aber ich gebe Ihnen keine tausend Pfund, sondern nur zehn Louisdor, weil tausend Pfund für Sie in diesem Augenblick völlig dasselbe sind wie zehn Louisdor, ganz gleich – Sie werden sie verspielen. Also nehmen Sie und leben Sie wohl!«

»Ich werde es nehmen, aber nur wenn Sie mir erlauben, Sie zum Abschied zu umarmen.«

»Oh, mit Vergnügen!«

Wir umarmten uns von ganzem Herzen, und Mister Astley ging. Nein, er war nicht im Recht! Wenn ich scharf und dumm über Polina und des Grieux gesprochen hatte, so war er scharf und vorschnell in bezug auf die Russen. Von mir will ich nicht reden. Übrigens ... übrigens ist all das einstweilen nicht das Richtige. All das sind Worte, Worte, Worte, aber nötig sind Taten! Die Hauptsache ist jetzt die Schweiz! Schon morgen – oh, könnte ich schon morgen auf dem Weg dorthin sein! Wieder ein Mensch werden, auferstehen. Ihnen beweisen ... Polina muß wissen, daß ich immer noch ein Mensch werden kann. Ich brauche nur ... jetzt ist es allerdings zu spät – aber morgen ... Oh, ich habe das Vorgefühl ... und es kann nicht anders sein! Ich besitze jetzt fünfzehn Louisdor und hatte schon einmal auch mit fünfzehn Gulden angefangen! Wenn ich ganz vorsichtig anfange ... bin ich denn wirklich, wirklich so ein kleiner Junge! Sehe ich denn etwa nicht ein, daß ich ein verlorener Mensch bin! Aber – warum sollte ich nicht auferstehen können? Ja! Man braucht nur ein einziges Mal im Leben Berechnung und Geduld, und – das ist alles! Man braucht nur ein einziges Mal Ausdauer, um im Laufe einer Stunde das ganze Schicksal verändern zu können. Ausdauer, das ist die Hauptsache. Ich muß mich nur daran erinnern, wie es mir in solcher Lage vor sieben Monaten in Roulettenburg ergangen ist, vor meinem endgültigen Verlust. Oh! Das war ein bemerkenswertes Beispiel für Entschlossenheit: Ich hatte damals alles verspielt, alles ... Ich verlasse das Kurhaus und entdecke in einer Westentasche noch einen einzigen Gulden. "Aha, es reicht für ein Mittagessen", denke ich, überlege und kehre nach etwa hundert Schritten zurück. Ich setzte diesen Gulden auf Manque (damals war Manque an der Reihe), und wirklich – es ist ein besonderes Gefühl, wenn man allein, in der Fremde, weit von der Heimat, von Freunden, ohne zu wissen, ob man heute zu essen bekommt, den letzten, den allerallerletzten Gulden aufs Spiel setzt! Ich gewann und verließ zwanzig Minuten später das Casino mit hundertsiebzig Gulden in der Tasche. Ein Faktum, wenn's beliebt! Daran sieht man, was gelegentlich ein letzter Gulden bedeuten kann! Aber wie, wenn ich damals mutlos gewesen wäre und nicht gewagt hätte, mich zu entschließen? …

Morgen, morgen wird alles ein Ende haben!

ANHANG

Editorische Notiz

Die Übersetzung des 1866 entstandenen Romans »Der Spieler« folgt der Akademieausgabe: F. M. Dostojewskij, Werke in 30 Bdn., Bd. 5, Leningrad 1973.

Anmerkungen

Die Ziffern beziehen sich auf die Seitenzahlen.

9 *outchitel:* französische Transkription des russischen Wortes für Lehrer oder Hauslehrer.

12 *Kanzlei des Heiligen Vaters in Paris:* bis 1870 unterhielt der vom Papst regierte Kirchenstaat, der ganz Mittelitalien umfaßte, in den großen Hauptstädten Botschaften. – *Opinion Nationale:* eine liberale französische Tageszeitung (1859–1879), die die russische Einflußnahme in Polen kritisierte, vgl. den »gräßlichen Artikel gegen Rußland«.

13 *im Jahre zwölf:* 1812 marschierte Napoleon in Rußland ein.

14 *Aufzeichnungen des Generals Perowskij:* Wassilij Alexejewitsch Perowskij (1795–1857) kämpfte als General auf russischer Seite gegen Napoleon, sein Erinnerungsbuch *Aus meinen Aufzeichnungen* erschien 1865.

19 *jener antiken Kaiserin:* die ägyptische Königin Kleopatra VII.

41 *Hoppe & Co:* eine damals bekannte Bank mit Sitz in Amsterdam und London.

49 *le coq gaulois:* da die lateinischen Worte »gallus« (Hahn) und »Gallia« (Frankreich) ähnlich klingen, wurde der Hahn das Wappentier Frankreichs.

72 *baboulenka:* russ. Koseform für »Großmutter«.

90 *Praskowja:* ihr richtiger Name, Polina ist also eine Koseform, obwohl es im Russischen auch den Eigennamen Polina gibt.

95 *Küster von Nikóla:* Sankt Nikóla, eine kleine Kirche in Moskau.

96 *Saschigins:* gemeinsame Bekannte in Moskau.

136 *la natur et la vérité:* ironische Anspielung auf die Schlüsselworte im Vorwort zum ersten Buch von J. J. Rousseaus *Bekenntnissen* (1782): »Dies ist das einzige Bild eines Menschen, genau nach der Natur und in seiner ganzen Wahrheit gemalt, das es gibt und wahrscheinlich je geben wird.«

149 *Romane von Paul de Kock:* Charles Paul de Kock (1793–1871), französischer Romancier, Verfasser von nach damaligen Vorstellungen frivolen Liebesromanen.

157 *den Hofnarren Balakirew:* der Hofnarr der Zarin Anna Iwanowna (1693–1740).

171 *Mme Blanchard:* Sophie Armand Blanchard (1778–1819), Ehefrau des französischen Luftpioniers Jean-Pierre Blanchard (1753–1809). Sie starb in einem brennenden Heißluftballon.

175 *halbes Pud:* altes russ. Gewicht, ein Pud entspricht ungefähr 16 kg.

187 *Corneille paraphrasierend:* vgl. die Abschiedsszene von Vater und Sohn in Pierre Corneilles (1606–1684) *El Cid* (1636), Akt 1, Szene 5. Der junge Dostojewskij war ein großer Corneille-Verehrer.

188 *et après le déluge:* und danach die Sintflut, Paraphrase des berühmten, Mme Pompadour zugeschriebenen Ausspruchs »après moi le déluge«, »nach mir die Sintflut«.

193 *Château des Fleurs:* ein bereits 1866 geschlossenes Tanzlokal in der Nähe der Champs-Elysées, das zur Zeit Louis Philippes florierte.

195 *Thérèse-Philosophe:* Anspielung auf das 1748 anonym veröffentlichte erotische Werk *Thérèse-philosophe, ou Mémoire pour servir à l'histoire de D. Dirray et de Mlle Erodice la Haye (Thérèse, die Philosophin, Oder Memoiren bezüglich der Geschichte von D. Dirray und Fräulein Erodice).*

199 *Bal-Mabille:* Ein einstiger Tanzlehrer namens Mabille gründete 1813 eine Wirtschaft in den Feldern bei der Champs-Elysées, die unter seinen Söhnen prosperierte. Hier soll 1845 von der Tänzerin Rigolboche (Marguerite Badel) der Cancan erfunden worden sein. Das Lokal verschwand 1875.

207 *Arschin:* russ. Längenmaß, 0,7112 m.

214 *Sie können, mit Recht, Racine gewollt, unnatürlich und parfümiert finden:* In einem Brief an seinen Bruder Michail verteidigt Dostojewskij allerdings den französischen Tragödiendichter Jean Racine (1639–1699) gegen solche Kritik.

215 *der Apollo von Belvedere:* römische Kopie einer griechischen Statue im Vatikanischen Museum in Rom, die als Inbegriff männlicher Schönheit galt.

Übersetzung fremdsprachiger Textstellen

13 *que je suis hérétique et barbare:* daß ich Häretiker und Barbar bin (frz.). – *Cela n'était pas si bête:* Das war gar nicht so dumm.

22 *mauvais genre:* schlecht beleumundet.

23 *trente et quarante:* Dreißig und Vierzig, vgl. die Beschreibung des Spiels auf S. 173 f.

49 *le coq gaulois:* Der französische Hahn (das Nationalemblem Frankreichs).

57 *Madame la baronne, j'ai l'honneur d'être votre esclave:* Frau Baronin, es ist mir eine Ehre, Ihr Sklave zu sein.

58 *nec plus ultra:* mehr geht nicht (lat.).

68 *en natur:* in seiner Natur.

69 *vos appointements:* Ihr Lohn.

71 *Fi donc:* Pfui Teufel. – *mon cher monsieur … pardon, j'ai oublié votre nom, monsieur Alexis? … N'est-ce pas?:* Mein werter Herr … verzeihen Sie, ich habe Ihren Namen vergessen, Monsieur Alexis? … Nicht wahr? – *mon cher marquis:* mein lieber Graf. – *Mais le général:* Aber der General. – *et madame sa mère:* und ihre Frau Mutter.

72 *le baron est si irascible, un caractère prussien, vous savez, enfin il fera une querelle d'Allemand:* der Baron ist so jähzornig, ein preußischer Charakter, Sie wissen schon, am Ende wird er einen Streit nach deutscher Art beginnen.

73 *que diable! Un blanc-bec comme vous:* zum Teufel! Ein Grünschnabel wie Sie. – *second:* Sekundant.

75 *Peut-être:* vielleicht.

83 *un beau matin:* eines schönen Morgens.

89 *voyage:* Reise.

90 *les seigneurs russes:* die russischen Herrschaften. – *une russe, une comtesse, une grande dame:* eine Russin, eine Gräfin, eine große Dame.

91 *la grande duchesse de N:* die große Herzogin von N.

92 *à la barbe du pauvre général:* vor der Nase des armen Generals.

93 *Oui, Madame, et croyez, je suis si enchanté … votre santé … c'est un miracle … vous voir ici … une surprise charmante …:* Ja, gnädige Frau, glauben Sie mir, ich bin hocherfreut … Ihre Gesundheit … das ist ein Wunder … Sie hier zu sehen … eine bezaubernde Überraschung.

94 *Bonjour:* Guten Tag.

99 *Cette vieille est tombée en enfance:* diese Alte hat den Verstand verloren. – *Mais, madame, cela sera un plaisir:* Aber gnädige Frau, das wird ein Vergnügen sein. – *un plaisir:* ein Vergnügen.

101 *grande-duchesse:* Großherzogin. – *Madame la générale princesse de Tarassévitcheva:* Frau General, Fürstin von Tarassewitchewa.

106 *Elle est tombée en enfance:* Sie hat den Verstand verloren. – *Seule elle fera des bêtises ...:* Wenn man sie alleine läßt, wird sie Dummheiten anstellen.

112 *Sortez! Sortez!:* Gehen Sie! Gehen Sie!

115 *Faites le jeu, messieurs! Faites le jeu, messieurs! Rien ne va plus!:* Setzen Sie, meine Herren! Setzen Sie, meine Herren! Nichts geht mehr!

116 *Combien Zéro? Douze? Douze?:* Wieviel auf Zéro? Zwölf? Zwölf? – *Oui, madame:* Ja, meine Dame. – *Le jeu est fait!:* Alle Einsätze sind gemacht.

118 *Quelle victoire!:* Welch ein Sieg! – *Mais, madame, c'était du feu!:* Gnädige Frau, das war großartig.

119 *Madame la princesse ... un pauvre expatrié ... malheur continuel ... les princes russes sont si généreux ...:* Prinzessin, gnädige Frau ... ein armer Exilant ... dauernd Pech ... die russischen Fürsten sind so großzügig ...

120 *Que diable, c'est une terrible vielle!:* Zum Teufel, das ist eine furchtbare Alte!

121 *Mais, madame, les chances peuvent tourner, une seule mauvaise chance et vous perdrez tout ... surtout avec votre jeu ... c'était terrible!:* Aber gnädige Frau, das Glück kann sich drehen, einmal Pech, und Sie verlieren alles ... besonders bei Ihrer Art zu spielen ... es war fürchterlich. – *Vous perdrez absolument:* Sie werden ganz sicher verlieren.

127 *Eh! Ce n'est pas ça:* Ah, das ist nicht der Punkt. – *Mon cher monsieur, notre cher général se trompe:* Mein werter Herr, unser werter General täuscht sich. – *cette pauvre, terrible vieille:* diese arme, furchtbare Alte.

128 *Ce n'est pas ça, ce n'est pas ça:* Das ist nicht der Punkt, das ist nicht der Punkt. – *Que diable:* Zum Teufel.

129 *Oh, mon cher monsieur Alexis, soyez si bon:* Oh, mein lieber Herr Alexis, seien Sie so gut.

130 *Quelle mégère:* Was für eine Teufelin.

136 *Nous boirons du lait, sur l'herbe fraîche:* wir werden Milch trinken, auf der saftigen Wiese. – *Du lait, de l'herbe fraîche:* Milch,

saftige Wiesen. – *la nature et la vérité:* Die Natur und die Wahrheit.

141 *Diantre:* Sapperlot. – *Elle vivra cent ans:* Sie wird hundert Jahre alt werden.

146 *stopki panjski:* zu Füßen der Herrin (polnisch).

150 *láddjak:* Schuft (polnisch).

151 *vieille comtesse russe tombée en enfance:* die alte russische Gräfin, die den Verstand verloren hat.

152 *honorowyi pan:* ehrenwerter Herr (polnisch).

165 *de la vieille dame:* der alten Dame.

166 *gentilhomme et honnête homme:* Edelmann und Ehrenmann.

170 *Les trois derniers coups, messieurs!:* Die drei letzten Einsätze, meine Herren. – *Vingt-deux:* Zweiundzwanzig. – *Trente et un:* Einunddreißig.

171 *Quatre:* Vier.

175 *Monsieur a gagné déjà cent mille florins:* der Herr hat schon hunderttausend Florin gewonnen.

186 *Ah, c'est lui! Viens donc, bêta!:* Aha, er ist es! Komm her, Dummkopf! – *que tu as gagné une montagne d'or et d'argent? J'aimerais mieux l'or:* daß du einen Berg an Geld und Gold gewonnen hast? Ich würde das Gold bevorzugen.

187 *Bibi, comme tu es bête:* Mein Kleiner, wie dumm du bist. – *Nous ferons bombance, n'est-ce pas?:* Wir werden es krachen lassen, nicht wahr? – *Mon fils, as-tu du coeur?:* Mein Sohn, hast du Mut? – *Tout autre ...:* alles andere. – *vois-tu:* siehst du. – *si tu n'est pas trop bête, je te prends à Paris:* wenn du nicht allzu dumm bist, nehme ich dich mit nach Paris. – *Eh bien, willst du, tu verras Paris. Dis donc, qu'est ce que c'est qu'un outchitel? Tu étais bien bête, quand tu étais outchitel:* Also dann, du wirst Paris sehen. Sag schon, was ist eigentlich ein outchitel? Du warst ganz schön dumm, also als du ein outchitel warst.

188 *Eh bien, que feras-tu, je te prends avec? Zweitens, je veux cinquante mille francs:* Also nun, was machst du, kommst du mit mir? Zweitens, ich will fünfzigtausend Francs. – *Nous allons à Paris:* Wir gehen nach Paris. – *et je te ferai voir des étoiles en plein jour:* und ich werde dir am hellichten Tag die funkelnden Sterne zeigen. – *Et cent cinquante mille francs:* Und fünfzigtausend Francs. – *que sais-je:* was weiß ich. – *je suis bonne enfant:* ich bin ein anständiges Kind. – *mais tu verras des étoiles:* du wirst die Sterne funkeln sehen. – *Ah, vil esclave:* oh, böser Sklave. – *et après le déluge! Mais tu ne peux comprendre, va!:* und danach die Sint-

flut! Aber das kannst du nicht verstehen! – *Eh, que fais-tu?:* He, was machst du? – *Eh bien, mon outchitel, je t'attends, si tu veux:* Nun denn, mein outchitel, ich erwarte dich, wenn du möchtest.

189 *Peut-être, je ne demandais pas mieux:* Vielleicht, ich habe das verdient. – *tu seras heureux, comme un petit roi:* du wirst glücklich sein, wie ein kleiner König.

190 *Quant à moi, je veux cinquante mille francs de rente et alors ...:* Für mich verlange ich fünfzigtausend Francs als Rente und dann ...

191 *et les cent mille francs qui nous restent, tu les mangeras avec moi, mon outchitel:* und die hunderttausend Francs, die uns bleiben, die verjubelst du mit mir, mein outchitel.

192 *C'est un outchitel:* Er ist ein outchitel. – *Il a gagné deux cent mille francs:* Er hat zweihunderttausend Francs gewonnen.

194 *Mais tu as l'esprit pour comprendre. Sais-tu, mon garçon:* Aber du bist geistreich genug, das zu verstehen. Weißt du, mein Junge. – *Mais ... sais-tu ... mais dis donc:* Aber ... weißt du ... jetzt sag bloß. – *Qu'est ce que tu feras après, dis donc:* Was wirst du später machen, sag schon.

195 *Après:* Danach. – *Oui, oui, c'est ça, c'est magnifique:* Ja, ja, das ist es, das ist wunderbar. – *Dis donc:* Sag mal. – *Eh bien:* Nun ja. – *parce que je croyais, que tu n'es qu'un outchitel (quelque chose comme un laquais, n'est-ce pas?):* weil ich glaubte, du seist nur ein outchitel (so etwas wie ein Lakai, nicht wahr). – *parce que je suis bonne fille:* weil ich ein anständiges Mädchen bin. – *Oh, oh, mais tu es ...:* Oh, oh, aber du bist ... – *il faut que jeunesse se passe:* so ist es nun einmal mit der Jugend. – *Mais tu es un vrai philosophe, sais-tu? Un vrai philosophe!:* Aber du bist ein echter Philosoph, weißt du? Ein echter Philosoph! – *Eh bien, je t'aimerai, je t'aimerai, je t'aimerai – tu verras, tu seras content:* Nun denn, ich werde dich lieben, ich werde dich lieben, ich werde dich lieben – du wirst sehen, daß du glücklich wirst.

199 *Un vrai russe, un calmouk:* ein echter Russe, ein Kalmücke.

200 *à bâtons-rompus:* ohne Zusammenhang.

201 *Il a de la chance:* Er hat Glück. – *madame la générale:* Frau Generalin. – *j'aurai toujours un château, des moujiks, et puis j'aurai toujours mon million:* ich werde immer ein Schloß haben, Bauern, und ich werde stets meine Million haben.

202 *non, non, non:* nein, nein, nein. – *très comme il faut:* ganz so, wie es sich gehört. – *Il est pourtant très comme il faut:* Und doch ist er so, wie es sich gehört.

203 *mais vois-tu:* aber, siehst du. – *madame la générale de Sago-Sago,*

ces diables des noms russes, enfin madame la générale à quatorze consonnes! Comme c'est agréable, n'est-ce pas?: Frau General von Sago-Sago, diese verzwickten russischen Namen, zu guter Letzt Frau General von vierzehn Konsonanten! Das hört sich gut an, nicht wahr? – *Tu étais bon enfant:* Du warst ein guter Junge. – *Je te croyais bête et tu en avais l'air:* Ich hielt dich für einen Dummkopf, und du sahst auch danach aus. – *Attends:* Warte. – *Nous serons toujours bons amis:* Wir werden immer gute Freunde sein. – *et tu seras heureux:* und du wirst glücklich sein.

(Deutsch von Michael Hack)

Nachwort

Dostojewskijs Kurzroman *Der Spieler* nimmt in seinem literarischen Gesamtwerk eine besondere Stellung ein. Es ist sein einziges Werk, dessen Schauplatz nicht in Russland liegt. *Der Spieler* spielt in Deutschland, genau gesagt: in Baden-Baden, das von Dostojewskij allerdings mit Bad Homburg und Wiesbaden zusammengelegt wird, alles Orte, an denen er selbst gespielt hat. Und dieses geographische Patchwork nennt er Roulettenburg. Thomas Mann meinte, für einen deutschen Kurort sei ein solcher Name »unwahrscheinlich« und »geschmacklos«, spricht aber gleichzeitig von »einem wundervollen Roman,« der die »Psychologie der Leidenschaft nebst der des Dämons Zufall mit unerhörter Wahrheit bloßlegt.« Mit Roulettenburg, so dürfen wir heute sagen, kennzeichnet Dostojewskij das Las Vegas seiner Gegenwart: die Spielbank als Zentrum internationaler Episoden. Die Hoffnung und Sehnsucht, am Roulette mit einem Schlag reich zu werden, schafft eine geschlossene Welt, fernab von dem in greifbarer Nähe verlaufenden bürgerlichen Alltag, und vereinigt ein höchst diverses internationales Publikum.

Dostojewskijs *Spieler* erscheint am 1. Dezember 1866 in Petersburg, wo er ihn noch im Oktober im Verlauf von 26 Tagen einer jungen Stenografin diktiert hatte, die er wenige Monate später heiratet: Anna Grigorjewna Snitkina. Solch ungewöhnlich schnelle Fertigstellung eines druckreifen Manuskripts von 192 Seiten, deren Details Snitkina in ihren *Erinnerungen* festhielt, lässt allerdings leicht vergessen, dass Dostojewskij das »Sujet der Erzählung« bereits 1863 deutlich vor Augen hat, als er seinem Freund Nikolaj Strachow in einem Brief vom 18. September aus Rom Folgendes mitteilt:

»*Fertig* habe ich noch nichts. Doch es formierte sich ein (wie ich meine) recht glücklicher Plan für eine Erzählung. Geschrieben hauptsächlich auf Zettel. (...) Das Sujet der Erzählung sieht so aus: ein Typus des Russen im Ausland. Nota bene: von den Russen im Ausland waren im Sommer die Zeitungen voll. All das findet sich in meiner Erzählung wieder. Und überhaupt spiegelt sich der ganze gegenwärtige Augenblick unseres inneren Lebens darin wider (natürlich nur soweit das möglich ist). Ich nehme eine spontane Natur, einen Menschen vielseitig gebildet, aber in keiner Sache wirklich ausgereift, der seinen Glauben verloren hat, *aber nicht wagt, nicht zu glauben*, der sich gegen Autoritäten auflehnt, sie aber fürchtet. Er beruhigt sich damit, dass es in Russland *nichts zu tun gibt*, und deswegen kritisiert er gnadenlos die Leute, die unsere Russen aus dem Ausland nach Russland zurückrufen. Aber alles das zu erzählen, geht ja gar nicht. Er ist ein lebendiger Mensch (ich sehe ihn schon richtig vor mir) – und man wird nicht zu lesen aufhören, wenn er schriftlich vorliegt. Die Hauptsache besteht darin, dass all seine Lebensenergie, seine Kraft, sein Ungestüm, seine Kühnheit vom Roulette vereinnahmt wird. Er ist ein Spieler, aber nicht einfach ein Spieler, so wie auch Puschkins geiziger Ritter nicht einfach geizig ist. Damit will ich mich nicht mit Puschkin vergleichen. Ich sage das nur der Deutlichkeit halber. Er ist auf seine Weise ein Dichter, aber so, dass er sich dieser Poesie schämt, weil er deren Niedrigkeit zutiefst empfindet, wenn auch die Notwendigkeit des *Risikos* ihn selber in seinen eigenen Augen veredelt.«

Soweit Dostojewskijs soziologische und psychologische Charakteristik seiner Hauptgestalt. Die anschließende Passage seines Briefes nimmt eine völlig überraschende Wendung:

»Wenn das *Tote Haus* die Aufmerksamkeit des Publikums mit einer Darstellung von Zuchthäuslern auf sich gezogen hat, wie sie vor dem *Toten Haus* noch niemand so *anschaulich* vor Augen geführt hatte, so wird diese Erzählung die unmittelbare Aufmerksamkeit als *anschauliche*, bis ins letzte Detail gehende Darstellung des Roulette-Spiels auf sich ziehen. Außerdem, wenn schon die betreffenden Zeitungsartikel bei uns mit außergewöhnlichem Interesse gelesen werden – so kommt dem Glücksspiel in den Kurorten, insbesondere mit Bezug auf die Russen im Ausland, durchaus eine (doch wohl nicht ganz unerhebliche) Bedeutung zu. (...) Eine vielleicht gar nicht so schlechte Sache. Hat doch auch das *Tote Haus* die Neugier geweckt. Auch dies ist ja die Beschreibung einer Art von Hölle, einer Art ›Dampfbad‹ im Zuchthaus. Mein Ziel und Bestreben ist es, ein Bild zu erschaffen.«

Dostojewskij ist, wie man sieht, von seinem »Plan« ganz begeistert und argumentiert hier rezeptionspsychologisch. Die Russen am Roulette im Ausland sind genau so aktuell und Beispiele für entlegene Existenzformen wie die Sträflinge in Sibirien. Mit dem »Dampfbad«, das er in seinem Schreiben an Strachow erwähnt, spielt er auf eine ungemein bildhafte Szene in seinen *Aufzeichnungen aus einem toten Haus* (1862) an, die Dantes Hölle evoziert und uns die Sträflinge in ihrem überheizten gemeinsamen Baderaum vorführt. Dort vermerkt der Erzähler, dem ja alles neu ist: »Als die Tür zum eigentlichen Baderaum aufgemacht wurde, glaubte ich, dass wir in die Hölle kämen« (Teil I, Kap. 9).

Die Ausführung des Plans

Nimmt man Dostojewskij beim Wort, dann befindet sich Alexej Iwanowitsch, der Titelheld des *Spielers*, als junger und mittelloser russischer Adliger mit seiner Spielsucht in der

Hölle. All seine Lebensenergie richtet sich aufs Roulette. Hier wähnt er, seine Freiheit zu finden, die er inmitten seiner Alltagswelt als Russe im Ausland nirgends finden kann. Nur im Spielfieber inmitten der Welt des Spielsaals fühlt er sich der Misere seiner Gegenwart enthoben und ist disponiert für die eigentümliche Poesie dieser Welt. Wörtlich heißt es: »Mit welcher Begehrlichkeit starre ich den Spieltisch an, der mit Louisdors, Friedrichsdors und Talern übersät ist, auf die kleinen Geldsäulen, die unter den Schaufeln der Croupiers in glühende Häufchen zerfallen, oder auf die bis zu einem Arschin langen Silberrollen, die sich um das Rad reihen« (Kap. XVII). Das ist Poesie. Und doch kommt dem Erzähler während der Niederschrift der Gedanke: »Habe ich etwa damals den Verstand verloren und die ganze Zeit irgendwo in einem Irrenhaus gesessen, in dem ich vielleicht immer noch sitze – so dass mir all das nur so *schien* und auch jetzt immer noch nur so *scheint* …« (Kap. XIII). Das heißt: Roulettenburg hat den Spieler in die Selbstentfremdung getrieben; er zweifelt an der Realität seiner Erlebnisse.

Als der *Spieler* 1866 erscheint, ist Dostojewskij 45 Jahre alt. Seine erste Reise ins Ausland, die ihn auch nach England führte, fand 1862 statt. Eine weitere erfolgte 1863. Dostojewskij sieht sich überall bestärkt in seiner Überzeugung, dass Russland vom Westen nichts lernen kann. Atheismus und materieller Egoismus sind ihm die Realitäten, von denen die Russen, die aus verschiedenen Gründen in den Westen gehen, infiziert werden. Die Russen in Baden-Baden werden ihm zum lebendigen Musterbeispiel für diese Entwicklung. Hier findet er das aktuelle und historisch exemplarische Milieu für seinen *Spieler*. Die Sorge um die Zukunft Russlands bestimmt auch die Konzeption dieses Romans. Die Erzählung *Aufzeichnungen aus dem Kellerloch* von 1864 hielt diese Entwicklung innerhalb Russlands fest, ohne einen Lichtblick zu benennen. *Verbrechen und Strafe* liegt erst 1867 komplett vor und präsentiert mit der frommen Sonja Marmeladowa zum ersten Mal eine Gestalt, die Dostojewskijs missionarisches Christentum vertritt. Alexej Iwanowitsch, der Spieler, steht genau zwischen dem Antihelden aus dem Kellerloch, der zum Handeln unfähig ist, und Raskolnikow, der für einen Raubmord aus Überzeugung für acht Jahre ins sibirische Zuchthaus muss. Der Spieler verarbeitet sein Unbehagen in der Kultur mit seiner Spielsucht, ohne sich die Gründe für dieses Unbehagen klarzumachen.

Und so ist dieser Roman das Protokoll einer Krisensituation, die nicht aufgelöst wird. »Morgen, morgen wird alles ein Ende haben!« Mit diesem nur scheinbar offenen Schluss endet der Roman. Der Leser ist es, der abzulesen hat, was Dostojewskij durch Charaktere und Handlung zum Ausdruck kommen lässt.

Auf der allegorischen Ebene wird die Situation dieses Ich-Erzählers zum Exempel für die Situation der jungen Generation in Russland überhaupt. Sie findet nicht zu einem erlösenden Handeln, weil dies für Dostojewskij nur durch eine christliche Selbstfindung im »lebendigen Leben« möglich ist. In Roulettenburg aber hat seine Titelgestalt nur die Repräsentanten Frankreichs und Deutschlands vor Augen (von den Exil-Polen ganz zu schweigen) sowie die von deren Erwerbsstreben infizierten Russen. Stil hat allein Mister Astley, der Engländer. Von Christentum keine Spur. Nur die Großmutter will als echte Russin, wenn sie nach Russland zurückgekehrt ist, die Holzkirche auf ihrem Gut bei Moskau in eine Kirche aus Stein umbauen lassen, ein schon fünf Jahre altes Gelübte, nun als Buße für ihren kurzen und so verlustreichen Casino-Besuch in Roulettenburg. Ihr schlechtes Französisch ist innerhalb der ideologischen Konnotation des Romans ein positives Merkmal. Sie verachtet auch instinktiv den deutschen Baron Wurmerhelm, von dem ihr Alexej empört erzählt.

Alexej, Polina und Blanche

Literaturdetektive hatten es nicht schwer, hinter der Beziehung zwischen dem Spieler und Polina Dostojewskijs eigene Liebesaffäre mit Apollinaria Suslowa aufzudecken, einer jungen russischen Schriftstellerin (1840–1918). Viele Leser sehen sich durch dieses Faktum dazu animiert, den Roman als autobiographisches Dokument zu lesen, zumal ja Dostojewskij selbst an der Spielsucht gelitten hat. Auch wurden Parallelen zu Puschkins Erzählung *Pique Dame* (1834) geltend gemacht: dort landet Hermann, der Spieler, im Irrenhaus, weil er nicht zur Liebe (die Lisa erhofft) fähig ist; und die reiche alte Dame bei Dostojewskij, die genau in der Mitte des Romans ihren großen Auftritt hat, lässt an die reiche uralte Gräfin bei Puschkin denken. Solches Wissen aber gehört zur Schaffenspsychologie und kann von der eigenständigen und speziellen Welt, die uns der Roman erschließt, nur ablenken, ja sie sogar verstellen.

Dostojewskijs Ich-Erzähler Alexej Iwanowitsch will sich durch schriftliche Fixierung seiner Erlebnisse von deren quälender Präsenz befreien. Er schildert nur einige wenige Tage in chronologischer Folge, die sich über einen Zeitraum von knapp zwei Jahren verteilen. Es sind »Aufzeichnungen eines jungen Mannes« (so die Kennzeichnung durch Dostojewskijs Untertitel), die gar nicht für eine Veröffentlichung bestimmt sind. Der Leser wird gleichsam Zeuge eines schriftlichen Selbstgesprächs. Regie führt bei dieser kalkuliert rhapsodischen Erzählweise natürlich Dostojewskij selbst. So ist etwa das erste Kapitel eine virtuose Einführung in das Milieu und das letzte Kapitel ein ebenso virtuoser Epilog, der nach einem Zeitsprung von achtzehn Monaten über den Verbleib der zentralen Personen berichtet.

Dostojewskij profiliert seinen Ich-Erzähler Alexej Iwanowitsch durch unmittelbare Begegnungen mit seiner Umwelt. Zunächst Hauslehrer in der Familie des russischen Generals und verschuldeten Gutsbesitzers Sagorjanskij, der in Roulettenburg ein Highlife auf Pump führt, sieht sich Alexej aufgrund seiner Mittellosigkeit verachtet, kann sich aber von den Maßstäben seiner Umwelt, Sozialprestige an materiellen Besitz zu koppeln, nicht wirklich lösen, wodurch es zu Verkennungen seiner Umwelt kommt. Mister Astley, der pragmatische Engländer, wird von Dostojewskij dazu benutzt, mit seinen Kommentaren die Perspektive des Ich-Erzählers zurechtzurücken (Kap. VIII und insbesondere Kap. XVII). Die Beziehung zwischen Alexej und Praskowja (genannt Polina), der Stieftochter des Generals, die von Alexej masochistisch angebetet wird, entwickelt sich zu einer Hass-Liebe, die schließlich beide auseinandertreibt. Mit Polina zerstritten, verfällt Alexej der französischen Kokotte Mademoiselle Blanche de Cominges (unter anderem Namen noch vor zwei Jahren aus der Stadt gewiesen). Sie ist nun die angebliche Kusine »zweiten oder dritten Grades« des angeblichen »Marquis« des Grieux, der in Wahrheit ein dreister Hochstapler ist, Polina verführt hat und ihrem Stiefvater ein Darlehen gewährt – in sicherer Hoffnung auf dessen zukünftigen Reichtum anlässlich des angeblich kurz bevorstehenden Todes der jetzt fünfundsiebzigjährigen Erbtante Antonida Wassiljewna Tarasewitschewa, »Großgrundbesitzerin und alteingesessene Moskowiterin«.

Diese im Voraus totgesagte »Babuschka« taucht jedoch unversehens und höchst lebendig in Roulettenburg auf. Dostojewskij arrangiert den Besuch der alten Dame im Rollstuhl, von dem aus sie matriarchalisch ihre Befehle erteilt, zum ersten Höhepunkt des Romans. Sie lässt sich in den Spielsaal schieben, direkt neben den Croupier, gewinnt zunächst erstaunliche Beträge, verliert dann aber wieder alles (und noch mehr in Wertpapieren) und reist wieder ab – zurück nach Moskau, genauso plötzlich, wie sie gekommen ist. Das Geld für die Heimreise muss sie sich von Mister Astley leihen (Kap. IX – XIII). Die finanzielle Situation des Generals und seiner Stieftochter wird dadurch aussichtslos, und der Marquis des Grieux reagiert darauf umgehend mit einem Brief an Polina, der ihn in seiner ganzen Heimtücke und Menschenverachtung sichtbar werden lässt. Ein kleines Meisterwerk Dostojewskijs, französisch stigmatisiert (Kap. XIV). Alexej aber gewinnt unverzüglich noch im gleichen Kapitel am Roulette hunderttausend Florin, das sind zweihunderttausend Francs (darin besteht der zweite und eigentliche Höhepunkt des Romans), eine Unsumme, die er allerdings, nach dem Streit mit Polina auf seinem Hotelzimmer, sofort darauf in Paris mit Mademoiselle Blanche demonstrativ verprasst, die ihn nach Strich und Faden ausnimmt.

Nach Deutschland zurückgekehrt, wird er in Baden-Baden Kammerdiener eines Herrn Hintze, aber nur vorübergehend; erneut zieht es ihn an den Spieltisch. Diesmal aber nicht in Roulettenburg, denn dort hatte er wegen einer Schuld von zweihundert Talern im Gefängnis gesessen. Nun muss es Bad Homburg sein. Hier trifft er, nur scheinbar zufällig, wie sich herausstellt, Mister Astley (Kap. XVII), den höflichen Engländer, der ihm berichtet, dass nicht nur die Großmutter gestorben sei, sondern auch der General. Miss Polina aber sei »von dieser verrückten Frau«, ihrer Großtante, mit dem stattlichen Erbe von »siebentausend Pfund Sterling« bedacht worden, ja

Miss Polina habe ihn, Astley, eigens hierher geschickt, um ihm sagen zu lassen, dass sie nur ihn, Alexej, wirklich liebe. Alexej hört sich das alles an, will sogar »wieder ein Mensch werden« und »auferstehen,« kann sich aber nicht ändern, weil er »verloren« ist. Der Zuckerfabrikant Mister Astley hat gut reden, und so begibt sich Alexej mit den zehn Louisdor, die ihm Astley schenkt, um ihn zu Polina abreisen zu lassen, unverzüglich wieder an den Spieltisch.

Fazit

Dostojewskijs Kurzroman *Der Spieler* ist die Darstellung der Entstehung und Verfestigung der Spielsucht, erklärt als Ausweichhaltung gegenüber einer als unerträglich empfundenen Wirklichkeit, die so, wie sie ist, eine Selbstachtung des Spielers nicht zulässt. Die Situation der Russen im Ausland gegen Mitte der sechziger Jahre des 19. Jahrhunderts liefert dieser Wirklichkeit die realistische Grundlage. Diese Grundlage aber ist nicht selber das Dargestellte, sondern nur Vorwand für die Veranschaulichung der Spielsucht als Droge. Das Resultat ist eine Verherrlichung der Spielsucht als zweckfreie Investition von Lebensenergie: eine Existenzform, die nur den Augenblick kennt, der nicht von Dauer ist: »Morgen, morgen wird alles ein Ende haben!«

Horst-Jürgen Gerigk

Zeittafel

(Daten, wo nicht anders vermerkt, nach dem ›alten‹ Julianischen Kalender.)

1821
30. Oktober (11. November neuen Stils): Fjodor Michajlowitsch Dostojewskij wird in Moskau als Sohn des Arztes Michail Andrejewitsch Dostojewskij und seiner Frau Marja Fjodorowna Dostojewskaja, geb. Netschajewa, geboren.

1837
27. Februar: Tod der Mutter. Dostojewskij und sein Bruder Michail beginnen in Petersburg ihr Ingenieursstudium, an der Militärischen Akademie.

1838
Intensive Beschäftigung mit Literatur. Dostojewskij liest *Hamlet* in der Übersetzung Polevojs und »den ganzen Hoffmann auf Russisch und auf Deutsch (den nicht übersetzten ›Kater Murr‹), fast den ganzen Balzac. (Balzac ist großartig!). Goethes ›Faust‹ und kürzere Gedichte. Auch Victor Hugo« sowie Friedrich de la Motte Fouqués *Undine* in der Nachdichtung Schukowskijs (Brief vom 9. August 1838 an den Bruder Michail).

1839
6. Juni: Plötzlicher Tod des Vaters auf seinem Landgut unter ungeklärten Umständen. Offiziell wird von zwei Ärzten ein tödlicher Schlaganfall bescheinigt. Daneben aber hält sich die Version, der Vater sei von seinen Leibeigenen ermordet worden, wofür es aber keine haltbaren Belege gibt. Dostojewskij erleidet, als er in Petersburg vom Tod des Vaters erfährt, einen epileptischen Anfall und hat keinerlei Äußerungen über die angebliche Ermordung seines Vaters hinterlassen.

1843
Abschluss des Studiums. Wunsch, durch Übersetzen Geld zu verdienen.

1844
Dostojewskijs Übersetzung des Romans *Eugénie Grandet* von Balzac erscheint in einer Zeitschrift. Beginn der Arbeit am Briefroman *Arme Leute*, inspiriert von George Sands Roman *Jacques* und Gogols Erzählung *Der Mantel*. Entschluss, freier Schriftsteller zu werden.

1845
Wissarion Belinskij, der maßgebende Literaturkritiker, liest die *Armen Leute* noch im Manuskript und ist begeistert. Dostojewskij ist der Held des Tages, Nikolaj Nekrasow und Dmitrij Grigorowitsch bewundern ihn, und er lernt noch im selben Jahr seinen Kollegen Iwan Turgenjew kennen, der soeben aus Paris zurückkommt.

1846
12. Januar: Dostojewskijs Briefroman *Arme Leute* erscheint in Nikolaj Nekrasows ›Petersburger Magazin‹, nachdem das Manuskript bereits seit September 1845 der Zensurbehörde vorlag. Schon im Februar erscheint sein nächster Roman, *Der Doppelgänger*, in Andrej Krajewskijs ›Vaterländischen Annalen‹. Dostojewskij eignet sich hier aus der westeuropäischen Tradition ein Leitmotiv seiner fünf großen Romane an: die Okkupation des eigenen Ich durch ein anderes, neues Ich, das Unheil stiftet.

1847
Von 1846 bis 1848 erweitert Dostojewskij systematisch sein erzähltechnisches Instrumentarium mit Erzählungen, die Petersburg in der Nachfolge Puschkins und Gogols als literarische Landschaft erschließen. *Die Wirtin*, konzipiert im Geiste E. T. A. Hoffmanns, vermittelt eine Wirklichkeit auf Widerruf im Horizont eines fieberkranken Studenten auf Zimmersuche. Erschienen im Dezemberheft der ›Vaterländischen Annalen‹.

1848
Helle Nächte, eine Ich-Erzählung mit dem Untertitel »Aus den Erinnerungen eines Träumers«, erscheint im Dezemberheft der ›Vaterländischen Annalen‹. Sentimental und realistisch zugleich, hat dieser Text die berühmten Illustrationen von M. V. Dobužinskij inspiriert.

1849
Am 23. April wird Dostojewskij am frühen Morgen in seiner Petersburger Wohnung verhaftet wegen Teilnahme an den Zusammenkünften des revolutionären Petraschewskij-Kreises.

Untersuchungshaft in der Peter-Pauls-Festung. Intensive Verhöre. Obwohl seine Begnadigung seit dem 19. November beschlossene Sache ist und Zar Nikolaus I. sie Ende November bestätigt, wird Dostojewskij am 22. Dezember um sieben Uhr morgens zum Richtplatz geführt und eine Scheinhinrichtung durchgeführt, bevor der Text der Begnadigung zu vier Jahren Zuchthaus und vier Jahren Militärdienst als gemeiner Soldat in Sibirien verlesen wird. Am Abend des 23. Dezember: Deportation in Sträflingskleidung mit Fußfesseln in einem offenen Schlitten nach Tobolsk.

1850
9. Januar: Ankunft in Tobolsk. 20. Januar: Abfahrt nach Omsk. Ankunft dort am 23. Januar. Häufig im Gefängnishospital infolge epileptischer Anfälle und der Strapazen der Zwangsarbeit. Erlaubnis des leitenden Arztes, ein *Sibirisches Heft* mit Notizen anzulegen, die er nur im Hospital eintragen darf, wo es aufbewahrt wird.

1854
Ende Februar: Dostojewskij verlässt das Zuchthaus und begibt sich nach Semipalatinsk, wo er am 2. März als gemeiner Soldat des Siebten Sibirischen Linienbataillons registriert wird.

1857
6. Februar: Dostojewskij heiratet in Kusnetzk die Witwe Marija Dmitrijewna Isajewa, geb. Konstant (1825–1864). Auf der Rückreise nach Semipalatinsk Mitte Februar erleidet Dostojewskij einen heftigen epileptischen Anfall, und der behandelnde Arzt warnt ihn vor weiteren Anfällen, die tödlich ausgehen könnten (Tod durch Ersticken).

1859
Entlassung aus dem Militärdienst. Dostojewskij verlässt am 2. Juli Semipalatinsk. Ankunft in Twer am 18. August. Von dort am 19. Dezember nach Petersburg. Dostojewskij fasst den Plan, seine Erfahrungen im sibirischen Zuchthaus literarisch zu verarbeiten.

1860
12. November: Die Zensurbehörde in Petersburg gibt seinen Sträflingsreport *Aufzeichnungen aus einem toten Haus* zum Druck frei. Das Werk erscheint als Teildruck in der Zeitschrift ›Russische Welt‹ und dann fast vollständig ab April 1861 bis Dezember 1862 in der Zeitschrift ›Die Zeit‹. Sofortiger Erfolg bei Publikum und Kritik. Aus der Perspektive eines Ich-Erzählers, der wegen Ermordung seiner

Ehefrau zu zehn Jahren Zwangsarbeit verurteilt wurde, wird das Leben in einem sibirischen Zuchthaus geschildert: eine Dokumentation fiktional aufbereitet und auf Spannung angelegt wie ein Roman. Vollständige Buchausgabe erst 1865.

1862
Erste Auslandsreise, auf die noch drei weitere Reisen in den Westen folgen werden. Alle mit dem gleichen Ergebnis: Russland kann von Westeuropa nichts lernen, weder Zivilisation noch Kultur, vor allem aber nicht das rechte Christentum.

1863
Der Bericht über seine erste Auslandsreise im Vorjahr, worin er Deutschland, Frankreich und England abkanzelt, erscheint in seiner eigenen, zusammen mit seinem Bruder Michail herausgebrachten Zeitschrift ›Die Zeit‹ unter dem Titel *Winterliche Aufzeichnungen über sommerliche Eindrücke* und darf als das Gegenstück zu Nikolaj Karamsins *Briefen eines russischen Reisenden* (1791–1801) gelten, worin die westeuropäische Kultur Russland als Vorbild empfohlen wird.

1864
Die Erzählung *Aufzeichnungen aus dem Kellerloch* erscheint in zwei Teilen in der Zeitschrift ›Die Epoche‹ (Heft 1/2 und 4), die Dostojewskij mit seinem Bruder Michail gegründet hat, nachdem ›Die Zeit‹ wegen eines vermeintlich polonophilen Artikels verboten wurde. 15. April: Tod der Frau Dostojewskijs in Moskau, dort Beerdigung am 17. April. 19. Juli: Tod des Bruders Michail in Pawlowsk, dort am 13. Juli dessen Beerdigung.

1866
Ab Januar erscheint in Michail Katkows konservativer Zeitschrift ›Der russische Bote‹ Dostojewskijs Roman *Verbrechen und Strafe* (im Deutschen auch *Schuld und Sühne*), die letzte Fortsetzung liegt erst am 14. Februar 1867 vor. Erstausgabe Petersburg 1867. Endfassung Petersburg 1877. Im Oktober 1866 diktiert Dostojewskij innerhalb von 26 Tagen seinen Kurzroman *Der Spieler*, dessen Sujet ihm seit September 1863 fest vor Augen steht, einer jungen Stenografin, die er wenige Monate später, am 15. Februar 1867, heiratet: Anna Grigorjewna Snitkina (1846–1918). *Der Spieler* erscheint am 1. Dezember 1866 in Petersburg. Mit der weiblichen Hauptgestalt, Polina, liefert

Dostojewskij ein Porträt seiner Geliebten Apollinarija Prokowjewna Suslowa (1839–1918), von der er sich inzwischen verabschiedet hatte.

1867
Vom 4. bis 15. Mai 1867 spielt Dostojewskij Roulette in Bad Homburg, vom 22. Juni bis 11. August 1867 in Baden-Baden (dort bereits vom 25. bis 27. August 1863 am Roulette), vom 5. bis 8. November 1867 und vom 23. bis 26. März 1868 in Saxon-les Bains (Kanton Wallis) und schließlich vom 13. bis 20. März 1870 in Wiesbaden, wo er am 12. Juni 1862 mit dem Roulette-Spiel begonnen hatte.

1868
Genf, 22. Februar: Geburt der Tochter Sofja (lebte nur drei Monate); Dresden, 14. September 1869: Geburt der Tochter Ljubov (nennt sich später Aimée), ging 1913 ins Ausland (Schweiz, Italien, Frankreich), starb am 10. November 1926 in einem Sanatorium am Gardasee und hinterließ Erinnerungen an ihren Vater unter dem Titel *Dostojewski, geschildert von seiner Tochter* (München 1920); Staraja Russa, 10. August 1875: Geburt des Sohnes Alexej, der am 16. Mai 1878 in Petersburg nach einem epileptischen Anfall vor den Augen seines Vaters stirbt.

1869
Der Idiot erscheint in der Zeitschrift ›Der russische Bote‹ von Januar bis Dezember 1868 und im Februar 1869. Erstausgabe Petersburg 1874.

1870
Die Erzählung *Der ewige Gatte* erscheint in der Zeitschrift ›Morgenröte‹, mit Tolstojs *Kreutzersonate* (1890) eine der großen Darstellungen von Eifersucht in der russischen Literatur.

1871
Böse Geister (im Deutschen auch *Die Dämonen*) erscheint in der Zeitschrift ›Der russische Bote‹ von Januar bis November 1871 und November und Dezember 1872. Erstausgabe Petersburg 1873. Wegen der negativen Darstellung der revolutionären Bewegung durfte dieser Roman zwischen 1917 und 1989 nicht als Einzelausgabe in der Sowjetunion erscheinen, sondern nur im Rahmen der Gesamtausgaben.

1873

Als Redakteur der Zeitschrift ›Der Bürger‹ veröffentlicht Dostojewskij darin die ersten Folgen seines *Tagebuchs eines Schriftstellers*, das ab Januar 1876 bis Dezember 1877 sowie von August 1880 bis Januar 1881 als selbständige Monatsschrift, von ihm allein verfasst, erscheint und die gesellschaftliche und politische Gegenwart kommentiert, aber auch immer wieder eigene Erzählungen enthält, darunter *Die Sanfte* und *Traum eines lächerlichen Menschen*. Besonderen Anklang findet Dostojewskijs patriotische Puschkin-Rede vom 8. Juni 1880 im August-Heft desselben Jahres.

1874

Kuraufenthalt in Bad Ems, der 1875 und 1879 unter stets intensiver literarischer Tätigkeit (unter anderem *Ein grüner Junge* und *Die Brüder Karamasow*) fortgesetzt wird.

1875

Ein grüner Junge (im Deutschen auch *Der Jüngling*) erscheint in Nikolaj Nekrasows liberaler Zeitschrift ›Vaterländische Annalen‹ von Januar bis Dezember 1875. Erstausgabe Petersburg 1876.

1879

Die Brüder Karamasow erscheint in der Zeitschrift ›Der russische Bote‹ von Januar 1879 bis November 1880. Erstausgabe Petersburg 1881.

1881

28. Januar (9. Februar neuen Stils): Dostojewskij stirbt um 20.36 Uhr in seiner Wohnung in Petersburg und wird am 1. Februar auf dem Alexander-Newskij-Friedhof beerdigt.

INHALT

Fjodor Dostojewskij
Die Brüder Karamasow
Roman

Eine dramatische Familiengeschichte um Väter und Söhne, eine unerbittliche moralische Erkundung – der gewaltige Spiegel, der die gesamte Welt Dostojewskijs fasst.

»Ein gigantischer Teppich, der alle Winter überdauern wird. Von jetzt an heißt es: Fort mit euch, ihr alten Übersetzungen! Wir wollen nur den klaren, rhetorisch versierten Dostojewskij von Swetlana Geier.«
Paul Ingendaay, Frankfurter Allgemeine Zeitung

Aus dem Russischen
von Swetlana Geier
1296 Seiten, broschiert

Weitere Informationen finden Sie auf
www.fischerverlage.de

AZ 596-90732/1